AVANT-PROPOS

Du bon usage de l'abrégé de philosophie

• Ne vous méprenez surtout pas sur le but que se propose cet *abrégé de philosophie :* il n'a nullement pour dessein de remplacer le cours de votre professeur ou la lecture, tout au long de l'année, des grandes œuvres de l'histoire de la philosophie. Il tente, simplement, de vous présenter quelques structures et thèmes de pensée fondamentaux, ainsi que certaines distinctions conceptuelles et notionnelles que vous ne pouvez ignorer. Il s'efforce, en somme, de vous aider à mieux travailler et à mieux philosopher. Ce n'est pas un manuel, ce n'est pas davantage une béquille pour paresseux. Ce petit livre n'aura atteint son but véritable que s'il vous pousse à entrer dans une librairie et à acheter, par exemple, les *Méditations métaphysiques* de Descartes ou l'*Esthétique* de Hegel. Dans la mesure où philosopher n'est pas une chose facile, mais au contraire un exercice difficile et rigoureux, obéissant à des règles précises, cet ouvrage tente de vous faire comprendre les corrélations et correspondances existant entre les différentes notions, afin que vous puissiez mieux saisir le sens des grands textes philosophiques sur lesquels vous réfléchissez au cours de l'année.

• Lisez, par conséquent, l'*abrégé de philosophie* dans cette perspective. Il est destiné à vous apporter quelques clarifications de concepts (le Beau ne se confond pas avec l'Agréable, le Concept avec l'Idée, la Force n'est pas la Violence, l'Illusion n'est pas l'Erreur, etc.), qui devraient vous mettre en mesure *à la fois* de mieux *comprendre* les grands *textes* de philosophie expliqués durant l'année et de mieux *organiser* vos *dissertations.* Dites-vous bien, en effet, que réaliser une dissertation ne consiste *en aucun cas* à plaquer des connaissances, à réciter un savoir, mais toujours à distinguer des notions de base, à clarifier un concept, *à produire de bonnes définitions.* Ce livre tente de vous guider dans ce chemin de la dissertation comme structure et cheminement de la pensée conceptuelle. Rédiger une dissertation, c'est faire *surgir un problème,* mais ce dernier ne peut vraiment apparaître dans toute sa clarté que si vous définissez avec précision vos termes, en distinguant les notions de base qui ne doivent jamais être confondues. Pour réaliser cette stratégie dans la dissertation, vous pouvez vous appuyer sur ce livre.

• Cet *abrégé de philosophie* n'est donc pas une invitation à « bachoter » les programmes, mais à approfondir le sens des notions philosophiques dans vos explications de textes et dans vos dissertations.

Comment utiliser cet ouvrage ?

• Lisez d'abord soigneusement le « chapeau » proposé au début de l'analyse de chaque thème. Dans ce « chapeau », vous allez trouver la structure de base de la fiche, une *présentation concise de la notion envisagée*, qui vous donnera en *quelques lignes* des repères précis pour vous orienter à travers les différentes problématiques développées dans les pages suivantes. De plus, la connaissance des « chapeaux » vous donne une sorte d'acquis minimum pour esquisser vos dissertations et en particulier leur plan.

• Les thèmes ont été répartis suivant quatre chapitres (L'homme et le monde, La connaissance et la raison, La pratique et les fins, Anthropologie — métaphysique — philosophie) et classés conformément au programme officiel.

• Cet abrégé a voulu être réaliste : chaque chapitre débute par une statistique des sujets du baccalauréat des années 1987, 88, 89, 90. Il est rare qu'un sujet se rapporte à un seul thème. Généralement, deux ou trois d'entre eux sont en jeu. Cette statistique[1] vous permettra d'apprécier l'orientation et le poids des efforts à faire. Par ailleurs, chaque thème est suivi de quelques sujets exemplaires, pour vous permettre de vous exercer dès la fin de lecture. Chaque tableau statistique contient trois colonnes de chiffres pour votre série A, B et C, D, E, successivement le nombre des sujets simples **(Su)**, des commentaires de textes **(Te)**, et le total des deux **(To)**. Les thèmes appartenant seulement aux séries C, D, E sont marqués du signe « X ». Nous avons ajouté les statistiques de ces dernières séries afin de permettre aux amoureux de la philosophie des sections C, D, E d'utiliser cet abrégé pour étendre leurs connaissances tout en préparant le baccalauréat.

On notera la diminution constante du nombre de sujets de baccalauréat depuis quelques années. Ceci rend l'exploitation des statistiques très délicate. Les tendances majeures, par rapport aux thèmes de baccalauréat, ne sont, toutefois, pas modifiées de façon importante, ce qui rend ces statistiques assez fiables.

---

1. Malgré la diminution importante du nombre de sujets, diminution due au regroupement des Académies, la statistique reste très indicative des tendances essentielles.

L'HOMME ET LE MONDE

Ce chapitre suscite, dans l'ensemble, un peu moins de sujets que les autres. Quatre thèmes (la conscience, les passions, nature et culture, l'histoire) retiennent plus particulièrement l'attention.

Statistiques des sujets sur les années 1987, 88, 89, 90

Thèmes	A et B				C, D, E		
	Su	Te	To		Su	Te	To
LA CONSCIENCE	6	2	8	X	3	0	3
L'INCONSCIENT	1	0	1	X	1	0	1
LE DÉSIR	0	0	0		0		
LES PASSIONS	4	2	6	X	3	2	5
L'ILLUSION	3	0	3		0		
AUTRUI	3	0	3	X	1	0	1
L'ESPACE	0	0	0		0		
LA PERCEPTION	0	0	0		0		
LA MÉMOIRE	2	0	2		0		
LE TEMPS	1	2	3	X	1	0	1
LA MORT	0	0	0		0		
L'EXISTENCE	3	1	4		0		
NATURE ET CULTURE	1	5	6		0	1	1
L'HISTOIRE	7	4	11	X	2	1	3

LA CONSCIENCE

• Le thème principal de cette fiche est le suivant : la conscience, que nous définirons comme la **connaissance plus ou moins claire qu'un sujet possède de ses états, de ses pensées et de lui-même** est, non seulement l'objet de la **réflexion** (Descartes, § 2), mais aussi le résultat de notre pratique dans le monde (Hegel, § 4).

• La conscience **(spontanée** ou **réfléchie)** distingue l'**homme** de l'**animal** (§ 1).

• Pour Descartes, la conscience de soi représente la terre natale de la vérité, le type même de la certitude résistant au doute (§ 2).

• Qu'est-ce que la **conscience?** C'est avant tout une **unité,** une **activité de synthèse** (§ 3).

• Quand l'homme se constitue pour soi par son activité dans le monde, on peut parler d'un cogito pratique (§ 4).

• Si Hegel a souligné le caractère pratique du cogito comme extériorisation dans le monde (§ 4), Husserl a montré, lui aussi, que la conscience n'a rien d'intérieur (§ 5). L'idée d'intentionnalité souligne, aux yeux de Husserl, cette dimension de la conscience qui ne peut exister que comme conscience tournée vers le monde. La vie intérieure est donc un mythe (§ 6).

• Enfin, la conscience, dans la perspective moderne, ne se distingue pas du corps (§ 8). Descartes, lui, était dualiste (§ 7).

I — La conscience distingue l'homme de l'animal

Sous ses deux significations, comme conscience **spontanée** ou **irréfléchie** (quand la conscience ne se pose pas comme objet même de son investigation, lorsque nous voyons, sentons ou imaginons, et qu'une conscience seulement diffuse accompagne ces actes psychiques) et comme conscience **réfléchie** (celle qui correspond au dédoublement du sujet se saisissant lui-même en tant que conscience), la conscience est ce qui définit l'homme. Si l'animal en reste au simple sentiment de soi et à l'expérience spontanée où n'émerge pas le moi, l'homme se saisit au contraire comme moi. Il est conscient de soi.

> ***« L'homme est conscience de soi. Il est conscient de soi, conscient de sa réalité et de sa dignité humaines, et c'est en ceci qu'il diffère essentiellement de l'animal, qui ne dépasse pas le niveau du simple sentiment de soi. » (A. Kojève,*** **Introduction à la lecture de Hegel,** ***Gallimard, 1947)***

II — Le cogito

C'est Descartes qui a posé historiquement la conscience de soi comme la terre natale de la vérité, comme cette certitude résistant au doute et permettant d'avancer dans la voie sûre de la science à partir d'un point fixe et assuré. Au sein même du doute universel, la certitude surgit. Le « **je suis, j'existe** » représente l'évidence de la réflexion. Même si un malin génie me trompe en toutes choses, cependant l'évidence du cogito s'avère inébranlable. Cette saisie (métaphysique) du cogito ne se confond pas avec une simple certitude (psychologique), car elle révèle une liaison nécessaire, indépendante de moi, et fournit le modèle de la vérité. Le « cogito, ergo sum » exprime cette naissance historique du sujet pensant, cet avènement de la conscience-de-soi dans l'histoire de la pensée humaine.

> ***« Et remarquant que cette vérité :*** **Je pense, donc je suis,** ***était si ferme et si assurée que toutes les plus extravagantes suppositions des sceptiques n'étaient pas capables de l'ébranler, je jugeai que je pouvais la recevoir sans scrupule pour le premier principe de la philosophie que je cherchais. » (Descartes,*** **Discours de la Méthode*****)***

III — Unité de la conscience

Mais qu'est essentiellement la conscience ? Nous dirons que le cogito est d'abord fondamentalement **unité** et effort de **synthèse.** Le courant psychique est mobile, changeant, mais la conscience demeure, en tant qu'unité. Nos états psychologiques, si multiples, si variés soient-ils, se fondent dans l'unité de la conscience. Ils sont miens. C'est la synthèse de la conscience qui établit un lien entre les différents éléments de la représentation. La conscience est un pouvoir unificateur, une liaison opérant la synthèse du divers, une activité de synthèse. Cette activité de synthèse est, pour ainsi dire, le creuset où la multiplicité vient se fondre.

IV — Le cogito pratique

Cette activité unificatrice qui définit la conscience, nous pouvons l'envisager sous deux angles : **théoriquement** et **pratiquement.** Sous l'angle théorique, la conscience de soi correspond à la saisie de l'esprit par lui-même. Quand l'homme se contemple et se dédouble, alors la prise de conscience apparaît comme l'acte essentiellement intellectuel par lequel je réfléchis sur la pensée en tant que telle. On peut parler d'introspection (*introspicere :* regarder à l'intérieur) ou, mieux encore, de **réflexion.**

> ***« Les choses de la nature n'existent qu'*****immédiatement** ***et d'*****une seule façon,** ***tandis que l'homme, parce qu'il est esprit, a une double existence ; il existe, d'une part, au même titre que les choses de la nature, mais, d'autre part, il existe aussi pour soi, il se contemple, se représente à lui-même, se pense, et n'est esprit que par cette activité qui constitue un être pour soi. » (Hegel,*** **Esthétique*****)***

Mais, à côté de cette conscience théorique, il est une **conscience pratique,** naissant de l'activité, correspondant à l'action des hommes. C'est une notion extrêmement importante, que Hegel a bien mise en relief. En agissant, nous extériorisons notre moi et marquons le monde de la forme du sujet[1]. La conscience, ce «pour-soi», devient alors un «en-soi», une chose, ou plutôt un «en-soi-pour-soi». Elle communique sa structure aux objets qui perdent ainsi leur caractère farouchement étranger et prennent l'aspect de l'esprit. On comprend que ce cogito pratique possède une importance tout aussi grande que le cogito théorique.

> ***«Deuxièmement, l'homme se constitue pour soi par son activité pratique, parce qu'il est poussé à se trouver lui-même, à se reconnaître lui-même dans ce qui lui est donné immédiatement, dans ce qui s'offre à lui extérieurement. Il y parvient en changeant les choses extérieures, qu'il marque du sceau de son intériorité et dans lesquelles il ne retrouve que ses propres déterminations. L'homme agit ainsi, de par sa liberté de sujet, pour ôter au monde extérieur son caractère farouchement étranger et pour ne jouir des choses que parce qu'il y retrouve une forme extérieure de sa propre réalité... (L'homme) satisfait (son) besoin de liberté spirituelle d'un côté, intérieurement, en faisant être pour soi ce qui est, mais aussi en réalisant extérieurement cet être pour soi.» (Hegel,*** **op. cité*****)***

V — L'intentionnalité

Si Hegel a bien montré que le cogito est une tâche pratique et une exigence de l'action tout autant qu'une opération de la réflexion, la philosophie moderne, avec Husserl, est allée dans le même sens : elle a approfondi l'aspect **actif** de la conscience. Tel est le sens de la fameuse formule de Husserl : toute conscience est conscience **de** quelque chose. Nous parlerons de l'**intentionnalité** de la conscience. Cette intentionnalité désigne la nécessité où la conscience se trouve d'exister comme conscience d'autre chose que soi. Toute conscience vise un objet. Elle est un acte, une projection dans le monde, un «éclatement» en quelque sorte. Les «existentialistes»[2] ont parlé d'un être-dans-le-monde et l'on peut dire que cet être-dans-le-monde caractérise fort bien l'être même de la conscience : elle est tout entière dépassement vers l'objet et transcendance. Sartre, commentant cette idée d'intentionnalité, décrit clairement ce mouvement de transcendance de la conscience.

> ***«La conscience et le monde sont donnés d'un même coup : extérieur par essence à la conscience, le monde est, par essence, relatif à elle. C'est que Husserl voit dans la conscience un fait irréductible qu'aucune image physique ne peut rendre. Sauf, peut-être, l'image rapide et obscure de l'éclatement. Connaître, c'est «s'éclater vers», s'arracher à la moite intimité gastrique pour filer là-bas, par-delà soi, vers ce qui n'est pas soi, là-bas, près de l'arbre et cependant hors de lui, car il m'échappe et me repousse et je ne peux pas plus me perdre en lui qu'il ne se peut diluer en moi.» (Sartre,*** **Une idée fondamentale de Husserl : l'intentionnalité,** ***in*** **Situations I,** ***Gallimard, 1947)***

---

1. *Cf.* la fiche sur «le travail».
2. *Cf.* la fiche sur «l'existence».

VI — Le mythe de la « pure vie intérieure »

La conscience n'est donc pas intériorité pure et simple. Si elle se définit par son intentionnalité et n'est rien d'autre qu'une visée transcendante, alors l'intérieur n'est précisément que l'extérieur. L'intériorité n'est rien sans l'extériorité. Ainsi toute la philosophie moderne nous invite à voir dans la conscience un effort pratique et, par conséquent, un travail **moral** de **formation de soi** à travers les choses.

> ***« Nous voilà délivrés de Proust. Délivrés en même temps de la « vie intérieure » : en vain chercherions-nous, comme Amiel[1], comme une enfant qui s'embrasse l'épaule, les caresses, les dorlotements de notre intimité, puisque finalement tout est dehors, tout, jusqu'à nous-mêmes : dehors, dans le monde, parmi les autres. Ce n'est pas dans je ne sais quelle retraite que nous nous découvrirons : c'est sur la route, dans la ville, au milieu de la foule, chose parmi les choses, homme parmi les hommes. » (Sartre,*** **op. cit.*****)***

VII — La conscience et le corps : la position cartésienne

Un problème fondamental reste à aborder, celui du rapport de la conscience au corps. En fait, il renvoie à celui des relations entre l'esprit et le corps, car toute une tradition philosophique identifie la conscience et l'esprit. Une des solutions les plus célèbres nous a été apportée par Descartes, pour qui la conscience et le corps, tout en étant **distincts** (ce sont deux substances radicalement différentes) sont cependant **en union étroite.** La conscience n'est pas seulement logée dans le corps comme un pilote en un navire : elle compose un seul tout avec lui. Il y a à la fois **distinction réelle** de l'âme et du corps et **union** des deux composants. Le sentiment de la douleur, tout comme la faim ou la soif, m'enseignent perpétuellement cette unité indissoluble.

> ***« La nature m'enseigne... par ces sentiments de douleur, de faim, de soif, etc., que je ne suis pas seulement logé dans mon corps, ainsi qu'un pilote en son navire, mais, outre cela, que je lui suis conjoint très étroitement et tellement confondu et mêlé, que je compose comme un seul tout avec lui. Car, si cela n'était, lorsque mon corps est blessé, je ne sentirais pas pour cela de la douleur, moi qui ne suis qu'une chose qui pense, mais j'apercevrais cette blessure par le seul entendement. » (Descartes,*** **Méditations métaphysiques*****)***

VIII — La conscience *est* le corps

Si Descartes a eu l'immense mérite de souligner cette indissoluble liaison, la pensée contemporaine va encore beaucoup plus loin dans l'affirmation de cette unité. Elle ne sépare même plus la conscience et le corps, l'esprit et la matière, **elle les identifie totalement.** Le corps n'est pas un objet parmi les autres, objet auquel la conscience serait unie accidentellement. Il n'est pas une substance différente de la conscience, l'autre

---

1. Amiel, écrivain du XIXe siècle, auteur d'un célèbre journal intime.

de cette conscience : **il est le même que l'esprit.** Nous dirons que la conscience **est** le corps, qu'ici encore l'intérieur et l'extérieur se rejoignent et coïncident. Ce n'est pas un hasard si le christianisme a posé la résurrection des corps comme une espérance : si nous voulons sauver la conscience et l'esprit, c'est le corps qu'il faut aussi sauver.

> ***« Le fait de l'incarnation manifeste l'alliance intime du corps à la pensée. Mon corps n'est plus l'*****autre*** ***de l'esprit, mais bien intimement le*** **même,** ***le dénominateur commun de tout ce qui, à un titre quelconque, intervient dans mon domaine vital. L'intime et l'externe se rejoignent ici jusqu'à communier de telle sorte que la recherche d'une spiritualité pure et désincarnée, tout de même que la mise au point d'une science de la matière, manquent la spécificité de l'être personnel. » (G. Gusdorf,*** **Traité de métaphysique,** ***A. Colin, 1956)***

Conclusion. La conscience est une tâche

Ce qui nous est apparu dans toute cette fiche, c'est que le cogito doit être **médiatisé** par des œuvres qui l'objectivent. Ce qui signifie que la réflexion est aussi effort d'objectivation pratique. La conscience n'est pas une donnée, mais bien plutôt une tâche dans le monde.

SUJETS DE BACCALAURÉAT

— Peut-on considérer le corps comme le malheur de la conscience ? (Caen, A, 77)

— Est-ce dans la solitude que l'on prend conscience de soi ? (Bordeaux, C.D.E, 84)

— Comment comprendre la notion de vie intérieure ? (Besançon, A, 82)

— La conscience est-elle source d'illusions ? (Rouen, A, 82)

— La conscience peut-elle errer ? (Paris-Versailles, C.D, 83)

— Qu'est-ce que prendre conscience ? (Paris, Créteil, Versailles, B, juin 1986)

— La conscience ne s'exprime-t-elle que dans la négation ? (Antilles, B, juin 1988)

— Suis-je dans mon corps « comme un pilote dans son navire » ? (Nancy, A, juin 1988)

— Le moi s'identifie-t-il à la conscience ? (Montpellier, B, juin 1989)

— Dégagez l'intérêt philosophique du texte suivant en procédant à son étude ordonnée.

Qu'arrive-t-il quand une de nos actions cesse d'être spontanée pour devenir automatique ? La conscience s'en retire. Dans l'apprentissage d'un exercice, par exemple, nous commençons par être conscients de chacun des mouvements que nous exécutons, parce qu'il vient de nous, parce qu'il résulte d'une décision et implique un choix ; puis, à mesure que ces mouvements s'enchaînent davantage entre eux et se déterminent plus mécaniquement les uns les autres, nous dispensant ainsi de nous décider et de choisir, la conscience que nous en avons diminue et disparaît. Quels sont, d'autre part, les moments où notre conscience atteint le plus de vivacité ? Ne sont-ce pas les moments de crise intérieure, où nous hésitons entre deux ou plusieurs partis à prendre, où nous sentons que notre avenir sera ce que nous l'aurons fait ? Les variations d'intensité de notre conscience semblent donc bien correspondre à la somme plus ou moins considérable de choix ou, si vous voulez, de création, que nous distribuons sur notre conduite. Tout porte à croire qu'il en est ainsi de la conscience en général. Si conscience signifie mémoire et anticipation, c'est que conscience est synonyme de choix.

Bergson
(Antilles, Guyane, B, juin 1990)

L'INCONSCIENT

• Si Descartes identifie conscience et psychisme, le penseur allemand Leibniz aborde vraiment le problème de l'inconscient sur le plan philosophique (§ 1).

• Freud divise le psychisme en psychisme conscient et inconscient, et définit l'**inconscient** à partir du **refoulement** (§ 2). Il montre la pleine légitimité de cette notion (§ 3).

• Actes manqués (§ 4) et rêves (§ 5) constituent les voies fondamentales d'accès à l'inconscient.

• Le freudisme représente un **acquis irréversible** (§ 6) sur le plan de la connaissance.

Néanmoins, les penseurs Alain et Sartre, désireux de préserver la liberté du sujet dans la sphère de la **morale,** ont critiqué ce terme d'inconscient.

• Selon Alain (§ 7), il n'y a de morale possible que par référence au Je **responsable** et **conscient.**

• Également soucieux de préserver la liberté et la morale, Sartre, dans *l'Être et le Néant,* a soumis le freudisme à un faisceau de critiques (§ 8) :

a - la conscience **connaît** en réalité ce qu'elle refoule ;
b - Freud a **brisé** le psychisme humain ;
c - la psychanalyse représente le triomphe du point de vue d'**autrui ;**
d - seule existe la **mauvaise foi : l'inconscient n'existe pas.**

• Soulignons, en conclusion, la triple blessure de l'humanité (Copernic, Darwin, Freud).

I — La découverte philosophique de l'inconscient

La philosophie classique n'a pas reconnu l'existence de l'inconscient. Ainsi, Descartes, identifiant conscience et psychisme, pose, d'un côté, la pensée qui se pense, le cogito entièrement transparent à lui-même et à son essence et, d'un autre côté, les mécanismes corporels[1]. C'est ce que l'on appelle le dualisme cartésien.

Le mérite du philosophe allemand Leibniz (1646-1716) fut d'aborder vraiment le problème de l'inconscient, de s'en faire l'explorateur. Ce continent si mal connu, Leibniz le visite avec des pressentiments de génie, en particulier lorsqu'il développe sa théorie sur les petites perceptions inconscientes.

---

1. *Cf.* la fiche sur «la conscience» et celle sur «la connaissance du vivant» (§ 2).

Quand je me promène au bord de la mer, ma perception consciente du mugissement des vagues n'est-elle pas le fruit de bien autre chose ? En vérité, mille petites perceptions que je ne saisis pas clairement concourent à la perception de l'ensemble. La conscience claire et transparente à elle-même n'est pas le tout du psychisme : elle n'est qu'un degré et un passage ; elle représente une éclosion et un moment. Leibniz préfigure — sur le plan philosophique tout au moins — les conceptions modernes.

II — Définition de l'inconscient

Ce qui est nouveau chez Freud, c'est que, au-delà du simple point de vue du bon sens commun affirmant qu'il y a plus d'inconscient que de conscient dans la vie psychique, il définit l'inconscient à partir du **refoulement.** Dans les théories de Freud, l'inconscient, qui désigne un des systèmes de l'appareil psychique, contient des représentations refoulées, c'est-à-dire des productions mentales que la censure, barrage sélectif engendré par l'éducation, la société et l'expérience, maintient hors du système conscient. Le refoulement est donc, au sens propre du terme, l'opération par laquelle le sujet repousse dans l'inconscient des représentations susceptibles de provoquer du déplaisir à l'égard d'exigences créées généralement par notre formation première. Pour Freud, le sujet est ainsi l'unité de trois termes : le **Moi,** conscience claire, un inconscient fait de pulsions, le **Ça,** et le **Surmoi,** intériorisation des interdits parentaux.

Il faut distinguer non seulement le **conscient** et l'**inconscient,** mais aussi le **préconscient,** c'est-à-dire ce qui n'est pas présent dans le champ actuel de la conscience, mais qui, en droit, est accessible au cogito transparent et limpide.

On notera aussi l'existence d'un inconscient primitif qui contient l'ensemble des comportements vitaux élémentaires (réflexes, instincts).

III — Légitimité de l'hypothèse de l'inconscient

L'hypothèse de l'inconscient est rigoureusement nécessaire : en effet, de nombreux actes psychiques (idées, représentations, thèmes obsessionnels, etc.) apparaissent dans la conscience sans que nous puissions accéder réellement à leur origine. Les données psychologiques paraissent ainsi très lacunaires et même souvent incompréhensibles. Seule l'existence d'actes et d'états inconscients, venant s'interpoler entre ces données, peut leur donner sens[1] et cohérence.

IV — Connaissance de l'inconscient : les actes manqués

Lorsque la censure relâche son action, l'inconscient fait irruption dans le conscient. Les actes manqués, et surtout les rêves, sont la voie royale qui mène à la **connaissance de l'inconscient.** Les actes manqués représentent l'irruption de l'inconscient dans la vie quotidienne. Ce sont

1. *Cf.* la fiche sur « le sens ».

ces actes, innombrables dans la vie psychique, qui manquent et ratent leur but intentionnel et expriment bien autre chose que lui : ainsi, les troublantes erreurs d'écriture, les maladresses, les bris d'objet. Il faut les prendre au sérieux, déceler leur **sens** et leur fonction chez l'individu. Car ils révèlent les secrets les plus intimes, souvent les mieux gardés de l'être. Ils prouvent en tout cas, chez les individus, l'existence du refoulement.

> ***« Certains actes en apparence non-intentionnels se révèlent, lorsqu'on les livre à l'examen psychanalytique, comme parfaitement motivés et déterminés par des raisons qui échappent à la conscience... Font partie de cette catégorie les cas d'oubli et les erreurs (qui ne sont pas l'effet de l'ignorance), les lapsus linguae et calami, les erreurs de lecture, les méprises et les actes accidentels. » (Freud,*** **Psycho-pathologie de la vie quotidienne,** ***Payot, 1979)***

V — Connaissance de l'inconscient : les rêves

Tout comme les actes manqués, les rêves sont des exutoires de l'inconscient. Freud décèle dans le rêve un sens. Il interprète son contenu manifeste. Il interpole des significations inconscientes qui viennent éclairer les données apparemment irrationnelles. Ce qu'il insère, c'est le contenu latent ou la pensée du rêve. Le rêve cesse, avec Freud, d'être irrationnel. Voici qu'il apparaît désormais comme la réalisation plus ou moins déguisée d'un désir refoulé. Ce qui compte, dès lors, dans l'interprétation du rêve, c'est ce qui est caché, son sens, en bref les idées latentes et masquées du rêve.

> ***« Si le rêve est obscur, c'est par nécessité et pour ne pas trahir certaines idées latentes que ma conscience désapprouve. Ainsi s'explique le travail de déformation qui est, pour le rêve, un véritable déguisement. » (Freud,*** **Le rêve et son interprétation,** ***PUF, 1951)***

VI — Bilan : la révolution psychanalytique

Ainsi Freud a-t-il montré que l'hypothèse de l'inconscient est nécessaire et légitime, que les symptômes psychopathologiques tout comme les rêves seraient incompréhensibles sans cette hypothèse. En découvrant la terre encore mal explorée de l'inconscient, il a dégagé profondément le sens caché de nos conduites : c'est une grande herméneute, un philosophe du sens[1], un interprète des comportements humains qui a déchiffré les sens cachés derrière le sens apparent. A ce titre, le freudisme représente un acquis irréversible et nul, de nos jours, ne peut vraiment contester cet acquis.

VII — La critique d'Alain

Si la révolution psychanalytique a triomphé et s'est imposée dans le monde scientifique, cependant la quête inlassable des motivations inconscientes peut embarrasser le penseur soucieux de liberté et de morale.

1. *Cf.* la fiche sur « le sens ».

Ainsi, Alain a mis en évidence les dangers **éthiques** du freudisme. Toute la morale consiste à se référer au Je, unique fondateur de notre vie. Grossir le terme d'inconscient, **c'est aller contre toute l'éthique.** Pour Alain, il ne s'agit nullement de contester la réalité de l'inconscient, mais bien de refuser les **mythes dangereux** (irresponsabilité, abandon à l'inconscient) qu'il pourrait envelopper et véhiculer.

> ***« Il faut éviter ici plusieurs erreurs que fonde le terme d'*inconscient. *La plus grave de ces erreurs est de croire que l'inconscient est un autre Moi ; un Moi qui a ses préjugés, ses passions et ses ruses ; une sorte de mauvais ange, diabolique conseiller. Contre quoi il faut comprendre qu'il n'y a point de pensées en nous sinon par l'unique sujet, Je. Cette remarque est d'ordre moral. » (Alain,* Eléments de philosophie, *Gallimard, 1959)***

VIII — Le procès de l'inconscient

Sartre a également soumis, dans *l'Être et le Néant* (1943), le freudisme à une série de critiques dont le sens est finalement **moral.** Il refuse, tout comme Alain, de faire de l'inconscient le maître de nos actes et de nos choix. Ne cherchons jamais d'excuses à nos actes et ne nous abritons pas derrière notre inconscient, veut au fond dire Sartre en critiquant Freud.

a - La conscience connaît ce qu'elle refoule

Comment concevoir une conscience qui ignorerait ce qu'elle refoule et rejette ? Si elle répudie une tendance ou un désir, ne faut-il pas qu'elle détienne un certain savoir et une représentation du refoulé ?

b - Freud a brisé le psychisme humain

En même temps qu'il a méconnu la transparence de la conscience, Freud a brisé le psychisme humain qu'il a ainsi dénaturé. Cette cassure est d'importance. Freud a raté l'unité de l'homme parce qu'il a oublié l'unité du cogito.

c - Le triomphe du point de vue d'autrui

En brisant l'unité du psychisme humain, Freud a ainsi assuré le triomphe du point de vue d'autrui dans la connaissance de soi. Si le cogito perd sa transparence, s'il existe à la fois une vie consciente et des tendances inconscientes, alors la souveraineté de la conscience sur le sens et la signification de ses états disparaît. C'est le triomphe du point de vue d'autrui. Le psychanalyste, médiateur entre les différents aspects du moi, peut seul me révéler à moi.

d - Seule existe la mauvaise foi

En définitive, l'inconscient en tant que tel n'existe pas. Nul psychisme qui soit totalement ignorant de soi-même. Ce qui existe véritablement, c'est la **mauvaise foi,** le **mensonge à soi-même,** l'acte par lequel la conscience se dissimule à elle-même le vrai, se laissant prendre à son propre mensonge. A vrai dire, c'est la liberté souveraine de la conscience que Sartre sauvegarde ainsi.

Ainsi, Sartre a souligné, comme Alain, les dangers éthiques du freudisme. Notons que la position de Sartre a considérablement évolué et que, dans une de ses dernières œuvres, *l'Idiot de la famille,* il s'est rapproché de Freud et de la psychanalyse.

Conclusion
La triple blessure de l'humanité : Copernic, Darwin, Freud

Le savoir humain, a écrit Freud dans *l'Introduction à la psychanalyse,* a été trois fois décentré : la première fois quand Copernic montra que la Terre n'est pas le centre de l'univers, la seconde fois quand Darwin signala que l'homme ne possède pas une place privilégiée dans l'ordre biologique, la troisième fois avec le **décentrement de l'inconscient.**

Freud a effectivement montré que le moi est en lien dialectique avec les pénombres de l'Inconscient. Encore convient-il de ne point idolâtrer ces abîmes : la cure psychanalytique a précisément pour but de rendre au sujet aliéné dans son passé la possession de lui-même.

SUJETS DE BACCALAURÉAT

— ***Sur quelles raisons pouvons-nous nous appuyer pour admettre l'existence d'un inconscient ? (Aix-en-Provence, C, 82)***

— ***L'idée de liberté est-elle compatible avec le concept d'inconscient ? (Poitiers, B, 82)***

— ***Peut-on connaître l'inconscient ? (Aix-en-Provence, C.D, 77)***

— ***Qui parle quand je dis « je » ? (Rennes, B, 83)***

— ***Les rêves ont-ils un sens ? (Nice, C.D.E, 84)***

— ***Peut-on refuser l'idée d'un inconscient psychique ? (Nantes, C.D.E., juin 1985)***

— ***La notion d'inconscient introduit-elle la fatalité de la vie de l'homme ? (Montpellier, A, 1987)***

— ***La libération passe-t-elle par le refus de l'inconscient ? (Antilles, C.D.E., juin 1989)***

— ***Suis-je responsable de ce dont je n'ai pas conscience ? (Regroupement IV : Besançon, Dijon, etc., A, juin 1990)***

LE DÉSIR

• Le thème essentiel de cette fiche est celui de la signification ambiguë du désir. Il représente, dans notre existence, le **manque** par excellence, car nous ne désirons que ce qui nous manque, mais aussi une production effective de soi-même. Il est à la fois un **creux** au cœur de l'homme (§ 1, 2, 3) et une **création authentique** (§ 5 et 6). Si le désir est un manque perpétuel parce qu'il n'est jamais totalement satisfait, il est aussi le mouvement par lequel on peut accroître les perfections de son être.

• Distinguez bien le **désir,** tension vers un objet que j'imagine source de satisfaction, de la **volonté,** mouvement par lequel j'organise rationnellement des moyens en vue d'une fin (§ 1). Lisez, en même temps que cette fiche, celle consacrée à la volonté.

• Ne confondez pas le **désir** et le **besoin,** manque fondamentalement **matériel,** alors que le désir est déjà, en son essence, **spirituel** (§ 1).

• Dans *le Banquet,* Platon a bien montré que le désir est manque et pauvreté (§ 2. Mythe de la naissance d'Éros) ; mais la philosophie moderne, elle aussi, avec Sartre, souligne que le désir est manque (§ 3).

• Pour saisir la signification constructive du désir, il faut, avec Hegel, montrer qu'il est lié à la dimension de la « reconnaissance » (§ 4) et permet ainsi de **se forger** (§ 5). Lisez aussi la fiche consacrée à « autrui ».

• Deleuze, philosophe contemporain, insiste sur l'aspect productif du désir (§ 6).

• Enfin, pour comprendre le rapport de la **sagesse** et du désir, c'est vers Épicure qu'il faut se tourner.

I — Désir - Volonté - Besoin

Le désir est ce mouvement qui me porte vers un objet que j'imagine source de satisfaction. Désir de fortune, de santé, etc. Le cycle du désir éternellement recommencé représente mon expérience la plus quotidienne et semble jalonner mon existence.

D'emblée, notons qu'il ne faut pas tirer le désir vers le haut : il ne se confond pas avec la volonté, organisation réfléchie de moyens en vue d'une fin. Vouloir effectivement réussir à un examen ne consiste pas seulement à le désirer, mais bien à organiser les moyens me permettant de parvenir à la fin poursuivie. Si la volonté est autre chose que la simple velléité, c'est qu'elle maîtrise rationnellement le désir qui est son moteur profond.

Mais il ne faut pas non plus tirer le **désir** vers le bas, c'est-à-dire vers le **besoin,** manque essentiellement **matériel,** alors que le désir est de l'ordre de l'existentiel : il me concerne dans mon existence profonde. Le besoin est un manque, d'essence physique, et, comme tel, tend toujours à se dissoudre. Dans le désir, au contraire, il semble que je tende vers une réalité fondamentale dont j'ai, en quelque sorte, la nostalgie. Ce dont le désir est désir, c'est peut-être finalement d'un Être inaccessible. Aussi, à la différence du besoin qui s'apaise lorsque nous lui donnons satisfaction, l'odyssée du désir ne s'arrête jamais.

II — Le Banquet de Platon : le désir est pauvreté

Platon a bien compris cette essence du désir. C'est dans *le Banquet* qu'il fonde la théorie du désir, qui informera tout notre savoir occidental. Le désir est, pour lui, manque essentiel, pénurie, pauvreté. Désir n'est point plénitude, mais, tout au contraire, incomplétude et détresse.

Dans *le Banquet,* Platon développe en effet un mythe, celui de la naissance d'Éros, l'Amour (qui est également le Désir). Le père d'Amour est Expédient, «Grands Moyens». Sa mère est Pauvreté (Pénia). Pauvreté, c'est la déficience de notre nature, le manque qui se trouve en elle. Aussi Amour-Désir est-il un entre-deux, un mixte. Il oscille sans cesse de Pauvreté à Richesse. Mais, bien souvent, il crie misère, il est en détresse : c'est un gueux que la misère ne lâche jamais. Le désir est, chez Platon, fondamentalement manque d'être. Il s'origine dans le manque car il est le fils d'une mendiante.

> ***«Étant le fils de Grands Moyens et de Misère, voici la condition que le sort lui a imposée : d'abord, il crie toujours misère, et il s'en faut qu'il soit tendre et beau, comme on le croit généralement : il est dur, desséché, il va nu-pieds et n'a pas de maison; il couche par terre sans couverture, en plein air, au seuil des fermes et sur les routes : c'est qu'il a la nature de sa mère et que la misère ne le lâche pas». (Platon,*** **le Banquet*****).***

Mais Platon souligne également le caractère créateur du désir, qui m'oriente vers la plénitude de l'Idée.

III — Le désir comme manque et dépassement de son manque (Sartre)

Le désir est la conscience tout entière en tant qu'elle se dépasse perpétuellement vers des objets au-delà d'elle-même : il représente l'inquiétude existentielle d'une conscience qui n'est jamais en repos, il fait corps avec cette in-quiétude (*quies* = repos) qui nous meut, qui excite notre industrie et notre activité, qui nous projette perpétuellement hors de nous-mêmes. Il est cette incomplétude qui voudrait bien être comblée, mais qui jamais n'y parviendra. Il est la transcendance elle-même[1].

---

1. *Cf.* la fiche sur «la liberté».

« Si le désir doit pouvoir être à soi-même désir, il faut qu'il soit la transcendance elle-même, c'est-à-dire qu'il soit par nature échappement à soi vers l'objet désiré... Le désir est manque d'être, il est hanté en son être le plus intime par l'être dont il est désir. Ainsi témoigne-t-il de l'existence du manque dans l'être de la réalité humaine ». (Sartre,* l'Être et le Néant, *Gallimard, 1957)

IV — Le désir comme altérité : la reconnaissance

Creusons maintenant la relation à autrui dans le désir. Car le désir n'est pas seulement désir amoureux. Dans ma relation à autrui, c'est bien souvent la dimension du conflit et de la « reconnaissance »[1] (au sens hégélien) qui prédomine.

C'est cette étude de l'altérité que Hegel a remarquablement conduite dans la *Phénoménologie de l'esprit*. Les relations entre les consciences ne sont pas des relations de pur amour et de réciprocité. Quand deux consciences se rencontrent, elles tendent à entrer en conflit l'une avec l'autre. **Chaque désir veut se faire reconnaître par l'autre désir.** Il s'agit de faire reconnaître sa **supériorité** sur autrui. Chaque conscience n'existe qu'en tant qu'elle est reconnue. Les relations humaines sont des relations de pur prestige, une **lutte à mort** pour la **reconnaissance de l'un par l'autre.**

« La réalité humaine ne peut s'engendrer et se maintenir dans l'existence qu'en tant que réalité « reconnue ». Ce n'est qu'en étant « reconnu » par un autre, par les autres, et — à la limite — par tous les autres, qu'un être humain est réellement humain : tant pour lui-même que pour les autres. Et ce n'est qu'en parlant d'une réalité humaine « reconnue » qu'on peut, en l'appelant humaine, énoncer une vérité au sens propre et fort du terme. Car c'est seulement dans ce cas qu'on peut révéler par son discours une réalité. » (A. Kojève,* Introduction à la lecture de Hegel, *NRF, 1947).

V — Désir et construction de soi-même

Mais quel est le sens de cette lutte à mort pour la reconnaissance de l'un par l'autre? Dans cette lutte à mort de **pur prestige,** deux consciences se manifestent : celle du maître et celle de l'esclave. Le maître **risque** sa vie pour affirmer sa supériorité. L'esclave ne veut rien risquer. Il préfère, au risque de mort, une vie humiliante et animale. Ainsi, c'est seulement par le **risque de sa vie** qu'on conserve sa liberté et que l'on construit sa conscience. **Le terme du désir,** c'est **la vérité du moi se forgeant,** c'est l'unité de la conscience avec elle-même. La conscience se conquiert dans ce mouvement de la reconnaissance et de la lutte. Elle ne parvient vraiment à exister et à s'atteindre elle-même que par un **affrontement** avec une autre conscience de soi. Je ne puis prouver que je suis une conscience de soi autonome que si je le prouve aux autres : ainsi, je mets ma vie en jeu, m'élevant au-dessus de la nature, alors que l'esclave ne renonce pas à cette vie organique et immédiate.

---

1. *Cf.* la fiche sur « autrui » et celle sur « la violence ».

Quel est le noyau de cette dialectique si fameuse? Le désir me met sur la voie de l'**humanité.** C'est par lui que la conscience aboutit au sentiment d'elle-même et que l'homme se pose véritablement en tant qu'homme. Le désir est manque, mais il est aussi **production :** production de soi-même comme être autonome. La rencontre d'autrui est un cruel combat où se forgent ma conscience et mon humanité.

VI — Le désir comme production

Ainsi, l'analyse du désir conduit à souligner deux choses : le désir est **« béance »,** manque, vide, puisqu'il n'est jamais totalement satisfait, mais il est aussi **production de soi-même** et **création de la conscience.** S'il est fils de Pauvreté comme le veut Platon, il engendre aussi pleinement l'être humain. Notons que la philosophie contemporaine souligne cet aspect producteur du désir. Ainsi, dans l'*Anti-Œdipe* (1972), Deleuze montre que le désir étreint la vie avec la plus grande puissance productrice. Désirer, c'est avant tout produire du réel, de la vie. Deleuze, à la suite de Spinoza, voit dans **le désir l'essence de l'homme,** le mouvement par lequel nous nous efforçons de persévérer dans notre être et d'accroître ce qui, en nous, est bon.

VII — Désir et sagesse : Épicure

Si le désir est l'essence de l'homme, s'il constitue le mouvement même de la vie, il semble nécessaire, pour élaborer une sagesse, de prendre en compte le désir, manifestation vitale par excellence. Toute vraie sagesse se fonde sur le désir.

Néanmoins, comme l'a montré Épicure (IIIe siècle av. J.-C.), il convient d'établir une **hiérarchie des désirs.** Tout désir, en effet, n'est pas souhaitable. Ainsi distinguerons-nous les désirs naturels et nécessaires (désirer boire pour apaiser la soif), les désirs naturels et non nécessaires (ainsi le désir de mets délicats; ici, il convient déjà de prendre garde aux excès) et enfin les désirs qui ne sont ni naturels ni nécessaires (par exemple, le désir d'immortalité, qui est absurde car la mort ne nous concerne en rien, ni vivants ni morts, puisque alors nous ne sommes plus).

Avec cette hiérarchie des désirs, Épicure fonde une sagesse prenant en compte le corps, mais permettant cependant à l'être humain de sauvegarder sa liberté intérieure. Nul abandon aux vains désirs! La sagesse d'Épicure est très exigeante.

> ***« Il faut se rendre compte que, parmi nos désirs, les uns sont naturels, les autres vains, et que, parmi les premiers, il y en a qui sont nécessaires et d'autres qui sont naturels seulement. Parmi les nécessaires, il y en a qui le sont pour le bonheur, d'autres pour la tranquillité continue du corps, d'autres enfin pour la vie même. Une théorie non erronée de ces désirs sait en effet rapporter toute préférence et toute aversion à la santé du corps et à la tranquillité de l'âme, c'est là la perfection même de la vie heureuse. » (Épicure,*** **Lettre à Ménécée*****)***

Conclusion

Ainsi, le désir est à la fois **manque** et **production,** «béance» et force positive. Il peut seul nous orienter vers des buts pleinement humains. Aussi toute vraie sagesse s'enracine-t-elle en lui.

SUJETS DE BACCALAURÉAT

— Pourquoi le désir ne se ramène-t-il pas au besoin ? (Antilles-Guyanne, A, 82)

— La libération du désir peut-elle constituer un idéal moral ? (Bordeaux, A, 78)

— Le désir est-il seulement créateur d'illusion ? (Nantes, A, 78)

— Est-il raisonnable d'aimer ? (Paris, C.D, 83)

— Pourquoi l'homme désire-t-il être reconnu par les autres ? (Clermont-Ferrand, A, 84)

— Doit-on souhaiter satisfaire tous ses désirs ? (Nice, A, juin 1985)

— Le désir n'est-il que l'expression d'un manque ? (Polynésie française, A, septembre 1987)

— Pourquoi désirer l'impossible ? (Antilles, A, juin 1988)

— Le désir du vrai n'est-il que l'expression d'un sentiment religieux ? (Antilles, Guyane, A, juin 1990)

— Dégager l'intérêt philosophique du texte suivant en procédant à son étude ordonnée.

L'inquiétude qu'un homme ressent en lui-même par l'absence d'une chose qui lui donnerait du plaisir si elle était présente, c'est ce qu'on nomme désir. L'inquiétude est le principal pour ne pas dire le seul aiguillon qui excite l'industrie et l'activité des hommes ; car quelque bien qu'on propose à l'homme, si l'absence de ce bien n'est suivie d'aucun déplaisir ni d'aucune douleur, et que celui qui en est privé puisse être content et à son aise sans le posséder, il ne s'avise pas de le désirer et moins encore de faire des efforts pour en jouir. Il ne sent pour cette espèce de bien qu'une pure velléité, terme qu'on a employé pour signifier le plus bas degré du désir, qui approche le plus de cet état où se trouve l'âme à l'égard d'une chose qui lui est tout à fait indifférente, lorsque le déplaisir que cause l'absence d'une chose est si peu considérable qu'il ne porte qu'à de faibles souhaits sans engager de se servir des moyens de l'obtenir.

G.W. Leibniz

(Abu Dhabi, Algérie, etc., A, juin 1990)

LES PASSIONS

• La **passion** est une affection durable de la conscience, si puissante qu'elle s'installe à demeure et se fait centre de tout, se subordonnant les autres inclinations. Elle doit être distinguée de l'**émotion** et du **sentiment** (§ 1).

• Si la tradition classique, avec Descartes tout particulièrement (§ 2), voit avant tout dans les passions des phénomènes **subis** et **passifs** dont il faut s'assurer la maîtrise, la passion est, au contraire, exaltée par Hegel (§ 9) en tant qu'énergie du vouloir.

Vous avez là **deux visions profondément différentes de la passion :** comme mouvement interne qui pousse à l'action (Hegel), ou comme phénomène marqué par une dysharmonie et un trouble profonds (tradition classique).

• Spinoza, à la suite de Descartes, a noté que les passions se rattachent aux vicissitudes de notre existence corporelle (§ 3) : la passion, c'est l'empire du corps.

• Notons aussi le rôle de l'**imagination** et de la **cristallisation** (§ 4) dans la passion.

• La passion, fille du corps et de l'imagination, est analysée, dans la tradition classique, comme une **servitude** et un destin (§ 5). On peut alors décrire, avec Spinoza, le cortège des passions humaines (§ 6).

• Le remède aux passions est conçu — toujours dans cette tradition — soit comme **volonté** (Descartes, § 7), soit comme **connaissance** (Spinoza, § 8).

• Enfin, Hegel, privilégiant l'**énergie passionnelle** (§ 9), souligne que rien de grand ne s'est accompli sans passion (§ 10) et que celle-ci est le matériau de la raison universelle (§ 11), c'est-à-dire de la raison divine à l'œuvre dans le monde.

• On peut considérer, en **conclusion,** que Hegel a magnifiquement réhabilité la passion.

I — Émotion - Sentiment - Passion

Définissons la **passion** comme une affection durable de la conscience, qui s'installe à demeure et se fait centre de tout, se subordonnant les autres inclinations. Elle ne doit pas être confondue avec l'**émotion,** tempête passagère dont le désordre s'épuise rapidement. Distinguons-la également du **sentiment,** disposition affective moins démesurée et excessive. L'élément essentiel de la passion, c'est une rupture d'équilibre durable.

« L'homme normal porte son attention sur les divers objets qui s'offrent à ses sens, son esprit agite diverses pensées. Mais l'avare ne songe qu'à son or, le joueur qu'à son gain, l'amoureux qu'à celle qu'il aime. Tout ce qui n'est pas l'objet de sa passion paraît indifférent au passionné, tout ce qui touche ou lui rappelle cet objet fait naître en lui les émotions les plus vives : de là dépendent sa joie et son désespoir. » (F. Alquié, **Le désir d'éternité,** *PUF, 1960)*

II — La passion, empire du corps

La passion est ambiguë et peut être étudiée sous deux chefs, comme passivité et comme énergie spirituelle. C'est son caractère de passivité qui nous retiendra de prime abord. Étymologiquement, passion vient d'ailleurs du latin *pati,* supporter, souffrir. La passion désigne, à l'origine, un phénomène passif de l'âme : elle ne nous paraît pas exprimer notre libre personnalité car nous la ressentons comme subie. Ce n'est point en tant que liberté et volonté qu'elle se présente à nous mais, dès l'abord, comme un phénomène étranger à notre libre vouloir.

Descartes, définissant les passions de l'âme, a bien souligné cet élément de passivité. Il appelle passions tous les phénomènes causés dans l'âme par l'action du corps, toutes les représentations liées aux mouvements des esprits animaux, éléments subtils circulant dans tout l'organisme et servant d'intermédiaire entre le corps et l'âme. La passion, c'est l'empire du corps.

« On peut généralement nommer passions toutes les pensées qui sont.... excitées en l'âme sans le concours de sa volonté, et, par conséquent, sans aucune action qui vienne d'elle, par les seules impressions qui sont dans le cerveau, car tout ce qui n'est point action est passion. » (Descartes, **Lettre à Elisabeth***)*

III — Les vicissitudes de notre existence corporelle

Spinoza, dans la lignée de Descartes, a magistralement montré que les passions se rattachent aux vicissitudes de notre existence corporelle. L'homme subit à travers son corps l'action des **choses extérieures.** Dans cette mesure, la passion mérite une analyse scientifique et dénuée de tout énoncé moral. Elle représente l'élément nécessaire d'une existence dépendante de l'univers.

IV — Passion et imagination

Si la passion est liée aux vicissitudes de mon existence corporelle, comme l'a montré Spinoza, il n'est nullement étonnant qu'elle soit fille de l'**imagination,** cette faculté par laquelle nous combinons et formons les représentations sensibles.

L'exemple le plus célèbre de cette action de l'imagination nous est fourni par Stendhal, à propos de la **cristallisation.** Un banal rameau d'arbre, jeté dans les mines de sel de Salzbourg, en est retiré trois mois après, couvert de cristallisations brillantes. De même, l'**objet** aimé, grâce au travail de l'imagination, cristallise autour de lui un ensemble de souvenirs et de rêves. Que serait la passion sans cette cristallisation de l'imaginaire, qui véritablement l'engendre ou la recrée? A peu près rien, peut-être un pur néant affectif ...

> ***« Laissez travailler la tête d'un amant pendant vingt-quatre heures, et voici ce que vous y trouverez :***
>
> ***Aux mines de sel de Salzbourg, on jette, dans les profondeurs abandonnées de la mine, un rameau d'arbre effeuillé par l'hiver; deux ou trois mois après, on le retire couvert de cristallisations brillantes : les plus petites branches, celles qui ne sont pas plus grosses que la patte d'une mésange, sont garnies d'une infinité de diamants, mobiles et éblouissants; on ne peut plus reconnaître le rameau primitif.***
>
> ***Ce que j'appelle cristallisation, c'est l'opération de l'esprit qui tire de tout ce qui se présente la découverte que l'objet aimé a de nouvelles perfections. » (Stendhal,* De l'amour*).***

V — La passion comme servitude et comme destin

Ainsi, la passion représente le triomphe et l'empire du corps. Elle est fille de l'imagination et de la cristallisation. Elle semble, dès lors, s'opposer fondamentalement à la raison. La tradition classique, dans cette optique, a surtout mis en évidence la servitude et la souffrance inhérentes aux passions. Quel supplice que la vie de l'homme balloté par les passions! Étroitement dépendant du corps et des vicissitudes des objets externes, agité par de multiples causes extérieures, plus souvent triste et rempli de haine que joyeux, comment pourrait-il trouver la paix et la sérénité? Car il est pareil aux flots de la mer qu'agitent des vents contraires. Ainsi flotte-t-il d'une passion à une autre, vivant en dehors de lui-même. Il connaît donc un état lamentable de servitude et d'impuissance. Il vit sous le règne de l'aliénation, étranger à lui-même : il est serf et dépendant.

VI — Le cortège des passions humaines

Dans notre vie quotidienne, ce qui prédomine généralement, c'est la tristesse et non la joie, comme l'a bien montré Spinoza dans l'*Éthique.* L'homme subit, en effet, l'univers et ses forces, qui peuvent restreindre la puissance d'agir de notre corps. Aussi la tristesse, passage d'une plus grande à une moindre perfection, empoisonne-t-elle toute notre vie. À partir d'elle se forme le cortège des passions tristes, haine, crainte, envie, raillerie, mépris, colère, vengeance, pitié, humilité et repentir.

Tel est l'enchaînement de sombres affections qu'expérimente trop souvent l'homme qui vit sous le régime de la passion.

VII — Le remède aux passions

a - La volonté

Comment l'âme, serve et dépendante, pourra-t-elle alors conquérir son autonomie?

La première solution serait d'inspiration cartésienne. N'est-il pas possible de faire appel à la toute-puissance de la volonté? Descartes exalte le pouvoir absolu de celle-ci. Face aux mécanismes passionnels, la volonté peut toujours réagir et l'emporter. Ainsi se révèlent les âmes d'élite. La **générosité,** sommet de la morale de Descartes, repose sur le sentiment qu'il n'y a rien qui véritablement nous appartienne que la libre disposition de nos volontés.

> ***«Ainsi, je crois que la vraie générosité, qui fait qu'un homme s'estime au plus haut point qu'il se peut légitimement estimer, consiste seulement partie en ce qu'il connaît qu'il n'y a rien qui véritablement lui appartienne que cette libre disposition de ses volontés, ni pourquoi il doive être loué ou blâmé sinon pour ce qu'il en use bien ou mal, et partie en ce qu'il sent en soi-même une ferme et constante résolution d'en bien user.» (Descartes,*** **Les passions de l'âme*****)***

Ainsi, la volonté est conçue comme détenant un pouvoir absolu face aux passions. Cette solution cartésienne a sa grandeur, mais pour celui à qui la liberté ne paraît qu'un leurre et qu'une illusion (et tel est le cas de Spinoza), il ne reste guère que la thérapeutique de la connaissance.

VIII — Le remède aux passions

b - La connaissance

Spinoza, en effet, ne fait nullement appel au pouvoir libre et tout-puissant de notre âme. Comment le pourrait-il alors que l'homme n'est qu'une partie de la nature, soumise comme le reste des choses à des chaînes de causalité nécessaires? Demeure donc, pour se libérer, la **«science des affections».** La passion succombe à sa connaissance vraie. Il n'est pas question de gouverner les passions par la volonté, comme le voulaient les Stoïciens ou Descartes, mais bien d'en avoir une connaissance claire et distincte, de les comprendre dans leur rationalité. Ainsi puis-je transmuter la servitude en liberté : la passion **comprise,** perd son privilège et son prestige puisqu'elle est insérée dans une chaîne de causes et d'effets.

> ***« Une affection qui est une passion cesse d'être une passion, sitôt que nous nous en formons une idée claire et distincte... Une affection est d'autant plus en notre pouvoir, et l'âme en pâtit d'autant moins, que cette affection nous est plus connue.» (Spinoza,*** **Ethique*****)***

Et pourtant, la claire conscience de la passion ne suffit pas à la dominer : *video meliora, proboque, deteriora sequor;* je fais le pire alors même que j'ai notion du bien.

IX — La passion comme énergie du vouloir

Mais la passion n'est pas seulement passivité. Certes, avec Descartes ou Spinoza, elle se transmute en liberté par la médiation de la volonté ou de la connaissance. Cependant, originellement, elle n'en est pas moins subie. Or, la passion ne peut-elle être comprise autrement, comme énergie spirituelle? C'est précisément le mérite de Hegel d'avoir décrit la passion sous ce jour nouveau.

Car la passion, ce n'est pas seulement Phèdre, c'est aussi Napoléon ! Alors l'énergie du vouloir rassemble toute l'activité de l'homme vers un but. Le vouloir se tend vers une fin unique à laquelle il subordonne tout. Ainsi accédons-nous à un nouveau concept de la passion, comme **énergie pratique et historique portée à son degré suprême d'incandescence.** L'individu concentre ainsi toute son énergie sur un seul objet. Tel est le «grand homme» dans l'histoire.

> ***« L'homme qui produit quelque chose de valable y met toute son énergie. Il n'est pas assez sobre pour vouloir ceci ou cela ; il ne se disperse pas dans une multitude d'objectifs, mais il est totalement voué à la fin qui est sa véritable grande fin. La passion est l'énergie de cette fin et la détermination de cette volonté. C'est un penchant presque animal qui pousse l'homme à concentrer son énergie sur un seul objet. Cette passion est aussi ce que nous appelons enthousiasme. » (Hegel,*** **La raison dans l'histoire.*****)***

X — Rien de grand ne s'est accompli dans le monde sans passion !

Prise en ce nouveau sens, la passion retrouve son aspect dynamique : elle crée l'histoire[1] et le devenir. Parce que le vouloir humain se concentre alors magnifiquement sur un but unique, la passion constitue l'instrument historique le plus riche et le plus fécond. Comment l'histoire pourrait-elle avancer sans le travail totalisant et de longue haleine du passionné ? La passion permet d'accomplir de grandes œuvres. Elle est édificatrice et architecte de l'histoire. Elle engendre le devenir historique. Elle est l'aspect le plus dynamique de l'esprit.

> ***« Rien ne s'est fait sans être soutenu par l'intérêt de ceux qui y ont participé et, appelant l'intérêt une passion, en tant que l'individualité tout entière, en mettant à l'arrière-plan tous les autres intérêts et fins que l'on a et peut avoir, se projette en un objet avec toutes les fibres intérieures de son vouloir, concentre en cette fin tous ses besoins et toutes ses forces, nous devons dire que d'une façon générale*** **rien de grand** ***ne s'est accompli*** **dans le monde** ***sans passion. » (Hegel,*** **Leçons sur la philosophie de l'histoire*****)***

XI — La ruse de la raison : raison et passion

Si, dans le champ historique, la passion crée magnifiquement une œuvre en mobilisant toute l'énergie du vouloir, il ne faut cependant pas oublier qu'elle est en même temps l'instrument de la raison universelle. En poursuivant leurs passions et leurs intérêts, les hommes font l'histoire, mais ils sont **en même temps** les outils de quelque chose de plus grand qui les dépasse. La raison[2] universelle, à l'œuvre dans l'histoire, utilise les passions pour se produire dans le monde. La libre énergie humaine, celle de César, celle de Napoléon, est finalement le matériau de l'Esprit du monde, de l'Idée[3] universelle.

---

1. *Cf.* la fiche sur «l'histoire» (§ 6, 7 et 8).
2. *Cf.* la fiche sur «l'irrationnel».
3. *Cf.* la fiche sur «l'idée».

« L'intérêt particulier de la passion est donc inséparable de l'activité de l'universel... C'est le particulier qui s'entre-déchire et qui, en partie, se ruine. Ce n'est pas l'idée universelle qui s'expose à l'opposition et à la lutte, ce n'est pas elle qui s'expose au danger ; elle se tient en arrière, hors de toute attaque et de tout dommage. C'est ce qu'il faut appeler la **ruse de la raison** *: la raison laisse agir à sa place les passions, si bien que, seul, le moyen par lequel elle parvient à l'existence passe par des épreuves et des souffrances. » (Hegel,* **La raison dans l'histoire***)*

Conclusion

Hegel a magnifiquement réhabilité la passion. Il en a fait l'instrument par lequel l'Esprit étend sa rationalité dans le champ historique.

SUJETS DE BACCALAURÉAT

— Si la passion est involontaire, y a-t-il un sens à vouloir la maîtriser? (Caen, A, 84)

— Peut-on dire que les passions sont toutes bonnes? (Caen, B, 83)

— Peut-on dire avec Alain que : « la passion est toujours malheureuse » ? (Grenoble, C.D., 82)

— Sommes-nous responsables de nos passions? (Amiens, C.D., 77)

— La passion est-elle toujours un esclavage? (Corse, Nice, C.D.E., juin 1986)

— En quoi la passion est-elle refus du temps? (Athènes, B, septembre 1987)

— Est-ce parce qu'ils sont ignorants que les hommes sont sujets à des passions ? (Rouen, B, juin 1988)

— La passion est-elle une erreur ? (Lille, C.D.E., juin 1988)

— Pourquoi les temps passés suscitent-ils encore les passions ? (Antilles, Guyane, B, juin 1989)

— L'art peut-il se passer de la passion ? (Sujet national, D', juin 1990)

— Dégagez l'intérêt philosophique du texte suivant en procédant à son étude ordonnée.

C'est une des singularités du cœur humain que, malgré le penchant qu'ont tous les hommes à juger favorablement d'eux-mêmes, il y a des points sur lesquels ils s'estiment encore plus méprisables qu'ils ne sont en effet. Tel est l'intérêt qu'ils regardent comme leur passion dominante, quoiqu'ils en aient une autre plus forte, plus générale, et plus facile à rectifier, qui ne se sert de l'intérêt que comme d'un moyen pour se satisfaire ; c'est l'amour des distinctions. On fait tout pour s'enrichir, mais c'est pour être considéré qu'on veut être riche. Cela se prouve en ce qu'au lieu de se borner à cette médiocrité qui constitue le bien-être, chacun veut parvenir à ce degré de richesse qui fixe tous les yeux, mais qui augmente les soins et les peines et devient presque aussi à charge que la pauvreté même. Cela se prouve encore par l'usage ridicule que les riches font de leurs biens. Ce ne sont point eux qui jouissent de leurs profusions et elles ne sont faites que pour attirer les regards et l'admiration des autres. Il est assez évident que le désir de se distinguer est la seule source du luxe de magnificence, car quant à celui de mollesse, il n'y a qu'un bien petit nombre de voluptueux qui sachent le goûter et lui laisser la douceur et toute la simplicité dont il est susceptible. C'est donc ainsi qu'on voit par le même principe toutes les familles travailler sans cesse à s'enrichir et à se ruiner alternativement. C'est Sisyphe[1] qui sue sang et eau pour porter au sommet d'une montagne le rocher qu'il en va faire rouler le moment d'après.

Rousseau
(Antilles, Guyane, C.D.E., juin 1990)

1. Sisyphe, fils d'Éole et roi de Corinthe, est condamné, pour ses brigandages, à rouler éternellement, dans les enfers, une grosse pierre au sommet d'une montagne, d'où elle retombe sans cesse.

L'ILLUSION

• Distinguez bien l'**illusion,** croyance d'ordre **affectif** liée à la réalisation d'un **désir,** de l'**erreur,** acte de l'esprit jugeant vrai ce qui est faux (§ 1). L'illusion comporte une **fonction positive** que nous ne trouvons nullement dans l'erreur. L'objet de cette fiche est de faire apparaître la positivité de l'illusion et d'en montrer le caractère nécessaire.

• Le rationalisme classique, avec Descartes, ne s'est guère intéressé à cette positivité de l'illusion, et a surtout tenté de l'expulser du champ du savoir (§ 2). L'illusion du rêve (§ 3) ou du Malin Génie (§ 4) doit être éliminée, souligne Descartes.

• Kant a restitué l'illusion au fonctionnement même de notre pensée : c'est notre raison elle-même qui est **productrice d'illusion** (§ 5).

• Avec Nietzsche (§ 6 et 7) et Freud (§ 8, 9, 10), l'illusion acquiert sa pleine **positivité :** l'illusion est la condition même de la vie, montre Nietzsche (§ 6), et il est impossible d'abolir les grandes illusions consolatrices (§ 7). Quant à Freud, il signale que l'illusion est fondée sur la réalisation d'un désir (§ 8), qu'elle peut même se réaliser (§ 9), et qu'il convient de la laisser parler (§ 10).

• Comprenons bien, en **conclusion,** et contrairement à ce qu'affirmait la philosophie classique, qu'il n'est guère souhaitable de perdre ses illusions !

I — Illusion - Erreur - Mensonge

L'illusion, état mental de celui qu'on abuse et qu'on trompe, ne doit pas être confondue avec l'erreur, acte de l'esprit jugeant vrai ce qui, en réalité, est faux. Il convient de soigneusement distinguer ces notions parce qu'il y a une positivité de l'illusion, qui s'oppose à la pure négativité de l'erreur. L'illusion produit, elle produit du réel, cette croyance possède une fonction et un contenu positifs étrangers à l'erreur qui se dissipe, une fois connue en tant qu'erreur. Au contraire, nous le verrons, l'illusion, même déjouée, peut se perpétuer sans vraiment se dissiper.

Il faut aussi distinguer l'illusion du mensonge, caractérisé par l'intention d'égarer l'interlocuteur. Dans l'illusion, ma bonne foi est évidente : je suis alors abusé et trompé (souvenons-nous d'ailleurs que le terme d'illusion vient du verbe latin *illudere,* qui signifie jouer, abuser et tromper). Tout se passe comme si quelque piège m'était tendu, dont je suis l'innocente victime.

II — Le projet du rationalisme classique : expulser l'illusion

La positivité de l'illusion n'a guère été l'objet d'étude de la réflexion classique, qui s'y est certes intéressée pour immédiatement l'expulser du champ du savoir. Ainsi, le rationalisme cartésien a plutôt décrit l'illusion négativement. Descartes, dans la *Première Méditation,* souligne soigneusement les pièges possibles de l'illusion pour placer le sujet pensant — le cogito[1] — hors de ses atteintes. En somme, il s'agit surtout de dénoncer l'illusion, de l'expulser et de la répudier.

III — Descartes : l'illusion du rêve

Pourquoi douter systématiquement de tout? Parce que l'univers entier nous semble un piège, un artifice, une illusion. Mes sens m'abusent. Le sensible m'égare. Douterai-je même des réalités les plus immédiates, à savoir de ma présence ici, en ce lieu concret qui s'offre à moi? Certes, car je ne sais jamais si je rêve ou si je suis éveillé. Peut-être bien suis-je actuellement le jouet de quelque illusion. Immenses sont les pouvoirs de tromperie du rêve, illusion universelle. Il m'est impossible de distinguer réellement la veille d'avec le sommeil, lieu de l'artifice.

> ***« Il me semble bien à présent que ce n'est point avec des yeux endormis que je regarde ce papier, que cette tête que je remue n'est point assoupie; que c'est avec dessein et de propos délibéré que j'étends cette main, et que je la sens : ce qui arrive dans le sommeil ne me semble point si clair ni si distinct que tout ceci. Mais, en y pensant soigneusement, je me ressouviens d'avoir été souvent trompé, lorsque je dormais, par de semblables*** **illusions**[2]***. » (Descartes,*** **Méditations métaphysiques*****)***

IV — Le grand illusionniste

Bien plus : peut-être l'univers entier n'est-il qu'artifice, illusion, objet destiné à tromper l'œil et l'esprit. Dans le cheminement du doute, Descartes se figure (pour pousser le doute à l'extrême) un certain **Mauvais Génie,** fort puissant, figurant toutes les puissances malignes et égarantes dont il faut se préserver. Le Malin Génie n'est précisément rien d'autre qu'un grand illusionniste. Tout aussi rusé que puissant, il emploie peut-être toute son industrie à me tromper et à m'égarer. Aussi mettrai-je tout en doute pour m'arracher à ses maléfices.

Tout ceci (rêve, tromperie du Malin Génie) constitue le domaine de l'illusion, qu'il faut expulser du champ du savoir.

V — Kant : la raison elle-même est productrice d'illusions

Kant a restitué l'illusion au fonctionnement de la raison : elle fait partie de la structure de mon esprit. La raison elle-même produit l'illusion. Il y a en effet, montre Kant, une illusion naturelle à l'esprit humain,

1. *Cf.* la fiche sur « la conscience ».
2. Souligné par nous.

qui consiste à croire qu'on connaît le réel lui-même. Tout ce que je saisis, en vérité, ce sont les phénomènes **relatifs** à ma constitution, la réalité dans l'espace et dans le temps[1]. Or, même quand je reconnais que la chose intelligible en elle-même est inconnaissable, l'illusion de la raison humaine persiste : le leurre se poursuit indéfiniment. Je continue à tenter de m'élever jusqu'à l'idée de Dieu, par exemple, ce Dieu que je ne puis saisir. L'illusion est, en effet, **enracinée en moi,** dans la structure de ma raison qui crée les idées métaphysiques (inconnaissables) et qui s'y attache profondément ; les idées (Dieu, l'âme) sont des illusions qu'il ne nous est pas possible d'éviter.

> ***« C'est là une illusion qu'il ne nous est pas possible d'éviter, pas plus que nous ne saurions faire que la mer ne nous paraisse plus élevée à l'horizon qu'auprès du rivage, puisque nous la voyons alors par des rayons plus élevés, ou pas plus que l'astronome lui-même ne peut empêcher que la Lune ne lui paraisse plus grande à son lever, bien qu'il ne soit pas trompé par cette apparence... Nous avons affaire...*** **à une illusion naturelle et inévitable ».** ***(Kant,*** **Critique de la raison pure*****)***

VI — Nietzsche : les grandes illusions consolatrices

La pleine positivité de l'illusion, il revient à Nietzsche — et plus tard à Freud — de l'avoir dévoilée. Tous deux ont montré que l'illusion s'enracine dans l'affectivité, qu'elle répond à un besoin, non seulement de l'esprit, mais du cœur.

Ainsi, Nietzsche a souligné que l'illusion est la condition même de la vie. Grâce à elle, nous ressentons moins douloureusement le poids et les difficultés de l'existence. Certes, il y a de la douleur et de l'absurdité dans le fond des choses, mais l'illusion me console et me protège, elle m'enveloppe d'un voile qui me protège du désespoir ou de l'angoisse. L'art, en particulier, me charme et me dissimule le néant de l'existence avec sa belle apparence protectrice.

VII — Abolir les grandes illusions ?

Si l'illusion est cette enveloppe protectrice qui nous arrache au néant et au désespoir, qui ne voit ce que représenterait l'abolition des grandes illusions chères à l'humanité ? Un véritable naufrage **où l'homme perdrait tout point d'appui.** La véritable nature des choses est sans doute si noire et si dure, si nuisible à la vie qu'il nous faut absolument de bonnes illusions pour surnager. Hors d'elles, nul salut.

> ***« Si l'on voulait sortir du monde des perspectives, on ferait naufrage.*** **Abolir** ***les grandes illusions déjà complètement assimilées détruirait l'humanité. Il faut approuver et accepter beaucoup d'erreurs et de maux. » (Nietzsche,*** **La volonté de puissance*****)***

1. *Cf.* les fiches consacrées au « temps », à « l'espace » et à « la vérité ».

VIII — L'illusion comme désir : Freud

L'analyse de Freud va dans le même sens que celle de Nietzsche. Au fond, l'illusion est d'ordre affectif. C'est une croyance qui se rattache à un désir. L'illusion n'est pas une erreur à redresser, mais bel et bien **une croyance fondée sur l'affectivité.** Freud déchiffre remarquablement le rapport existant entre le désir et l'illusion : ce qui caractérise l'illusion, c'est d'être dérivée de désirs humains. L'explication de Freud est très profondément anthropologique. C'est dans le cœur de l'homme, dans ses souhaits, son existence d'être incarné que réside le secret de l'illusion.

> ***«... c'était une illusion de la part de Christophe Colomb de croire qu'il avait trouvé une nouvelle route maritime des Indes. La part de désir que comportait cette erreur est manifeste.» (Freud,* L'avenir d'une illusion*)***

IX — L'illusion peut même se réaliser

Dans ces conditions, si l'illusion est une croyance fondée sur la réalisation d'un désir, s'il faut rapporter son déchiffrage à une économie du désir, non seulement elle ne se confond pas avec l'erreur, mais il peut arriver qu'elle se réalise. Quand la réalisation d'un désir est prévalente, l'illusion est susceptible de retrouver le réel.

> ***«L'idée délirante est essentiellement — nous soulignons ce caractère — en contradiction avec la réalité; l'illusion n'est pas nécessairement fausse, c'est-à-dire irréalisable ou en contradiction avec la réalité. Une jeune fille de condition modeste peut, par exemple, se créer l'illusion qu'un prince charmant va venir la chercher pour l'épouser. Or cela est possible; quelques cas de ce genre se sont réellement présentés. Que le Messie vienne et fonde un âge d'or, voilà qui est beaucoup moins vraisemblable.» (Freud,* op. cit.*)***

X — Freud a laissé parler l'illusion

L'immense mérite de Freud est d'avoir réintégré pleinement l'illusion dans la vie psychique de l'homme, de l'avoir envisagée sous son aspect positif et dynamique, de l'avoir restituée au fonctionnement de la pensée. Aussi, l'illusion du rêve, ou celle du transfert (lorsque, durant la cure psychanalytique, le malade projette sur son médecin les images parentales et les désirs infantiles), sont-elles considérées par Freud non comme des faux-semblants, mais bien comme des moments féconds de la réalité psychique. Que l'on songe tout particulièrement au transfert : c'est par la voie de cette illusion créatrice que la guérison peut s'effectuer. Par conséquent, l'illusion est nécessaire à la cure; elle a des effets positifs. Freud, à l'opposé de la réflexion classique qui l'expulsait, a laissé parler l'illusion.

Conclusion

Il n'est donc ni possible ni souhaitable de perdre ses illusions car l'illusion est indispensable au bon fonctionnement de l'existence et de la vie. Telle est la leçon majeure de Nietzsche et de Freud, ces penseurs qui ont forgé notre modernité.

SUJETS DE BACCALAURÉAT

— Toutes les illusions sont-elles dangereuses ? (Montréal et New York, A, 82)

— Pensez-vous que c'est l'illusion et non le savoir qui rend heureux ? (Grenoble, A, 83)

— La connaissance de la vérité entraîne-t-elle nécessairement la disparition de l'illusion ? (Grèce-Tunisie, A, 78)

— L'objet de l'espérance est-il une illusion ? (Lille, A, 77)

— En quel sens peut-on dire que l'homme a besoin d'illusions ? (Limoges, A, juin 1985)

— Lorsque la vérité dérange, faut-il lui préférer l'illusion qui réconforte ? (Paris, A, juin 1988)

— Que gagne-t-on à perdre ses illusions ? (Amérique du Nord, A, juin 1989)

— Est-il illusoire de tenir la technique pour l'instrument de notre liberté ? (Abu Dhabi, C.D.E., juin 1990)

AUTRUI

• Comment s'effectue le mouvement vers autrui ? Tel est le problème essentiel qui sera posé dans cette fiche. Il s'agira de comprendre comment l'Autre surgit dans ma propre conscience, comment s'opère la saisie d'Autrui.

• La réflexion classique, avec Descartes, n'a guère pris en compte la dimension de l'Autre (§ 2).

• Hegel, au XIXe siècle, a remarquablement saisi qu'autrui est nécessaire à la constitution même de la conscience de soi (§ 3). Sans la lutte des consciences de soi opposées (§ 4), la conscience ne peut se former et se forger. Hegel a donc mis en évidence la notion moderne d'**intersubjectivité** (§ 5).

• Sartre, avec son analyse du **regard** (§ 6) et sa **phénoménologie des relations humaines** (§ 7), prolonge les descriptions hégéliennes.

• Les thèmes du conflit et de la lutte à mort des consciences ne doivent pas conduire à sous-estimer la **réciprocité** (§ 8), le **dialogue** (§ 9) ou la **sympathie et l'amour** (§ 10).

• Lisez, en même temps que cette fiche, celles consacrées au « désir » et à la « conscience ».

I — L'altérité - Autre et autrui

L'altérité est certainement une des catégories fondamentales de l'esprit. Le couple du Même et de l'Autre organise, en effet, une bonne partie de mon expérience. Si le Même désigne ce qui est identique à soi, l'Autre renvoie au divers et au différent. Ainsi, moi qui suis le même que moi, suis-je confronté sans cesse à l'autre que moi, à ce qui m'est forcément étranger. Ce que je reçois en ma conscience, c'est précisément l'autre de cette conscience.

Or, **Autrui est d'abord l'Autre, le différent.** C'est un autre d'une espèce toute particulière, **un moi qui n'est pas moi,** comme l'a dit Sartre en une définition célèbre.

> ***« Autrui, c'est l'*autre*, c'est-à-dire le moi qui* n'est pas *moi... Autrui, c'est celui qui n'est pas moi et que je ne suis pas. Ce* ne-pas *indique un néant comme élément de séparation donné entre autrui et moi-même. » (Sartre,* L'être et le néant, *NRF, 1957)***

II — Solitude du cogito cartésien

La réflexion classique n'a guère pris en compte cette dimension de l'autre. Et ceci est tout particulièrement net chez Descartes. Ce que le cogito nous livre, c'est d'abord une pensée se prenant elle-même comme objet de réflexion, une conscience doutant et, par cela même, existant. Je pense, je suis. La conscience s'appréhende alors en tant que retirée du monde. Théoriquement, tout au moins, l'attitude de Descartes **pourrait** être dite **solipsiste** (solipsisme : attitude de celui qui ne croit qu'à sa propre existence). Bien évidemment, Descartes n'est nullement solipsiste, mais il se produit chez lui une sorte d'« insularité de la conscience ». La réflexion philosophique s'opère dans la solitude.

III — Autrui, condition de la conscience de soi

C'est au XIXe siècle, avec la philosophie de Hegel, qu'Autrui fait véritablement son apparition dans le champ de la réflexion. De manière étonnamment moderne.

Ce qu'a remarquablement saisi Hegel, c'est qu'Autrui est nécessaire à la constitution de ma conscience. Sans Autrui, je ne suis rien, je n'existe pas. Je dépends de l'autre dans mon être. **Car je ne suis une conscience de soi que si je me forge et me forme à travers la négation d'autrui.** La conscience n'est pas une île séparée du monde et des êtres. Pour réaliser l'unité de la conscience de soi, je dois me faire **reconnaître[1].** C'est donc en moi-même que je porte Autrui. L'autre me pénètre au plus intime de ma conscience et de ma vie.

IV — La lutte des consciences de soi opposées

Ainsi, la loi de la vie humaine, c'est le conflit, c'est l'asservissement de la conscience d'autrui. **Toute conscience poursuit la mort de l'Autre,** dit Hegel. Cette mort poursuivie par la conscience n'est certes pas la mort physique d'autrui. Je ne cherche pas à tuer mon adversaire pour me faire reconnaître. Ce que désire la conscience, c'est asservir autrui, ou, plus exactement, détruire son autonomie et sa liberté. En réalisant cette destruction, alors j'assure ma supériorité. Tel est le privilège de la **conscience de maître.**

> ***« Il ne sert à rien à l'homme de la lutte[2] de tuer son adversaire. Il doit le supprimer « dialectiquement ». C'est-à-dire qu'il doit lui laisser la vie et la conscience, et ne détruire que son autonomie. Il ne doit le supprimer qu'en tant qu'opposé à lui et agissant contre lui. Autrement dit, il doit l'asservir. » (A. Kojève,*** **Introduction à la lecture de Hegel,** ***NRF, 1947)***

1. *Cf.* la fiche sur « le désir ».
2. La lutte du maître et de l'esclave.

V — L'intersubjectivité

La leçon de Hegel est d'importance. Elle nous a appris que le cogito est à la fois saisie de soi-même et saisie d'autrui. Elle nous a fait comprendre que l'autre est indispensable à notre existence. En d'autres termes, par le «Je pense», contrairement à la philosophie de Descartes, nous nous atteignons nous-mêmes en face de l'autre. Ce que la philosophie moderne nous fait découvrir, c'est le monde de l'**intersubjectivité,** le monde où les consciences sont plurielles, un monde où je suis véritablement soudé aux autres et à leur présence. Le plus isolé des Robinson découvre ainsi autrui en chacun de ses fantasmes et de ses rêves.

VI — Le regard

Ces analyses hégéliennes, Sartre les a remarquablement prolongées dans *l'Être et le Néant,* en explicitant le conflit humain tel que nous le vivons à travers le corps et le regard. Le fait premier, c'est bien le conflit, mais ce conflit prend un sens existentiel fort concret. **C'est l'agression du regard d'autrui** qui exprime le mieux ma dépendance par rapport à l'autre. Et, en effet, le regard est ce qui me dépouille de moi-même, de ma libre transcendance, de ma «seigneurie» sur le monde. Quand autrui me regarde, il me met en danger, car je me découvre alors en position d'objet. Désormais, la situation m'échappe et je n'en suis plus maître. La rencontre avec l'autre est ma **chute originelle** : Autrui, par son existence même, me fait tomber dans le monde des choses. Je ne suis pas seulement une liberté, mais une chose au milieu des choses, une transcendance (liberté) transcendée (dépassée).

«Ma chute originelle, c'est l'existence de l'autre; ... je saisis le regard de l'autre au sein même de mon* acte, *comme solidification et aliénation de mes propres possibilités.» (Sartre,* l'Être et le Néant, *NRF, 1957)

VII — Les joueurs d'échec

C'est dans cette optique hégélienne que Sartre va décrire toutes les relations concrètes avec autrui. Car deux possibilités extrêmes se présentent. Ou bien la conscience que je rencontre poursuit son œuvre d'objectivation et me transforme en transcendance transcendée, ou bien je décide à mon tour de me faire le maître de la situation. Dans ce cas, je «piège» la liberté qui s'oppose à la mienne et je constitue l'autre comme objet. En somme, les relations humaines (amour, désir, langage, etc.) se ramènent à ce **duel, qui est la racine de l'intersubjectivité.**

« Car, semblable au joueur d'échecs qui prévoit la tactique de son adversaire et va transformer le coup préparé contre lui en un piège pour son auteur, je puis faire servir le projet de l'autre à mes fins, comme lui le mien aux siennes. Il peut tirer les marrons du feu pour moi, ou moi pour lui.» (C. Audry,* Sartre et la réalité humaine, *Seghers, 1966)

VIII — La conscience d'une humanité possible et partagée

Quel jugement final porter ? Si le **conflit** joue un rôle manifeste dans la formation du cogito, néanmoins, il suppose bien souvent un **fond de réciprocité.** Prenons le duel extrême des consciences en lutte : elles ressentent alors parfois le caractère pénible et **décevant** de leurs rapports. Comme si, précisément, **autre chose** se dessinait, qui est **exigé** par l'intersubjectivité. La conscience de réciprocité (absente) informe le conflit. C'est donc bien le sens d'une **humanité possible et partagée** qui se manifeste **aussi** au sein de la lutte.

IX — La rencontre

a - Le dialogue

Le conflit n'est donc pas la seule dimension existentielle, et la **rencontre** s'avère possible. Parlons tout d'abord du **dialogue,** marque même de l'humanité. Dialoguer[1], c'est faire une discussion par demandes et réponses, c'est reconnaître la pensée d'autrui. Sans dialogue, nulle humanité possible, nulle recherche collective. Le dialogue est le commencement de l'humanité.

> ***« La véritable pensée est dialogue : c'est, comme dit Platon, le dialogue de l'âme elle-même avec elle-même. Et l'âme ne peut dialoguer avec elle-même que si elle a pu accueillir l'autre, que si l'autre est déjà en elle. » (J. Lacroix,* Le sens du dialogue, *Éditions de la Baconnière, Neuchâtel, 1962)***

X — La rencontre

b - La sympathie et l'amour

Mais la rencontre, c'est aussi la sympathie et l'amour. La **sympathie** se distingue de la contagion affective, participation involontaire aux émotions d'autrui et qui est seulement du domaine de la suggestion. La vraie sympathie, au contraire, vise la personne. Au sommet de la rencontre, enfin, est l'amour, élan pur, oblatif et gratuit vers l'Autre.

Conclusion

Si Autrui est bien le médiateur entre moi et moi-même, ce que je perçois en lui, ce n'est pas seulement la dure loi du conflit, mais aussi l'affirmation d'une humanité possible.

SUJETS DE BACCALAURÉAT

— Dans tout amour, n'aime-t-on jamais que soi-même ? (Amérique du Nord, B, juin 1988)

— Autrui peut-il m'aider ? (Lille, B, juin 1989)

— Suis-je le mieux placé pour savoir ce que je suis ? (Montpellier, C.D.E., juin 1989)

— Respecter l'autre, est-ce respecter en lui la personne humaine ? (Paris, Créteil, Versailles, B, juin 1990)

— Le respect des convictions d'autrui est-il compatible avec la certitude d'être dans le vrai ? (Amérique du Sud, A, juin 1990)

---

1. *Cf.* la fiche sur « le langage » et celle sur « les échanges » (§ 1, la communication).

L'ESPACE

• Distinguez bien l'**espace vécu** et **concret** — celui qui structure toute notre vie quotidienne — de l'**espace abstrait,** cadre **vide,** infini et **homogène** (§ 1). Consultez à ce propos la fiche sur « le temps » : la même distinction est opérée, entre temps vécu subjectif et temps objectif (comme milieu et forme).

• Nous pouvons donner, comme exemples d'espace concret, ceux du primitif (§ 2) et de l'enfant (§ 3). Celui-ci se détache progressivement d'une perspective subjective.

• Retenez bien les caractères de l'espace euclidien (§ 3) : homogénéité, infinité, etc.

• L'espace kantien (§ 4) représente la traduction philosophique de l'espace euclidien. Lisez, dans la fiche sur le temps, l'analyse consacrée au temps kantien.

• L'espace euclidien et kantien ne représente qu'un moment dans le parcours intellectuel et scientifique (§ 6), où s'engendrent les différentes formes d'espace. On peut donc décrire des espaces de plus en plus abstraits : en mathématiques, l'espace riemannien et, en physique, l'espace-temps d'Einstein.

I — Première approche : espace vécu et espace abstrait

L'espace **abstrait** — ce milieu global dans lequel sont localisées nos perceptions ainsi que les étendues finies — ne doit pas être confondu avec cet **espace qualifié, vécu et hétérogène** qui informe le cours de notre existence quotidienne. Si le premier est **objectif,** le second, **subjectif,** est marqué de nos préférences ou de nos sympathies. L'un est un système de correspondances universelles alors que l'autre est la forme de notre sensibilité individuelle.

II — Un exemple d'espace concret : l'espace du primitif

C'est de l'espace vécu qu'il faut partir, car il est le champ premier de toute expérience. Tel est, par exemple, l'espace du primitif ou celui de l'enfant, marqués du même égocentrisme. Ainsi le primitif n'a-t-il aucunement l'idée d'un espace indéfini et homogène : son étendue, modelée par les projections individuelles et subjectives, ne s'étend pas au-delà des horizons visibles et se borne à l'environnement proche, porteur des puissances totémiques (le totem est, chez le primitif, l'animal ou le végétal considéré comme l'ancêtre du groupe).

« L'espace vital du primitif s'organise autour du lieu consacré par l'autel où l'influx totémique prend terre... L'espace primitif apparaît donc comme une sorte de clairière déchiffrée et organisée par les mythes communautaires au sein de l'immensité d'un monde hostile et inconnu... (Il) est le lieu propre de l'homme, consacré par les présences tutélaires. » (G. Gusdorf, **Mythe et métaphysique,** *Flammarion, 1953)*

III — La construction de l'espace chez l'enfant

L'espace de l'enfant, tout comme celui du primitif, est concret et qualitatif. Au début, existent autant d'espaces que de sphères sensorielles (espace buccal, visuel, tactile). Ces différents espaces sensoriels, l'enfant les unifie ; il constitue, par étapes, un espace général et homogène et abandonne progressivement son égocentrisme originel. Ainsi se détache-t-il d'une perspective subjective et uniquement relative à son corps propre pour construire finalement l'espace géométrique, aboutissement d'une longue évolution psychologique et mentale.

« Les idées fondamentales d'ordre, de continuité, de distance, de longueur, de mesure, etc., ne donnent lieu, durant la petite enfance, qu'à des intuitions extrêmement limitées et déformantes. L'espace primitif n'est ni homogène, ni isotrope (il présente des dimensions privilégiées), ni continu, etc., et surtout, il est centré sur le sujet au lieu d'être représentable de n'importe quel point de vue. C'est après sept ans qu'un espace rationnel commence à se construire. » (Piaget, **Six études de psychologie,** *Éditions Gonthier, 1964)*

IV — L'espace géométrique et euclidien — Ses caractères

Ainsi pouvons-nous maintenant envisager l'espace géométrique et euclidien à trois dimensions. **Ce n'est pas une donnée, mais le fruit d'un long parcours,** à la fois individuel, culturel et scientifique. Il constitue un milieu et un cadre homogènes s'opposant en tous points à la discontinuité qualitative de l'espace vécu.

Plusieurs propriétés le caractérisent en effet : l'homogénéité, l'infinitude, la continuité, l'isotropie (ses caractères sont identiques dans toutes les directions).

« Il est homogène (sans région privilégiée), isotrope (sans direction privilégiée), infini (sans bornes), continu (sans éléments ultimes). On ne conçoit pas qu'il puisse être altéré ou détruit : immuable et éternel comme Dieu même, il se distingue nettement par là du réel physique qui peut, de façon contingente, venir l'occuper. C'est précisément parce qu'il est un pur réceptacle, vide de lui-même et complètement indifférent à son contenu, qu'il peut faire l'objet d'une géométrie **a priori,** *totalement indépendante de la physique qui, au contraire, le présuppose. » (R. Blanché,* **La science actuelle et le rationalisme,** *PUF, 1973)*

V — L'espace kantien

L'espace kantien n'est que la **traduction philosophique** de cet espace euclidien à trois dimensions, espace qui est aussi celui de la science newtonienne. En somme, Kant a élaboré sur le plan philosophique une notion d'espace qui était donnée dans la science de son temps, au XVIIIe siècle.

Dans la *Critique de la raison pure,* Kant décrit — dans l'*Esthétique transcendantale* — les caractères de l'espace. Il fait de l'espace, non point une donnée des choses, mais une **forme *a priori* de la sensibilité,** non point une réalité de l'expérience externe, mais une **condition *a priori* de la possibilité des phénomènes.** L'espace, cette **intuition pure *a priori,*** fonde la géométrie. En somme, ce que Kant a voulu nous montrer, c'est que l'espace est une structure de l'esprit humain, comme le temps. C'est le cadre à l'intérieur duquel les sensations sont liées.

> ***« L'espace n'est pas un concept empirique, dérivé d'expériences extérieures... L'espace est une représentation nécessaire,* a priori *qui sert de fondement à toutes les intuitions extérieures. Il est impossible de se représenter qu'il n'y ait point d'espace, quoiqu'on puisse bien concevoir qu'il ne s'y trouve pas d'objets. Il est donc considéré comme la condition de la possibilité des phénomènes, et non pas comme une détermination qui en dépende, et il n'est pas autre chose qu'une représentation* a priori, *servant nécessairement de fondement aux phénomènes extérieurs. » (Kant,* Critique de la raison pure)**

VI — L'espace kantien, fruit d'une culture

Que subsiste-t-il de cette théorie kantienne ? L'espace euclido-newtonien est bel et bien, en un certain sens, à notre échelle, condition formelle de notre expérience. C'est dans cette forme que nous percevons le réel objectif. Les cadres de l'espace et du temps, tels que les décrit Kant, permettent d'organiser le réel.

Mais ces cadres sont eux-mêmes le fruit d'une culture. La structure euclido-newtonienne-kantienne n'est qu'un moment de l'évolution scientifique et culturelle.

> ***« On peut douter que... les cadres de l'espace et du temps nous soient ainsi donnés une fois pour toutes et* ne varietur, *imposés à notre constitution mentale comme une condition... dont il faut que nous nous accommodions bon gré mal gré. Ils ont un caractère plus intellectuel que purement biopsychique. Notre raison intervient pour les informer, ils résultent d'une éducation intellectuelle, ils sont le fruit d'une culture. » (R. Blanché,* La science actuelle et le rationalisme, *1973)***

VII — De l'espace riemannien à l'espace-temps d'Einstein

Des conceptions de plus en plus abstraites de l'espace vont se faire jour au milieu du XIXe siècle, avec Lobatchevski et surtout Riemann[1].

1. *Cf.* la fiche sur « logique et mathématique » (§ 5).

L'espace riemannien servira d'outil théorique à la conception de la relativité généralisée d'Einstein. L'hypothèse, non contredite à ce jour, selon laquelle la vitesse de la lumière dans le vide est une vitesse maximum absolue dans tout l'univers, a conduit à lier indissolublement l'espace géométrique et le temps pour constituer «l'espace-temps» dans lequel se déroulent tous les phénomènes physiques. La réalité physique n'apparaît dès lors compréhensible que dans le cadre d'un continuum indissociable d'espace-temps.

> ***«Albert Einstein a simplement exprimé le fait que l'univers qui nous est perceptible ne peut pas se définir seulement par trois dimensions (longueur, largeur, hauteur) mais qu'il faut également tenir compte d'une 4e coordonnée, disons 4e dimension, dans laquelle doit nécessairement entrer un 4e paramètre, le temps.» (J. Charon,*** **La connaissance de l'univers,** ***Seuil, 1961)***

Conclusion

L'espace euclidien ou riemannien, ces espaces abstraits de la raison, ne sauraient occulter l'espace vécu, lieu de nos angoisses ou de nos joies, ancrage de notre corps dans le monde.

SUJETS DE BACCALAURÉAT

— ***L'espace est-il notre création? (Antilles-Guyanne, A, juin 1986).***

LA PERCEPTION

• Il s'agira, dans cette fiche, de passer de la définition classique de la perception comme construction et organisation de sensations (§ 1 et 2) à la définition moderne de la perception comme **saisie d'une structure et d'une forme grâce au corps** (§ 3, 4, 5).

• La perception n'est pas une synthèse de sensations (§ 1). En effet, la distinction classique de la **sensation** (comme donnée élémentaire des sens) et de la perception (comme fonction psychique plus élaborée) est tout à fait artificielle, car la sensation pure est un mythe (§ 1).

• La perception n'est pas non plus un **jugement** (Descartes, Alain, § 2). C'est le rapport de mon corps avec le monde qui organise le champ perceptif (§ 3).

• L'expérience corporelle est à cet égard fondamentale (§ 4).

• Avec la **Gestalt-théorie** (§ 5), nous définirons la perception comme une organisation de **formes** et de structures, une saisie de bonnes formes.

I — Perception et sensation : le mythe de la sensation

La perception est classiquement définie comme l'acte par lequel un individu organise ses sensations présentes et les interprète. Mais cette définition, pour habituelle qu'elle soit, n'est pas exacte. Elle est fausse, tout d'abord, parce qu'elle s'appuie sur la distinction de la sensation et de la perception.

En effet, les sensations sont alors conçues comme des données élémentaires des sens (le « rouge », le « vert », « l'acide »), que le sujet interpréterait et synthétiserait. La perception serait donc **construite,** par opposition à la sensation. Elle rassemblerait dans son unité les multiples facettes du sentir.

Mais le contenu apparemment primitif de la sensation est, en réalité, très élaboré et recèle un ensemble complexe de significations. Ce que j'appréhende, ce sont toujours des systèmes de relations. La sensation pure est un véritable mythe. Par conséquent, il n'y a aucune raison de conserver la distinction de la sensation et de la perception.

> ***« La pure impression n'est pas simplement introuvable, mais imperceptible et donc impensable comme moment de la perception. » (Merleau-Ponty,* Phénoménologie de la perception, *Gallimard, 1957)***

II — La théorie intellectualiste

Mais notre définition initiale est également fausse en ce qu'elle suppose que la perception est une interprétation, un travail intellectuel. Percevoir serait essentiellement organiser les données immédiates grâce à l'action du **jugement.** Ici, on surévalue les pouvoirs de l'intellect dans la perception.

Cette théorie intellectualiste, c'est celle de Lagneau et d'Alain, qui suivent, en cela, Descartes. Quand je perçois, le jugement est partout, il structure les apparences et donne son vrai sens au réel. Ainsi, dit Descartes, dans la *Seconde Méditation,* si je vois, d'une fenêtre, des chapeaux et des manteaux, le sensible **en lui-même** ne me dit pas qu'il s'agit d'hommes. Mais **je juge** que des hommes sont là. Le jugement s'introduit dans la lecture des phénomènes et rend possible ma perception. Il fonde la vérité et l'unité du champ perceptif. C'est donc une opération intellectuelle (juger = établir un rapport entre deux notions) qui permet de juger.

L'erreur de l'intellectualisme est manifeste parce qu'il accorde beaucoup trop de poids au jugement dans la perception et oublie de se référer à la vraie matrice de celle-ci, mon corps dans le monde. Quand je perçois, je saisis l'emblée, et sans juger, une organisation de formes répondant à mes tendances vitales (*cf.* § 5). Ce qui semble jouer un rôle fondamental dans la perception, ce n'est pas tant le jugement organisant les données que le corps ancré dans le monde et lui donnant sens à partir de cette situation. C'est mon être-dans-le-monde qui détermine la structure de ma perception.

III — Le rapport de mon corps avec le monde

Si je veux comprendre la perception, il me faut donc saisir le rapport de mon corps avec les choses. Percevoir, c'est se projeter dans le monde grâce à son corps, comme le montre bien l'étude du mouvement et du repos : ces catégories correspondent à la manière dont je me fixe dans le monde, elles s'organisent selon le vécu de mon enracinement physique. Si je porte les yeux vers un clocher et les nuages alentour, chacun de ces objets peut me sembler fixe ou mobile : tout dépend du point de repère de mon corps et de l'ancrage de ma vision.

> ***« Le mouvement et le repos se distribuent pour nous dans notre entourage, non pas selon les hypothèses qu'il plaît à notre intelligence de construire, mais selon la manière dont nous nous fixons dans le monde et selon la situation que notre corps y assume. Tantôt je vois le clocher immobile dans le ciel et les nuages qui volent au-dessus de lui, tantôt au contraire les nuages semblent immobiles et le clocher tombe à travers l'espace; mais ici encore, le choix du point fixe n'est pas le fait de l'intelligence : l'objet que je regarde et où je jette l'ancre m'apparaît toujours fixe, et je ne puis lui ôter cette signification qu'en regardant ailleurs. » (Merleau-Ponty,*** **Sens et non-sens,** ***Nagel, 1958)***

IV — L'expérience corporelle

C'est dans mon corps que s'enracine par conséquent la perception. Car le corps[1] n'est pas l'inguérissable blessure de l'âme dont parlait la philosophie classique (songeons à Platon qui, dans le *Phédon,* voit dans le corps le tombeau de l'âme. Il contamine l'âme dans la recherche de la vérité et des valeurs. Le corps est un sépulcre, un tombeau ! Il faut détacher et délivrer le principe spirituel de la prison corporelle). Au contraire, le corps est le moyen de se projeter dans le monde et d'exister véritablement et authentiquement. Il n'est pas un tombeau, mais l'ouverture originaire à toute réalité.

Ainsi l'expérience corporelle conditionne-t-elle toute perception : je saisis les objets et les identifie grâce à un « **schéma corporel** », image globale de mon corps où tous mes membres sont enveloppés. Loin que la perception soit désincarnée, elle suppose le corps que nourrit perpétuellement le spectacle du monde. Disons que l'unité du corps conditionne l'unité de l'objet. Je perçois les choses grâce à mon corps, fait de la même étoffe que le monde.

> ***« Quand je me promène dans mon appartement, les différents aspects sous lesquels il s'offre à moi ne sauraient m'apparaître comme les profils d'une même chose si je ne savais pas que chacun d'eux représente l'appartement vu d'ici ou de là, si je n'avais conscience de mon propre mouvement, et de mon corps comme identique à travers les phases de ce mouvement. Je peux évidemment survoler en pensée l'appartement, l'imaginer ou en dessiner le plan sur le papier, mais même alors, je ne saurais saisir l'unité de l'objet sans la médiation de l'expérience corporelle. » (Merleau-Ponty,*** **Phénoménologie de la perception,** ***NRF, 1957)***

V — La perception est une organisation de formes

Comment fonctionne la perception dans son commerce avec le monde ? Elle découpe des structures utiles au corps, des formes répondant aux tendances vitales.

La **psychologie de la forme** (Gestalt), avec Guillaume, Köhler et Koffka, a en effet souligné l'importance des ensembles et des structures dans la perception. Les principes fondamentaux de la Gestalt-théorie sont les suivants : ce qui est premier dans l'organisation perceptive, ce sont des ensembles structurels, et non des éléments. Ainsi, dans une mélodie, chaque note ne compte que par la fonction qu'elle exerce dans l'ensemble. La mélodie ne change pas si on la transpose en respectant la structure de l'ensemble. Notons que ce que nous percevons, ce sont aussi de « bonnes formes », régulières et symétriques. Enfin, toute forme est perçue sur un fond.

1. *Cf.* la fiche sur la « conscience » (§ 8).

« Les faits psychiques sont des **formes**, *c'est-à-dire des unités organiques qui s'individualisent et se limitent dans le champ spatial et temporel de perception ou de représentation. Les formes dépendent, dans le cas de la perception, d'un ensemble de facteurs objectifs,... mais elles sont* **transposables**, *c'est-à-dire que certaines de leurs propriétés se conservent dans des changements qui affectent, d'une certaine manière, tous ces facteurs. » (P. Guillaume,* **La psychologie de la forme**, *Flammarion, 1959)*

Conclusion

Percevoir, c'est en définitive, pour un sujet vivant incarné dans le monde, saisir un ensemble, une organisation et une structure utiles à son corps, découper une bonne forme correspondant aux exigences vitales et existentielles profondes.

SUJETS DE BACCALAURÉAT

— Qu'y a-t-il de vrai dans la sensation ? (Maroc, A, 82)

— Ai-je mon corps ou suis-je mon corps ? (Reims, B, 83)

— Expliquez cette pensée d'un philosophe de notre temps : « Le pur sentir n'est pas sentir. Sentir, c'est savoir qu'on sent, et savoir, c'est percevoir. » (Nice, A, 77)

— Percevoir, est-ce seulement recevoir ? (La Réunion, A, septembre 1984)

— Faut-il mépriser l'apparence ? (Toulouse, B, juin 1986)

— La perception ne nous permet-elle d'atteindre que des apparences ? (La Réunion, A, septembre 1987)

— Suffit-il de percevoir des objets pour les connaître ? (Polynésie française, A, septembre 1987).

LA MÉMOIRE

- La mémoire se définit comme la fonction du passé (§ 1).

- Distinguez bien la **mémoire-habitude,** ensemble de mécanismes moteurs (§ 2), de la **mémoire vraie,** liée au **souvenir** en tant que tel (§ 3).

- Le souvenir, conçu par Bergson comme **immatériel** (§ 4), est généralement décrit par les penseurs contemporains comme un acte spirituel dépendant de la matière (§ 5).

- Quelles sont les **fonctions** de la mémoire ?

a - La mémoire a une fonction d'**unité :** elle me permet d'unifier mon existence (§ 6).

b - Dans la mesure où elle possède une fonction unitaire, elle permet d'accéder à la réalité de la personne[1] (§ 7).

- Saisissez bien, également, les fonctions de l'**oubli :**

a - Il me permet de trier mon passé (§ 8).

b - Il a une fonction **vitale,** comme le souligne avec force Nietzsche (§ 9) : il est au service de la vie.

c - Il correspond à des mécanismes très puissants de défense du **moi** (Freud). Il est au service de l'action (Bergson, § 10).

I — La mémoire, fonction du passé

A tout moment de mon existence, le présent perd son caractère d'actualité et s'évanouit : c'est en cet impalpable et mystérieux point qu'apparaît précisément la mémoire, lorsqu'elle reconnaît comme passé ce qui n'est plus et l'affecte d'irréalité. Le sens du passé apporte en effet sa pleine signification à l'expérience de la mémoire. Au sens le plus général du terme, elle est la **fonction du passé.**

> ***« Le propre de la mémoire est d'apporter dans notre expérience le sens du passé. La notion d'un décalage temporel paraît ici essentielle. L'actualité de notre expérience temporelle se situe dans le présent. Mais dès que s'est amorti ce caractère d'actualité, le présent devient un passé... ce qui était notre perception... se transforme, par le fait d'une sorte de déchéance, en un souvenir désormais détaché de nous. » (G. Gusdorf,*** **Mémoire et personne,** ***tome I, PUF, 1950)***

II — La mémoire-habitude

Mais cette définition reste très large et confond plusieurs niveaux d'expérience. Aussi faut-il distinguer, tout d'abord, la mémoire-habitude ou mémoire sensori-motrice.

1. *Cf.* la fiche sur « la personne ».

Car le passé se conserve tout d'abord en nous sous la forme de mécanismes moteurs et d'habitudes. Si je vois cette chaise, elle devient invitation à s'asseoir. Ainsi Bergson affirmait-il que reconnaître un objet, c'est savoir s'en servir. Cette reconnaissance particulière n'est point pensée, elle est agie ; de ce fait même, elle est commune à l'homme et à l'animal. C'est le plus bas niveau de la mémoire. Son acquisition obéit aux simples lois de l'habitude. Nous citerons ici l'exemple, rendu célèbre par Bergson, de la leçon apprise par cœur, réductible à un ensemble de mécanismes moteurs :

> ***« Le souvenir de la leçon, en tant qu'apprise par cœur, a tous les caractères d'une habitude. Comme l'habitude, il s'acquiert par la répétition d'un même effort. Comme l'habitude, il a exigé la décomposition d'abord, puis la recomposition de l'action totale. Comme tout exercice habituel du corps, enfin, il s'est emmagasiné dans un mécanisme qu'ébranle tout entier une impulsion initiale, dans un système clos de mouvements automatiques, qui se succèdent dans le même ordre et occupent le même temps. » (H. Bergson,*** **Matière et mémoire,** ***PUF, 1946)***

III — La mémoire vraie : le souvenir

La mémoire proprement dite est profondément différente ; supposons maintenant que je me revoie en train d'apprendre par cœur la leçon, en tel lieu et à tel moment : ici c'est une histoire que je revis, c'est un moment de mon passé qui ressuscite, c'est un fragment de la temporalité en tant que tel qui renaît. Ce ne sont plus des mécanismes qui se mettent en branle, mais la reconnaissance et la conscience du passé qui s'effectue. Si la première mémoire est commune à l'homme et à l'animal, cette seconde mémoire n'est-elle pas propre à l'homme ? Ces souvenirs vrais, irréductibles à des habitudes, qui se sont imprimés d'un seul coup dans ma mémoire, semblent me renvoyer à ma pure essence.

> ***« Le souvenir de telle leçon particulière, la seconde ou la troisième par exemple, n'a*** **aucun** ***des caractères de l'habitude. L'image s'en est nécessairement imprimée du premier coup dans la mémoire, puisque les autres lectures constituent, par définition même, des souvenirs différents. C'est comme un événement de ma vie ; il a pour essence de porter une date, et de ne pouvoir par conséquent se répéter. Tout ce que les lectures ultérieures y ajouteraient ne ferait qu'en altérer la nature originelle. » (H. Bergson,*** **op. cit.*****)***

IV — Bergson : le souvenir est immatériel

Dans l'examen de la vie du souvenir, le plus gros problème surgit lorsque nous nous interrogeons sur sa **conservation.** Comment le souvenir peut-il bien se conserver et se perpétuer en moi ?

Dans *Matière et mémoire* (1896), Bergson considère que la **mémoire-habitude** est fixée dans l'**organisme,** mais que la mémoire pure est **immatérielle.** Le vrai souvenir est, en effet, tout spirituel. Le cerveau ne le conserve pas, il se contente d'actualiser des souvenirs en eux-mêmes immatériels qui se perpétuent en nous : car tout notre passé survit intégralement en nous, irréductible à des états cérébraux. Quand le cerveau est lésé, malade ou atteint, l'actualisation ne peut se faire, mais le souvenir subsiste, cependant, immatériel. Ainsi l'homme est une essence spirituelle pure, une mémoire irréductible aux mécanismes corporels ou neurophysiologiques.

> ***« L'état cérébral continue le souvenir; il lui donne prise sur le présent par la matérialité qu'il lui confère; mais le souvenir pur est une manifestation spirituelle. Avec la mémoire, nous sommes bien véritablement dans le domaine de l'esprit. » (H. Bergson,* op. cit.*, PUF, 1946)***

V — Le souvenir, acte spirituel dépendant de la matière

Cette théorie de Bergson a longtemps prévalu. Elle ne nous semble plus tout à fait compatible avec les données actuelles de la neurophysiologie. La mémoire est un acte spirituel qui requiert néanmoins un **support matériel.** On pense généralement de nos jours que la « trace » des objets de mémoire est distribuée sur **tout l'ensemble** du cortex et sur une grande partie de l'encéphale : chaque trace mnésique se trouve en **plusieurs lieux** (*cf.* sur ce point J.-P. Changeux, *L'homme neuronal,* Fayard, 1983). La mémoire, acte spirituel, est inséparable de la matière.

VI — Fonctions de la mémoire

a - Mémoire et unité

Quelle est la fonction de la mémoire, cet acte spirituel par lequel je pense mon passé comme passé ?

La mémoire me permet d'unifier mon existence et mon vécu, de ressaisir le centre d'intérêt de mon être et de parvenir ainsi à une certaine intelligibilité. Dans ma vie immédiate, je me disperse et me morcelle. Mais, par l'acte de mémoire, je me retrouve et assure la synthèse des différentes facettes de ma vie.

VII — Fonction de la mémoire

b - Mémoire et personne

La mémoire me permet, grâce à cette synthèse, d'accéder à la réalité de la personne[1]. A travers l'évocation temporelle, je ressaisis en effet la transcendance de mon être : je suis bel et bien un sujet moral, libre et responsable, une personne marquant du sceau de l'unité et de l'identité ses différents choix dans le monde. La mémoire a pour fonction essentielle de me diriger vers la personne.

VIII — La fonction positive de l'oubli : trier le passé

L'oubli a, lui aussi, une signification éminemment positive. Il ne s'agit pas ici de l'oubli comme raté de la mémoire (lorsque j'ai besoin

1. *Cf.* la fiche sur « la personne ».

d'un nom, par exemple, et qu'il me fait défaut), mais de l'oubli comme mise en place du passé et comme effacement positif de certains souvenirs. Comment pourrais-je conserver la totalité de mes faits psychiques sans être submergé par eux ? Il me faut bien les trier et les sélectionner pour construire et édifier mon passé. L'oubli, en ce sens, n'est pas une maladie de la mémoire, mais une condition de la vie.

> ***« On imagine ce que serait un esprit qui n'oublierait rien de ce qu'il a appris et de ce qu'il a vécu. Voyageur accablé sous le poids de ses bagages, noyé, perdu dans la masse de son passé qui l'empêcherait tout à fait d'exister dans le présent. » (G. Gusdorf,*** **Mémoire et personne,** ***tome II, PUF, 1950)***

IX — L'oubli comme gardien de la vie : Nietzsche

Nietzsche a bien souligné la fonction positive de l'oubli. Il n'est pas une simple force d'inertie, mais représente l'accomplissement d'une fonction vitale. De temps en temps, il faut fermer les portes et les fenêtres de la conscience, il faut refouler les contenus mnésiques qui m'empêchent de jouir du présent. Sans cette **table rase** de l'oubli, je demeure prisonnier de représentations passées qui entravent ma jouissance du moment. Celui qui n'oublie jamais est ligoté par son passé, voué par cela même à l'impuissance existentielle. Tout demeure en lui et tout l'affecte. Tous les événements laissent des traces dans sa conscience meurtrie. L'oubli est donc une condition de la bonne santé mentale, du bonheur et de la vie.

> ***« Nul bonheur, nulle sérénité, nulle espérance, nulle fierté, nulle jouissance de l'*****instant présent** ***ne pourraient exister sans la faculté d'oubli. L'homme chez qui cet appareil d'amortissement est endommagé... n'arrive plus à "en finir" de rien. » (Nietzsche,*** **La généalogie de la morale*)***

X — La finalité positive de l'oubli chez Freud et Bergson

Cette finalité de l'oubli, les théories de Bergson et de Freud la souligneront également. Ainsi Freud a-t-il mis en lumière l'existence d'un **refoulement**[1] qui rejette hors du champ de la conscience ce qui est pénible, voire insupportable. Ce refoulement et cet oubli sont en partie négatifs, parce qu'ils peuvent engendrer des troubles névrotiques, mais également **positifs** parce qu'ils correspondent à des mécanimes très puissants de **défense du moi.**

Bergson a également insisté sur la finalité de l'oubli : il représente la condition même de l'action. Si tous les souvenirs se perpétuent en moi sous forme immatérielle, il ne s'ensuit pas qu'ils soient conscients. Ils demeurent en moi à l'état inconscient : je n'actualise que ceux qui me sont utiles. En somme, oublier c'est rejeter hors du champ de la conscience les souvenirs inutiles à nos besoins pratiques.

---

1. *Cf.* la fiche sur « l'inconscient » (§ 2).

Conclusion

Ainsi, le bon usage de la mémoire est inséparable de l'oubli, ce gardien de l'existence. L'oubli n'est pas seulement une défaillance de la mémoire, mais la condition de la vie.

SUJETS DE BACCALAURÉAT

— En quel sens peut-on dire que la mémoire est une difficile conquête de l'homme ? (Reims, A, 83)

— L'oubli est-il une force ou une faiblesse ? (Bordeaux, B, 83)

— Un homme sans mémoire peut-il être libre ? (Antilles-Guyanne, B, 82)

— Peut-on se libérer du passé ? (Rouen, A, juin 1986).

— Peut-on se délivrer de son passé ? (Groupe I, B, septembre 1985)

— L'oubli n'est-il qu'un défaut de mémoire ? (La Réunion, A, 1987)

— Y a-t-il une vertu de l'oubli ? (Paris, B, juin 1988)

— Pourquoi les hommes éprouvent-ils le besoin de commémorer leur passé ? (Nancy-Metz, A, juin 1989)

— Oublier, est-ce la condition de la vie humaine ? (Paris, Créteil, Versailles, A, juin 1990)

— Un peuple sans mémoire peut-il être libre ? (Aix-Marseille, A, juin 1990)

— L'État a-t-il besoin de la mémoire des citoyens ? (Antilles, Guyane, B, juin 1990)

LE TEMPS

• Distinguez bien le temps, comme **changement perpétuel qui transforme le présent en passé** (§ 1), du temps conçu comme **milieu indéfini** (sur le modèle de l'**espace**) **dans lequel les événements se déroulent** (§ 6 et 7). Vous avez là deux visions bien différentes du temps.

• Le temps, conçu comme changement continuel transformant le présent en passé, est **privation d'être** (§ 2), **irréversibilité** (§ 3), et contient la mort (§ 4). Le désir d'éternité (§ 5) ne se comprend que par refus de la décevante temporalité.

• Mais le temps humain représente aussi un **milieu indéfini** analogue à l'espace (§ 6). La description kantienne se situe dans cette perspective (§ 7).

• Néanmoins, l'**irréversibilité** du temps ne peut jamais être dépassée, comme le montre l'**analyse de la causalité kantienne** (§ 8).

• Si le temps représente bien l'irréversibilité, néanmoins comme temps de l'**histoire** (Hegel, § 9) et du **projet** humain (Sartre, § 10), il se révèle comme une face de la liberté humaine : il n'est pas seulement ce qui nous fait et défait, mais aussi un **pouvoir de l'homme.**

I — Le mystère du temps

Le temps, défini tout d'abord comme ce **changement perpétuel qui transforme le présent en passé,** se présente à nous comme un mystère. C'est une énigme où la pensée se perd.

> ***« Comment donc, ces deux temps, le passé et l'avenir, sont-ils, puisque le passé n'est plus et que l'avenir n'est pas encore ? Quant au présent, s'il était toujours présent, s'il n'allait pas rejoindre le passé, il ne serait pas du temps, il serait l'éternité. Donc, si le présent, pour être du temps, doit rejoindre le passé, comment pouvons-nous déclarer qu'il est aussi, lui qui ne peut être qu'en cessant d'être. » (Saint Augustin,*** **Les Confessions*****)***

II — Le temps est privation d'être = Devenir

Tout le mystère du temps ne résiderait-il point précisément en cette étrange **privation d'être** qui le caractérise ? Ainsi, affirmait déjà Aristote, ce n'est point la plénitude de l'Être qu'il révèle, mais, tout au contraire, il est un non-être, une vacuité, un manque d'Être.

> ***« Que d'abord il n'existe absolument pas, ou n'a qu'une existence imparfaite et obscure, on peut le supposer d'après ce qui suit : pour une part il a été et n'est plus, pour l'autre, il va être et n'est pas encore... Or ce qui est composé de non-être semble ne pouvoir pas participer à la Substance. » (Aristote,*** **Physique*****)***

III — Le temps, marque de mon impuissance : irréversibilité

Dès lors, le temps, non-être et privation, me révèle peut-être mon impuissance et mes limites. C'est ce qu'affirmait le philosophe Lagneau, en une formule célèbre : « Temps, marque de mon impuissance. Étendue, de ma puissance. »

Si le temps me signale mes manques et mon impuissance, n'est-ce point, fondamentalement, en raison de l'**irréversibilité** qui est sienne ? Si l'espace est réversible (je vais de A en B et de B en A), le temps, lui, est changement irréversible. Tout s'écoule, tout passe : telle est une des premières constatations humaines. Ceux qui descendent dans le même fleuve, se baignent dans le courant d'une eau toujours nouvelle, disait Héraclite.

> ***« Le temps se manifeste à moi dans l'irréversibilité des changements : il est le caractère qu'ont les changements d'être irréversibles. » (F. Alquié,* le Désir d'éternité, *PUF, 1960)***

IV — Le temps, marque de mon impuissance : la mort

Mais le temps consacre aussi mon impuissance par la mort qu'il contient en lui. Car l'irréversibilité du temps n'est sans doute que l'autre face de la mort. Tout le mystère de l'irréversible renvoie à cette **corruption temporelle** qui frappa si profondément les Grecs. La temporalité, en me séparant de moi-même, en me divisant, fait pénétrer la dissolution au plus profond du cœur de l'homme. La mort est, par le temps, au centre de la vie même.

V — Le désir d'éternité

Ainsi le temps est-il saisi comme principe de corruption et de mort. Qui plus est, il semble s'opposer à toute forme de connaissance réelle, comme le remarquait Platon dans le *Cratyle,* car ce qui s'écoule sans cesse ne saurait être appréhendé par la pensée.

Au spectacle de cette fugacité décevante, la pensée humaine va, dès lors, aspirer à l'éternité. Or, cette notion se révèle double. L'éternité, ce peut être d'abord une durée indéfiniment continuée, un temps sans fin et sans limite. En un deuxième sens, l'éternité est intemporalité absolue. Ainsi le rationalisme platonicien s'est-il précisément constitué en opposant à la dissolution du sensible l'éternité de l'immuable Idée[1]. Si les apparences changent, l'Essence, ou Idée, est éternellement identique, donc hors du temps.

VI — Le temps, milieu indéfini analogue à l'espace

A côté du temps irréversible, lié à la condition précaire de l'homme, il est un temps **objectif,** conçu comme **milieu indéfini analogue à l'espace,**

1. *Cf.* la fiche sur « l'idée ».

dans lequel se déroulent les événements. Le temps est alors une forme divisible, appréhendée sur le modèle de l'espace. C'est le temps spatialisé. Dans une analyse célèbre, Bergson a montré que le **temps spatialisé** n'a rien à voir avec la **durée** concrète de notre existence. C'est un temps abstrait et homogène, alors que notre durée concrète est hétérogène. Elle représente la succession qualitative de nos états de conscience.

VII — Le temps chez Kant

Le temps[1] kantien est, lui aussi, un milieu homogène, une forme pure, la forme de toute expérience possible : c'est une **forme *a priori* de la sensibilité,** qui ne saurait être tirée de l'expérience. Selon Kant, le temps est, avec l'espace, un cadre nécessaire et *a priori,* qui sert à structurer l'expérience sensible. C'est une sorte de prisme à travers lequel se donnent à nous les choses. Notons que le temps kantien, forme pure, n'inclut pas l'irréversibilité, puisque c'est simplement un milieu homogène.

> ***« Le temps n'est pas un concept empirique ou qui dérive de quelque expérience... Le temps est une représentation nécessaire qui sert de fondement à toutes les intuitions. On ne saurait supprimer le temps lui-même par rapport aux phénomènes en général, quoique l'on puisse bien les retrancher du temps par la pensée. Le temps est donc donné*** **a priori.** ***Sans lui, toute réalité des phénomènes est impossible. On peut les supprimer tous, mais lui-même (comme condition générale de leur possibilité) ne peut être supprimé. » (Kant,*** **Critique de la raison pure)**

VIII — Retour de l'irréversibilité : la causalité kantienne

Néanmoins, la notion d'irréversibilité ne peut jamais être éliminée de l'expérience du temps. Les analyses de Kant témoignent de cette impossibilité. Ainsi, dans la *Critique de la raison pure,* Kant, qui présente d'abord le temps comme forme pure indépendamment de tout avant et de tout après, est conduit, quand il analyse la **causalité,** à introduire l'idée d'un **avant** et d'un **après.** Ainsi, dirai-je, par exemple, que l'eau bout à 100 °C : pour saisir le rapport entre la température et l'ébullition, il faut bien que j'énonce l'irréversibilité de l'avant et de l'après ; la croissance de la température précède obligatoirement l'ébullition. Autrement, mon rapport resterait inintelligible. Par conséquent, **pas de causalité vraie sans succession irréversible.** Mais alors surgit dans notre analyse une face du temps liée au destin de l'homme. Kant retrouve ici ce temps qui nous défait et nous meurtrit, le temps de l'irréversibilité qui est la marque de mon impuissance. Le temps n'est pas seulement, pour lui, un instrument dans la construction du monde : il me renvoie aussi à mon irrémédiable contingence.

> ***« Si dans un phénomène contenant un événement, j'appelle A l'état antérieur de la perception, et B le suivant, B ne peut que suivre A dans l'appréhension, et la perception A ne peut pas suivre B, mais seulement le précéder. Je vois, par exemple, un bateau descendre le***

1. *Cf.* la fiche sur « l'espace » et celle sur « la vérité ».

courant d'un fleuve. Ma perception du lieu où le bateau se trouve en aval du fleuve, succède à celle du lieu où il se trouvait en amont, et il est impossible que, dans l'appréhension de ce phénomène, le bateau soit perçu d'abord en aval, et ensuite en amont.» (Kant, **op. cit.***)*

En liant l'espace et le temps, la théorie de la relativité[1] a montré que l'ordre de succession des événements dépend de la position et de la vitesse des observateurs par rapport à ceux-ci. La notion kantienne d'irréversibilité, construite sur l'ordre de succession, ne peut être soutenue par la science moderne.

IX — Le temps historique : Hegel

Si le temps représente un principe de dégradation, il est aussi ce en quoi l'homme se réalise : il est le temps de l'**histoire** et du **projet** humain.

La saisie de l'historicité du temps est la grande découverte de Hegel. L'homme est un être historique : son temps vrai n'est ni le temps biologique, ni le temps cosmique, mais le temps du travail humain, celui par lequel l'homme informe le monde et entre en rapport avec les autres consciences de soi. Envisagé sous cet aspect historique, le temps peut devenir l'organe de ma liberté et de ma puissance.

Le temps de Hegel «est le temps **historique,** *le temps dans lequel se déroule l'histoire humaine, ou, mieux encore, le temps qui se réalise, non pas en tant que mouvement des astres par exemple, mais en tant qu'histoire universelle... Il n'y a pas de temps naturel, cosmique; il n'y a temps que dans la mesure où il y a* **histoire,** *c'est-à-dire existence* **humaine,** *c'est-à-dire existence* **parlante.»** *(A. Kojève,* **Introduction à la lecture de Hegel,** *NRF, 1947)*

X — Projet et avenir : Heidegger et Sartre

En soulignant la nature du temps historique, Hegel a mis l'accent sur la dimension de l'avenir. Ainsi est-il à l'origine de toute la **vision moderne de la temporalité,** cette vision que nous trouvons, par exemple, chez Heidegger et Sartre.

Pour Heidegger, la conscience humaine, perpétuellement en avant d'elle-même, se donne rendez-vous **vers l'avenir.** Elle est anticipation de soi, transcendance.

Quant à Sartre, tout en maintenant dans *l'Être et le Néant* que le moment essentiel du temps est le présent, il insiste longuement, dans toute son œuvre, sur le pro-jet[2], l'avenir, et les possibles.

«... Tachez de saisir votre conscience et sondez-la, vous verrez qu'elle est creuse, vous n'y trouverez que de l'avenir. Je ne parle même pas de vos projets, de vos attentes; mais le geste même que vous attrapez au passage n'a de sens pour vous que si vous en projetez l'achèvement hors de lui, hors de vous, dans le pas-encore.» (Sartre, **Situations I,** *NRF, 1964)*

1. *Cf.* la fiche sur «l'espace».
2. *Cf.* la fiche sur «la liberté» et celle sur «l'existence».

Conclusion

Si le temps représente un principe de dégradation, il est aussi le temps de l'histoire et du projet. En ceci, le temps n'est pas seulement pour l'homme ce qui le limite, mais aussi une face de sa liberté et de son pouvoir.

SUJET DE BACCALAURÉAT

***— Peut-on dire que la conscience est dans le temps, ou que le temps est dans la conscience ?** (Aix-Marseille, B, 83)*

***— Les instruments de mesure du temps nous font-ils connaître ce qu'est le temps ?** (Nancy-Metz, A, 83)*

***— Qu'est-ce que le présent ?** (Montpellier, A, 84)*

***— L'avenir est-il une page blanche ?** (Clermont-Ferrand, A, 77)*

***— Du fait que nous vivions le présent, sommes-nous à même de le comprendre ?** (Grenoble, B, 82)*

***— Le temps est-il essentiellement destructeur ?** (Groupe 1 bis, A, 82)*

— N'y a-t-il que le présent qui soit digne d'estime ? (Aix-Marseille, C.D.E., juin 1986)

— Faut-il opposer la durée vécue et le temps des choses ? (Aix-Marseille, A, juin 1986)

— De quoi avons-nous conscience lorsque nous disons : « le temps passe » ? (Sénégal, A, 1987)

— N'y a-t-il de réel que le présent ? (La Réunion, B, 1987)

— Quels moyens avons-nous d'imaginer l'avenir ? (Argentine, A, septembre 1988)

— Peut-on établir une différence entre le temps mesuré par le physicien et le temps vécu par la conscience ? (Amiens, C.D.E., juin 1989)

— N'y a-t-il que ce qui dure qui ait de la valeur ? (Dijon, B, juin 1989)

— Peut-on maîtriser le temps ? (Maroc, B, juin 1989)

— La fuite du temps est-elle nécessairement un malheur ? (Espagne, A, juin 1990)

LA MORT

• Saisissez bien, dans cette fiche, le caractère paradoxal de la réflexion sur la mort. D'une part, la saisie de la mort est primordiale. L'homme est, en effet, le seul animal qui sache qu'il doit mourir, il possède de manière privilégiée, parmi les autres vivants, cette conscience d'un « devoir mourir ». D'autre part, ce savoir sur la mort est opaque et ambigu : certes, je saisis **empiriquement** la mort d'**autrui,** mais ma propre mort semble m'échapper totalement. Elle paraît impénétrable à ma conscience.

• La mort est un phénomène à la fois **biologique** (§ 1) et **culturel** (§ 2).

• Mais, quand on passe de la description anthropologique ou historique à la réflexion philosophique, la pensée de la mort n'est nullement évidente. Nous pensons simplement « autour » de la mort (§ 3).

• Devant ces difficultés, et en simplifiant, deux voies s'offrent au penseur :

a - Pulvériser complètement l'idée de la mort et vaincre l'angoisse qu'elle nous inspire. Telle est la position d'Épicure (§ 4), réactualisée, à l'époque moderne, par Sartre (§ 6). Spinoza, lui aussi, faisait de la sagesse une méditation de la vie. Dédaignant cette mort qui échappe à tout savoir réel, le penseur se dirige vers l'Universel et la Vie (§ 5).

b - Tenter de retrouver, au contraire, la mort au plus profond de nous-mêmes et de notre expérience : telle est la solution de Heidegger (§ 7).

• La saisie de notre mort n'a de sens que si elle nous pousse à l'action (Conclusion).

I — Mort et biologie

Avant d'être une catégorie du vécu de la conscience, la mort se présente à nous comme un phénomène biologique : prescrite par le programme génétique lui-même, elle n'est ni un accident, ni une réalité contingente, mais une partie intégrante du système vivant. Comme le remarque François Jacob, le vieux rêve humain d'immortalité ne paraît guère compatible avec les données de la biologie, qui convergent pour nous faire voir dans la mort une nécessité inéluctable et une exigence de la vie ; la mort semble imposée du dedans.

« Les limites de la vie ne peuvent être laissées au hasard. Elles sont prescrites par le programme qui, dès la fécondation de l'ovule, fixe le destin génétique de l'individu... La mort fait partie intégrante du système sélectionné dans le monde animal et dans son évolution. » ***(F. Jacob,* La logique du vivant, *Gallimard, 1978)***

II — Mort et culture : la sépulture

Mais la mort est aussi un phénomène culturel, et nous pouvons même saisir à travers elle le passage de la nature à la culture car l'homme est le seul animal qui enterre ses morts ; partout et toujours, à toutes les époques et dans toutes les civilisations, le seul passeport d'humanité en règle, c'est la **sépulture.** Ici convergent toutes les descriptions ; aucun groupe humain, si primitif soit-il, n'abandonne ses morts sans rites et sans sépulture.

III — La pensée de la mort : difficultés

La description anthropologique ou historique ne peut évidemment répondre à nos ultimes interrogations sur le sens de la mort. Aussi doit-elle laisser place à la réflexion philosophique. Dès lors se pose à nous une question théorique : **peut-on penser sa mort ?**

Certes, l'homme est le seul animal qui sache qu'il doit mourir, mais il y a dans ce savoir même quelque chose d'opaque et de mystérieux. D'une façon générale, la pensée de la mort ne se donne nullement à moi dans l'évidence de la réflexion. La mort est, en effet, une irréalité et, comme telle, paraît difficilement pensable. Je puis, à la rigueur, parler de la **mort de l'autre** et en faire l'objet d'un concept. Mais je semble condamné à penser **autour de ma mort** ou **à propos d'elle.** La pensée de la mort me hante, mais il y a en elle quelque chose d'impénétrable.

> ***« A quelque moment que nous entreprenions de le penser, l'a* priori *mortel est déjà là, opaque, impénétrable et enveloppant ; la pensée a beau reprendre son élan pour tenter de faire de la mort un objet, elle ne parvient pas à l'insérer, et elle glisse, impuissante, sur ce monstrueux* a priori. *Dans la muraille lisse et massive qui la surplombe, elle cherche en vain des prises pour s'accrocher et faire levier. » (Jankélevitch,* La mort, *Flammarion, 1977)***

IV — Sagesse d'Épicure : la mort n'est rien

Si la mort est cette réalité devant laquelle semble glisser toute pensée, le discours philosophique le plus cohérent ne consisterait-il pas à pulvériser et anéantir l'idée même de la mort ? Puisque la mort semble l'impensé et l'impensable, peut-être faut-il y songer le moins possible. Telle est précisément la position d'Épicure et de son disciple Lucrèce.

Épicure est matérialiste : nos corps sont de simples agrégats d'atomes qui se dissolvent au moment de la mort. Nous n'avons donc à craindre nulle survie dans l'au-delà. Dans ces conditions, la mort n'est rien pour moi, ni vivant ni mort. Tant que j'existe, elle ne me concerne en rien. Au moment de la mort, c'est moi qui n'existerai plus. En somme, la mort est la mort de la mort. C'est un fantôme, une chimère qui n'existe que quand je n'existe plus. La mort n'a aucun rapport ni avec les vivants, ni avec les morts.

> ***« Familiarise-toi avec l'idée que la mort n'est rien pour nous, car tout bien et tout mal résident dans la sensation ; or la mort est la privation complète de cette dernière... Ainsi, celui des maux qui fait***

le plus frémir n'est rien pour nous, puisque tant que nous existons la mort n'est pas, et que, quand la mort est là, nous ne sommes plus. La mort n'a, par conséquent, aucun rapport ni avec les vivants ni avec les morts, étant donné qu'elle n'est rien pour les premiers et que les derniers ne sont plus.» (Épicure, **Lettre à Ménécée sur la morale*****)***

V — La philosophie n'est pas une méditation de la mort (Spinoza)

Si Épicure pulvérise l'idée même de mort et centre toute l'existence humaine autour du désir[1] et des forces de vie, s'appuyant sur cette énergie de la vie, Spinoza, lui aussi, voit dans la sagesse une méditation de la vie, et non point de la mort. La philosophie, montre Spinoza, n'est point une méditation sur la mort, mais sur la vie, sur Dieu conçu comme totalité du monde, sur l'Esprit dans sa plénitude. Si je me relie à l'ensemble des êtres, alors, appréhendant la totalité du réel, je me saisis comme éternel. La pensée de la mort est inséparable d'une vision en quelque sorte «égoïste» des choses, privilégiant le moi particulier au lieu de se diriger vers l'Universel, vers la vérité de l'Esprit qui ordonne le monde. La mort n'a donc pas de réalité positive. Nulle raison de la méditer. Le salut consiste à contempler l'Universel, à s'intégrer dans l'ensemble de la nature éternelle.

« L'homme libre ne pense à rien moins qu'à la mort, et sa sagesse n'est point une méditation de la mort, mais de la vie.» (Spinoza, **Éthique*****)***

VI — La négation contemporaine de la mort

Enfin, Sartre a réactualisé, à l'époque moderne, la vieille conception d'Épicure : il éconduit l'idée même de mort. Totalement étrangère à mon existence, elle ne fait l'objet d'aucune expérience. Elle n'est pas inscrite dans le fil de notre vie, elle vient simplement **à la fin.** Tant que je vis, ma mort n'est pas. Mon projet la traverse sans rencontrer d'obstacle.

VII — Heidegger : l'être-pour-la-mort

Au contraire, Heidegger à tenté de retrouver la mort au plus profond de nous-mêmes.

Pour saisir l'essence de la mort, il faut s'arracher d'abord à l'inauthenticité. Mon existence quotidienne se donne, en effet, dans le milieu de la banalité, dans un monde où règne l'**inauthentique :** «on vit», «on meurt». C'est le règne du «on», de l'anonymat.

Si je veux connaître une existence authentiquement humaine et personnelle, alors je dois accepter mon **angoisse :** dans l'angoisse devant la mort, je suis mis en présence d'une donnée fondamentale de ma vie. Je saisis alors la mort comme forme même de toute l'existence, et non point comme décès. A chaque instant de la vie, la mort est présente : dès qu'un humain naît, déjà il est assez vieux pour mourir!

1. *Cf.* la fiche sur «le désir» (§ 7).

« Dans l'angoisse devant la mort, la réalité-humaine est mise en présence d'elle-même, comme livrée à sa possibilité indépassable. Le « On » prend soin de convertir cette angoisse, d'en faire une simple crainte devant un quelconque événement qui approche. » (Heidegger, **l'Être et le Temps, Qu'est-ce que la métaphysique ?,** *Gallimard, 1951)*

Conclusion

Si la conception de Heidegger a le mérite de nous rappeler qu'aucune réflexion authentique ne peut oublier la mort ou l'occulter, néanmoins, combien il serait stérile et vain de s'absorber uniquement dans la contemplation de notre finitude ! Parce que je suis fini et mortel, je dois précisément agir. La saisie de ma finitude et de ma mort n'a de sens que si elle me pousse à l'action, se faisant ainsi invitation urgente à réaliser mes fins dans le monde.

SUJETS DE BACCALAURÉAT

— *Ni le soleil ni la mort ne peuvent se regarder en face. (Limoges, A, 83)*

— *Créer, c'est conjurer la mort. (Nice, A, 83)*

— *Peut-on penser la vie sans référence à la mort ? (Reims, A, 78)*

— *Que faut-il penser de cette affirmation : « Nous savons que nous sommes mortels, mais nous ne le croyons pas » ? (Amiens, A, 82)*

— *Penser à ma mort, est-ce pour vivre ou pour mourir ? (Toulouse, A, 77)*

— *La certitude de sa mort condamne-t-elle l'homme au désespoir ? (Besançon, A, septembre 1984)*

— *La mort ajoute-t-elle à la valeur de la vie ? (Paris, A, juin 1985)*

— *La pensée de la mort a-t-elle un objet ? (Antilles, A, juin 1989)*

L'EXISTENCE

• Distinguez bien l'**existence,** simple fait d'être-là dans le monde, et l'**essence,** ensemble de propriétés qui caractérisent un être (§ 1).

• Qu'est-ce qui est premier, est-ce l'essence ou l'existence ? C'est un des problèmes majeurs de la philosophie (§ 1). Si Platon ou Descartes (§ 2 et 3) accordent la primauté à l'essence, Kierkegaard (§ 5) ou Sartre (§ 6 et 7) mettent avec force l'accent sur l'existence.

• L'**existentialisme** (§ 6 et 7) se définit comme une doctrine plus soucieuse de l'existence concrète que des notions ou des idées abstraites.

I — Existence et essence

Il faut distinguer l'**essence** — ce qui constitue la nature d'une réalité, l'ensemble des propriétés qui caractérisent un être — et l'**existence** — le simple fait d'être-là et de surgir dans le monde. L'antériorité de l'essence ou de l'existence constitue un des problèmes majeurs de la philosophie. En effet, quand on se tourne d'abord vers l'essence, on réfléchit à ce qui est de l'ordre de la pensée et de l'intelligence pures. Au contraire, quand on se soucie en priorité de l'existence, on accorde la primauté à ce qui se fait dans le temps et dans la vie concrète des hommes. Par conséquent, l'antériorité de l'essence ou de l'existence renvoie à des champs de réflexion divergents et opposés. Y a-t-il priorité de l'essence ou de l'existence ? Qu'est-ce qui est premier, est-ce la notion, la réalité intelligible ? Ou bien peut-on dire, au contraire, que je surgis d'abord dans le monde et que j'engendre ainsi une nature postérieure à mon existence ?

II — Platon et la primauté de l'essence

Platon a fait de l'essence l'objet par excellence de la réflexion philosophique. L'essence est le noyau de la philosophie véritable.

En effet, tout s'écoule[1] et tout passe dans l'univers. Mais au-delà des formes sensibles précaires et changeantes est l'ordre des essences ou des Idées[2] : l'essence, c'est la **notion intelligible** qui donne un sens ultime à chaque réalité. Ainsi, l'essence de la table, c'est la **table idéale,** la **nature de la table,** son principe directeur en quelque sorte. L'essence, aux yeux de Platon, est éternelle et immuable. A chaque forme (sensible) correspond une essence inengendrée et incorruptible. L'essence n'existe pas à proprement parler. Elle éclaire les phénomènes, mais n'est pas du même ordre qu'eux. Elle appartient à une autre sphère.

1. *Cf.* la fiche sur « le temps ».
2. *Cf.* la fiche sur « l'idée ».

III — Descartes

Le projet platonicien — tout ordonner à la lumière de l'essence ou de l'Idée — va se perpétuer dans la culture occidentale, qui ne cessera de se référer à un monde d'essences, de réalités idéales, et de se désintéresser de l'existence concrète.

Ceci est très net, par exemple, chez Descartes, lorsqu'il démontre l'existence de Dieu. Il examine l'essence et la nature de Dieu et **en déduit l'existence.** L'existence est, aux yeux de Descartes, contenue dans l'essence dont elle est une des propriétés.

> ***« Je trouve manifestement que l'existence ne peut non plus être séparée de l'essence de Dieu, que de l'essence d'un triangle rectiligne la grandeur de ses trois angles égaux à deux droits, ou bien de l'idée d'une montagne l'idée d'une vallée; en sorte qu'il n'y a pas moins de répugnance de concevoir un Dieu (c'est-à-dire un être souverainement parfait) auquel manque l'existence (c'est-à-dire auquel manque quelque perfection), que de concevoir une montagne qui n'ait point de vallée. » (Descartes,*** **Méditations métaphysiques*****)***

IV — L'existence est un irréductible : Kant

Kant, dans la *Critique de la raison pure* (1781), réalise une révolution philosophique considérable : il établit que l'existence est une **donnée irréductible,** qu'elle n'est pas un attribut, qu'elle n'appartient pas à la sphère de l'essence. L'existence est une **position absolue.** Par exemple, si j'ai cent thalers[1] **réels,** je ne possède pas des thalers détenant un concept plus parfait et plus achevé que cent thalers possibles. Il n'y a aucune différence **conceptuelle** entre la fortune en acte et la fortune en pensée. La seule différence, c'est l'existence, qui n'est pas du domaine de la pensée pure.

Du même coup, Kant est en mesure de critiquer l'argument ontologique de Descartes. L'existence de Dieu n'est pas davantage contenue dans son essence que celle des thalers dans la pure notion de thaler. Dieu en acte est tout autre que l'idée de Dieu, de même qu'il y a une distance infinie entre la fortune en idée et la fortune en acte : cette distance infinie, c'est celle qu'introduit l'**existence!** Kant a infiniment raison, contre Descartes et contre les philosophes essentialistes : il y a une **spécificité** de l'existence.

> ***« Le réel ne contient rien de plus que le simplement possible. Cent thalers réels ne contiennent rien de plus que cent thalers possibles. Car comme les thalers possibles expriment le concept, et les thalers réels l'objet et sa position en lui-même, si celui-ci contenait plus que celui-là, mon concept n'exprimerait plus l'objet tout entier, et par conséquent il n'y serait plus conforme... l'objet en réalité n'est pas simplement contenu d'une manière analytique dans son concept. » (Kant,*** **Critique de la raison pure*****)***

---

1. Ancienne monnaie prussienne.

V — Kierkegaard

Sören Kierkegaard (1813-1855) a vraiment réhabilité totalement l'existence, qui est à ses yeux un surgissement absolu, un jaillissement pur rigoureusement irréductible aux concepts et surtout au Système, ensemble total et enchaîné de notions si cher à Hegel. L'existence, tout particulièrement religieuse (car Kierkegaard est un penseur **religieux**) n'a rien à voir, ni avec les concepts, ni avec les notions d'ordre général, ni avec un Système logique : la **foi** vécue, qui représente la véritable existence aux yeux de Kierkegaard, déborde infiniment l'univers de la raison ou de la logique. Ni la foi ni l'existence ne peuvent être expliquées. Elles sont de l'ordre du vécu et de l'expérience.

L'existence, c'est l'instant de la vie dans son éclatement vertigineux, c'est l'explosion de notre vécu. Elle ne saurait s'intégrer dans un grand système bien fait comme le pensait Hegel. Il y a même une lutte à mort entre l'existence et la pensée. Quand la pensée s'empare de l'existence, elle la tue ! Kierkegaard est le père de « l'existentialisme ». Son influence sera considérable.

> ***« Penser l'existence abstraitement et* sub specie aeternitatis *signifie la supprimer essentiellement... Il en est de l'existence comme du mouvement : il est très difficile d'avoir affaire à elle. Si je les pense, je les abolis, et je ne les pense donc pas. Ainsi, il pourrait sembler correct de dire qu'il y a quelque chose qui ne se laisse pas penser : l'existence. » (Kierkegaard,* Post-scriptum aux miettes philosophiques*)***

VI — L'existentialisme athée de Sartre : l'existence précède l'essence

A l'époque moderne, c'est certainement Sartre qui a contribué à donner à l'existentialisme — que nous définirons comme une doctrine plus soucieuse de l'existence concrète que des notions ou des idées — sa figure originale. Il s'agit d'un existentialisme athée dont la proposition de base est : l'existence précède l'essence.

Soit, en effet, tel objet de l'industrie humaine, par exemple un coupe-papier. Son essence — sa nature — est évidemment antérieure à son existence car le constructeur du coupe-papier a dû avoir en son esprit la notion de cet objet avant de le fabriquer. Or, si je conçois un Dieu créateur, je l'assimile généralement à un artisan supérieur et dès lors, l'essence humaine précède l'existence. Mais, dans le **contexte d'une philosophie athée, il n'y a nul « constructeur » de l'homme.** L'homme est cet être dont l'existence précède l'essence.

> ***« L'existentialisme athée, que je représente, est plus cohérent. Il déclare que si Dieu n'existe pas, il y a au moins un être chez qui l'existence précède l'essence, un être qui existe avant de pouvoir être défini par aucun concept et que cet être c'est l'homme ou, comme dit Heidegger, la réalité humaine... Cela signifie que l'homme existe d'abord, se rencontre, surgit dans le monde, et qu'il se définit après. » (Sartre,* L'existentialisme est un humanisme, *Nagel, 1966)***

VII — Sartre : l'homme est pleinement responsable

Il en résulte que l'homme est ce qu'il se fait. Il existe et se jette vers un avenir qu'il modèle entièrement. Il est donc totalement responsable car c'est lui qui réalise son essence. Rien, dans un ciel intelligible, ne dessine les projets de l'homme, **responsable de tout devant tous.** L'homme se choisit puisque aucune essence ne le prédétermine et ne le conduit. L'existentialisme athée est donc une philosophie de la pleine responsabilité humaine et de la totale liberté. L'homme engage toute l'humanité en construisant sa vie.

> ***« Si vraiment l'existence précède l'essence, l'homme est responsable de ce qu'il est. Ainsi, la première démarche de l'existentialisme est de mettre tout homme en possession de ce qu'il est, et de faire reposer sur lui la responsabilité totale de son existence... Il est responsable de tous les hommes. » (Sartre,* op. cit.*)***

Conclusion

L'existence, au sens moderne du terme, c'est le mouvement par lequel l'homme est au monde et s'engage dans les choses.

SUJETS DE BACCALAURÉAT

— ***Exister, est-ce simplement vivre ?*** *(Limoges, C.D, 82)*

— ***La mort abolit-elle le sens de notre existence ?*** *(Nantes, A, 78)*

— ***Dégagez l'intérêt philosophique de ce texte à partir de son étude ordonnée.***

« Personne *n'est responsable du fait que l'homme existe, qu'il est conformé de telle ou telle façon, qu'il se trouve dans telles conditions, dans tel milieu. La fatalité de son être n'est pas à séparer de la fatalité de tout ce qui fut et de tout ce qui sera. L'homme n'est* pas *la conséquence d'une intention propre, d'une volonté, d'un but ; avec lui, on ne fait pas d'essai pour atteindre un « idéal d'humanité », un « idéal de bonheur », ou bien un « idéal de moralité », — il est absurde de vouloir faire* dévier *son être vers un but quelconque.* Nous *avons inventé l'idée de « but » : dans la réalité le « but » manque... On est nécessaire, on est un morceau de destinée, on fait partie du tout, on* est *dans le tout, — il n'y a rien qui pourrait juger, mesurer, comparer, condamner notre existence, car ce serait là juger, mesurer, comparer et condamner le tout...* Mais il n'y a rien en dehors du tout ! »

Friedrich Nietzsche (Toulouse, C.D.E., juin 1985).

NATURE ET CULTURE

• La **nature,** au sens où nous la prendrons ici, désigne essentiellement tout ce qui est inné, par opposition à ce qui est acquis.

• Le terme de **culture** possède, dans l'acception que nous retiendrons, un sens très vaste : tout ce qui est produit par l'homme dans le cadre social.

• Avec les analyses de C. Lévi-Strauss (§ 3, 4, 5, 6), nous tenterons de comprendre le **passage de la nature à la culture.**

• Néanmoins, certaines recherches récentes vont jusqu'à remettre en question l'opposition des deux termes (§ 7).

• Enfin, réfléchissez bien sur **culture et personnalité :** c'est la culture, au sens large du terme, qui modèle la personnalité de l'homme (§ 9).

• Lisez, en même temps que cette fiche, celle consacrée à « la société : » les deux fiches sont **complémentaires.**

I — Nature et culture

Le concept de **nature** est loin d'être simple et univoque. La nature, c'est en effet le cadre physique, minéral et végétal de notre existence. Nous ne retiendrons pas ici cette signification. Le mot de nature désignera pour nous tout ce qui est **inné, spontané** et **biologique,** par opposition à ce qui est acquis. La nature est, en effet, au sens étymologique du terme *(natus :* né, du verbe *nascor),* l'état dans lequel naissent les hommes.

Mais le terme de **culture** n'est pas moins équivoque. Un homme cultivé est celui qui sait situer ses connaissances et réfléchir sur elles. Nous ne traiterons pas ici de la culture en ce sens, et pas davantage de la culture au sens restreint du terme, comme ensemble des productions intellectuelles d'une civilisation. Nous nous attacherons ici à la culture prise dans sa signification moderne la plus générale — celle des philosophes et des anthropologues ; elle désigne un ensemble très vaste comprenant **tous** les éléments de la vie humaine transmis par la société : la technique, l'art, les coutumes, la religion, la science, etc. Ajoutons que l'on parle de la culture en général et des cultures particulières (la culture esquimau, etc.).

> ***« Une culture est la configuration des comportements appris et de leurs résultats, dont les éléments composants sont partagés et transmis par les membres d'une société donnée. » (R. Linton,* Le fondement culturel de la personnalité, *Dunod, 1959)***

II — L'état de nature chez Jean-Jacques Rousseau

Déjà, le XVIIe siècle avait proposé l'hypothèse d'un état naturel de l'homme pour désigner les conditions premières de formation de la société. Mais c'est le XVIIIe siècle, essentiellement avec Rousseau, qui a élaboré de façon remarquable une distinction entre état de nature et état de société. Rousseau ne se réfère nullement à quelque historique état de nature, mais il met en œuvre un concept opératoire et un instrument d'analyse. Si l'état de nature (définissons-le comme l'état de l'homme, quand on en retranche — de manière purement hypothétique — ce que la société lui a fourni et apporté) n'a jamais existé, il nous permet cependant de bien juger de notre état présent. Sa fonction est donc méthodologique : il s'agit de retrouver ce qui est commun à tous les hommes.

III — Lévi-Strauss : nature et culture

Cette distinction rousseauiste a été reprise de nos jours par les anthropologues et, en particulier, par Lévi-Strauss, qui en a fait une analyse célèbre dans *Les structures élémentaires de la parenté.* La nature désigne, chez Lévi-Strauss, le domaine du biologique, du spontané et de l'universel chez l'homme. Ce concept ne saurait avoir la moindre signification historique, mais s'avère être un bon instrument de méthode. Utiliser cette notion de nature, c'est simplement reconnaître que l'homme est **à la fois** un être biologique et social. Certaines de ses réponses et de ses réactions relèvent de sa nature biologique, d'autres de sa culture, mais la distinction n'est pas toujours facile, et il y a interpénétration des deux domaines.

> ***« On commence à comprendre que la distinction entre état de nature et état de société, à défaut d'une signification historique acceptable, présente une valeur logique qui justifie pleinement son utilisation par la sociologie moderne, comme un instrument de méthode. » (Lévi-Strauss,*** **Les structures élémentaires de la parenté,** ***PUF, 1949)***

IV — La règle distingue nature et culture

Reste le problème des critères. Quels seront les critères de la nature et de la culture? La nature désigne, nous le savons, ce qui est inné et biologique. Elle est, par conséquent, universelle, et nous pourrons dire que tout ce qui est **universel** chez l'homme relève de l'ordre de la **nature.** A l'opposé, les processus **culturels** se distinguent par des normes, par l'action de **règles** imprimant une structure précise aux relations sociales. Tournons-nous, en effet, vers les singes anthropoïdes. Leur comportement collectif ne semble dégager aucune régularité réelle. Ainsi, les relations sexuelles entre les membres d'un groupe simien sont-elles abandonnées au hasard.

> ***« Partout où la règle se manifeste, nous savons avec certitude être à l'étage de la culture. Symétriquement, il est aisé de reconnaître dans l'universel le critérium de la nature... A défaut d'analyse réelle, le double critérium de la norme et de l'universalité apporte le prin-***

cipe d'une analyse idéale qui peut permettre... d'isoler les éléments naturels des éléments culturels. Posons donc que tout ce qui est universel chez l'homme relève de l'ordre de la nature et se caractérise par la spontanéité, que tout ce qui est astreint à une norme appartient à la culture et présente les attributs du relatif et du particulier.» (C. Lévi-Strauss, **op. cit.*)***

Ainsi, des **règles particulières** informent les phénomènes strictement humains, alors que la **nature** renvoie à la **pure universalité.**

V — Le passage de la nature à la culture : la prohibition de l'inceste

La prohibition de l'inceste est, à cet égard, tout à fait remarquable. Elle consiste en ceci que, dans **toutes** les sociétés sans exception, le lien sexuel avec certains parents est rigoureusement interdit. En ceci, elle est universelle et semble donc renvoyer à la sphère de la nature. Mais les **règles de cette prohibition** varient avec les sociétés (ce n'est pas toujours le même parent qui est interdit). Dans la mesure où nous avons affaire, dans ce domaine, à une classe de règles variables, la prohibition de l'inceste semble un phénomène culturel. Nous trouvons donc en elle une articulation tout à fait privilégiée entre la nature et la culture : elle assure le passage de l'une à l'autre.

« La prohibition de l'inceste présente, sans la moindre équivoque, et indissolublement réunis, les deux caractères où nous avons reconnu les attributs contradictoires de deux ordres exclusifs : elle constitue une règle, mais une règle qui, seule entre toutes les règles sociales, possède en même temps un caractère d'universalité.» (C. Lévi-Strauss, **op. cit.*)***

VI — La culture introduit un ordre dans le désordre naturel

Avec la prohibition de l'inceste, s'inscrivent un ordre et une organisation dans un espace naturel que caractérisait le désordre. Là où la nature ne laissait que hasard, promiscuité sexuelle, indifférenciation, absence de discrimination, élans individuels incontrôlés (puisque non modelés par la norme), la règle introduit l'ordre. Au **désordre biologique,** naturel et animal, s'oppose l'**ordre humain de la culture.** La prohibition de l'inceste va réguler la cohésion du groupe à travers un ensemble de règles, de droits et de devoirs collectifs. Elle inaugure le règne humain et fonde l'ordre de la culture.

« Si la Nature abandonne l'alliance au hasard et à l'arbitraire, il est impossible à la culture de ne pas introduire un ordre, de quelque nature qu'il soit, là où il n'en existe pas. Le rôle primordial de la Culture est d'assurer l'existence du groupe comme groupe, et donc de substituer, dans ce domaine comme dans tous les autres, l'organisation au hasard.» (C. Lévi-Strauss, **op. cit.*)***

VII — La société, réalité primaire

Cette vision de la nature et de la culture, pour classique et fondamentale qu'elle soit, doit cependant être **nuancée.** *Les structures élémen-*

taires de la parenté ont été publiées en 1949 et certaines affirmations d'hier semblent avoir perdu leur évidence.

La Nature est-elle véritablement absence de règles, inorganisation et indifférenciation? Ce n'est nullement sûr. Il est tout à fait possible de **constater une organisation et un ordre dans les espèces animales.** Le monde naturel et animal ne se ramène nullement à un élan individuel incontrôlé, et pas davantage à la sourde violence des besoins. Il est **déjà** organisé.

La société semble donc quelque chose de beaucoup plus immédiat qu'on ne le pensait. **Il n'y a pas d'un côté, l'animal et la nature et, de l'autre, l'homme et la société.** L'usage des concepts de nature et de culture reste légitime, mais le philosophe doit être extrêmement prudent dans l'utilisation de ces termes, puisque la nature animale elle-même n'est pas livrée au chaos.

> ***« Si, par hasard, il nous arrivait d'oublier ou de perdre nos règles sociales, nous ne tomberions pas dans une situation d'anomie[1] ou de non-société : nous retrouverions autour de nous, chez les autres animaux, un capital de normes, le modèle de différents ordres sociaux. » (S. Moscovici,*** **La société contre nature,** ***10/18 UGE, 1976)***

VIII — Privilège de la culture humaine

Est-ce à dire qu'il faille mettre sur le même plan la culture humaine et les productions sociales que l'on trouve dans les espèces animales? Ce serait une conclusion inacceptable. Réellement complexe par opposition aux règles animales, qui demeurent rudimentaires, la culture humaine est en devenir permanent. Elle est une indéfinie conquête historique. Seul, l'homme a une histoire et une culture.

IX — Culture et personnalité

Notons, pour terminer, que la culture au sens large du terme oriente et modèle toute la personnalité de l'homme. Sociologues et anthropologues ont souligné à juste titre l'existence d'une **personnalité de base** dans chaque société, minimum psychosocial commun à tous les individus d'une même culture. Chaque culture, de par ses impératifs et son système d'éducation, est en mesure de créer une certaine contexture psychologique et sociale.

> ***« Ainsi, chaque culture... refoule, inhibe, favorise, surdétermine l'actualisation de telle ou telle aptitude, de tel trait psychoaffectif, fait subir ses pressions multiformes sur l'ensemble du fonctionnement cérébral, exerce même des effets endocriniens propres et, ainsi, intervient pour coorganiser et contrôler l'ensemble de la personnalité. » (E. Morin,*** **Le paradigme perdu : la nature humaine,** ***Le Seuil, 1973)***

---

1. Anomie, absence de règle.

Conclusion. Illusions et dangers de l'ethnocentrisme

Si les cultures sont diverses, les hommes sont cependant prisonniers de l'illusion ethnocentrique : ils voient dans leur propre culture l'unique point de repère et rejettent hors de l'humanité les autres formes culturelles. Cette illusion si puissante recèle de grands dangers : n'est-ce point le refus de l'Autre[1] qu'elle véhicule ? Au contraire, l'ethnologue sait que les cultures, plurielles, ne sont susceptibles d'aucune hiérarchisation.

> ***« Il semble que la diversité des cultures soit rarement apparue aux hommes pour ce qu'elle est : un phénomène naturel, résultant des rapports directs ou indirects entre les sociétés ; ils y ont plutôt vu une sorte de monstruosité ou de scandale. » (C. Lévi-Strauss,* Race et histoire, *Unesco-Gallimard, 1960)***

SUJETS DE BACCALAURÉAT

— Pourquoi faut-il se méfier de la notion de nature en général et de celle de nature humaine en particulier ? (Bordeaux, A, 83)

— Le goût est-il naturel ou dépend-il de la culture ? (Amérique du Nord, B, 84)

— L'acte de se nourrir relève-t-il de la nature ou de la culture ? (Strasbourg, A, 83)

— Tout ce qui est naturel est-il normal ? (Toulouse, B, septembre 1984)

— La nature a-t-elle une histoire ? (Toulouse, C.D.E., juin 1985)

— La nature a-t-elle des droits ? (Grenoble, B, juin 1986)

— Peut-on dire que la nature est bonne ? (Toutes académies, D', juin 1986)

— Tout ce qui est naturel est-il bon ? (Maroc, C.D.E., juin 1989)

1. *Cf.* la fiche sur « autrui » (§ 1).

L'HISTOIRE

• L'histoire est une des questions du programme de philosophie qui appelle le plus de sujets de baccalauréat.

• Le mot « histoire » désigne soit une étude s'efforçant de connaître le passé de l'homme (§ 2, 3, 4), soit l'ensemble des états par lesquels passe une réalité. Prise en ce second sens, l'histoire soulève des problèmes philosophiques exposés à partir du paragraphe 5 : l'histoire peut-elle échapper au morcellement ? va-t-elle vers une fin ultime ? etc.

• Parler du sens[1] de l'histoire, c'est parler de l'ordre rationnel de l'histoire, de son but et de son terme (§ 5).

• On appelle philosophie de l'histoire une synthèse ultime permettant d'intégrer et de comprendre les moments historiques particuliers (§ 5). Il existe plusieurs grands modèles de philosophie de l'histoire, parmi lesquels vous devez retenir la construction de Hegel (§ 6, 7, 8) et celle de Marx (§ 9, 10, 11).

• Pour Hegel, c'est l'Idée, c'est-à-dire un principe spirituel supérieur immanent au monde, qui est le créateur de l'histoire conçue comme un tout. Au contraire, pour Marx, ce sont les productions matérielles de la vie qui déterminent le processus historique.

• Les grandes philosophies de l'histoire sont, de nos jours, soumises à une critique très sévère, de la part tant des historiens eux-mêmes que des philosophes (§ 12).

I — Histoire : ambiguïté du terme

Le terme d'histoire est ambigu et désigne deux ordres de réalité fort différents : d'une part, les événements, les actes, les faits du passé, c'est-à-dire la réalité historique objective, d'autre part, la **recherche** historique et la **science** du devenir des hommes et des sociétés, qui représentent la face subjective de l'histoire. La situation de l'homme par rapport à l'histoire est à l'origine de cette ambiguïté. En effet, dans une science expérimentale (physique, chimie, etc.), l'homme crée une connaissance et une théorie qui, en principe, se détachent de lui pour devenir universelles et indépendantes. La connaissance historique, au contraire, ne peut se séparer des hommes qui sont dans l'histoire, qui la font, ou qui s'efforcent de lui donner une intelligibilité.

1. *Cf.* la fiche sur « le sens ».

II — Le fait historique et sa construction

Le discours historique est une reconstruction intellectuelle du passé, une re-création. Ici, l'examen du fait historique est tout à fait significatif : il représente le produit d'un processus d'abstraction. Une masse immense de matériaux est à la disposition de l'historien sous forme d'archives et de témoignages ; il faut choisir, sélectionner et construire des faits historiques privilégiés qui rassemblent et expliquent ces éléments épars. Ainsi l'historien **produit-il le fait historique véritable.**

III — Établir des faits : une connaissance valide et vraie

Le caractère personnel et relativement arbitraire des choix et donc de la «production» des faits historiques n'enlève toutefois pas à l'histoire sa nature scientifique. Certes, le savoir[1] historique ne vise pas à une objectivité comparable à celle des sciences de la nature, et l'historien ne s'efface jamais totalement derrière les documents. L'établissement des faits historiques s'appuie cependant sur des règles de recherche très strictes (critique des documents, multiplicité concordante des témoignages, etc.) qui en font une connaissance valide et vraie.

IV — L'histoire est cependant inséparable de l'historien

Adossé solidement à ces faits, l'historien va dès lors tenter une synthèse, en établissant des relations de causalité et des liens entre les événements pour donner à la série des faits historiques une intelligibilité. Le choix de l'objet historique (par exemple la Révolution française), l'orientation des recherches dépendent, en profondeur, des vues personnelles de l'historien qui ne saurait rester froid devant l'histoire. Il est, au surplus, impossible de fournir des liaisons parfaitement objectives et démontrées entre les faits, tant ceux-ci sont complexes, enchevêtrés et parfois incertains. On voit ainsi les marxistes faire une lecture de l'histoire à la lumière des théories matérialistes de Marx dont ils ont adopté les valeurs fondamentales.

V — Le sens de l'histoire

Cependant, le pur récit historique qui privilégie un événement nous laisse dans l'éparpillement analytique. Les constructions historiques sont multiples et variées. Une synthèse véritable et ultime semble alors requise, pour intégrer les divers moments historiques. L'homme prend ainsi conscience, qu'il a une Histoire, répondant ainsi au besoin d'intelligibilité de l'esprit humain par la création des philosophies de l'histoire.

Quel est le noyau des grandes philosophies de l'histoire ? C'est le concept de **sens de l'histoire :** l'histoire des hommes prise comme totalité connaîtrait un ordre profond, un but et une fin. Elle irait vers un achèvement final.

1. *Cf.* la fiche sur «le sens» et celle sur «la constitution d'une science de l'homme».

VI — Dépasser «la cohue bigarrée de l'histoire»

Hegel, au XIXe siècle, a magnifiquement illustré ce courant. Sa philosophie de l'histoire semble apporter un principe d'intelligibilité à la poussière des événements historiques dont la multitude s'offre à nous. Car l'histoire est une succession de formes diverses qui se déploient dans le temps. Partout, des buts sont à l'œuvre. Une cohue bigarrée se présente à notre regard. Si tout se succède sans discontinuer, la pensée n'est-elle pas prise dans un flux historique inconsistant? Un principe d'intelligibilité semble exigé et requis.

> ***«Là, un immense déploiement de forces ne donne que des résultats mesquins, tandis qu'ailleurs, des causes insignifiantes produisent d'énormes résultats. Partout, c'est une mêlée bigarrée qui nous emporte, et dès qu'une chose disparaît, une autre aussitôt prend sa place.» (Hegel,*** **La raison dans l'histoire*****)***

VII — L'Idée gouverne le monde

C'est l'Idée[1], principe spirituel suprême immanent au monde, qui, selon Hegel, gouverne l'histoire. L'Idée, conçue comme forme d'unification dernière par la Raison[2] humaine, devient, dans le temps, de plus en plus claire et transparente. Ainsi, le philosophe peut-il découvrir une histoire de plus en plus rationnelle et pacifiée. Au fond, Hegel pense que l'histoire se confond avec le devenir d'un principe spirituel supérieur.

> ***«L'Idée est le vrai, l'éternel, la puissance absolue. Elle se manifeste dans le monde et rien ne s'y manifeste qui ne soit elle, sa majesté et sa magnificence : voilà ce que la philosophie démontre.» (Hegel,*** **op. cit.*****)***

VIII — Le progrès chez Hegel

Cette Idée absolue se fait elle-même à travers l'histoire, qui représente l'Idée en marche. D'étape en étape, de marche en marche, de tremplin en tremplin, l'histoire ne cesse de se simplifier et de s'unifier : chaque moment est préférable au précédent et offre le spectacle d'améliorations spirituelles. Aussi, sans la notion de progrès, le cours de l'histoire est-il incompréhensible. Chaque figure historique est supérieure à celle qui constituait son être précédent.

IX — Le matérialisme historique

Marx, après Hegel, va lui aussi tenter de construire une grande philosophie de l'histoire. Sa doctrine s'appelle le **matérialisme historique.** Selon Marx, ce sont les techniques, les outils qui déterminent les possibilités d'existence. La vie matérielle des hommes explique donc toutes leurs activités ainsi que le devenir de l'homme. Si Hegel voyait dans un

---

1. *Cf.* la fiche sur «l'idée».
2. Chez Hegel, la Raison humaine reflète une Raison divine immanente à l'univers.

principe spirituel le démiurge de tout développement historique, Marx inverse la conception de son maître. C'est la production matérielle de la vie qui crée l'histoire.

« A l'encontre de la philosophie allemande qui descend du ciel sur la Terre, c'est de la Terre au ciel que l'on monte ici. Autrement dit, on ne part pas de ce que les hommes disent, s'imaginent, se représentent, ni non plus de ce qu'ils sont dans les paroles, la pensée, l'imagination et la représentation d'autrui... non, on part des hommes dans leur activité réelle. » (Marx et Engels, **l'Idéologie allemande***).*

X — Forces productives - Rapports de production Lutte de classes

Si la pratique matérielle est déterminante, alors il faut envisager l'action des forces productives et des rapports de production. Les **forces productives** représentent l'ensemble des moyens matériels et des puissances de tous ordres dont dispose la société humaine. Les **rapports de production** désignent les relations sociales nouées dans le processus de production. Or, cette sphère du travail, loin d'être exempte d'antagonismes, suscite, au contraire, perpétuellement des conflits. C'est la **lutte de classes,** qui est, pour Marx, le noyau de l'histoire unitaire ; c'est elle qui donne un sens global à l'évolution historique. Elle est le moteur ultime du devenir.

« L'histoire de toute société jusqu'à nos jours n'a été que l'histoire de la lutte de classes. Homme libre et esclave, patricien et plébéien, baron et serf... en un mot, oppresseurs et opprimés, en opposition constante, ont mené une guerre ininterrompue, tantôt ouverte, tantôt dissimulée. » (Marx-Engels, **Le manifeste communiste***)*

XI — Le règne de la liberté

Aux yeux de Marx, la révolution prolétarienne annonce la venue d'un temps où l'homme maîtrise enfin sa condition et son destin. En prenant en charge l'histoire, le prolétariat répudie l'inhumanité historique. Ainsi commence le **règne de la liberté.** L'humanité s'arrache alors au joug du destin et de la nécessité.

« Les puissances étrangères objective, qui jusqu'ici dominaient l'histoire, passent sous le contrôle des hommes eux-mêmes... C'est le saut de l'humanité du règne de la nécessité dans le règne de la liberté. » (Engels, **Anti-Dühring***)*

Le communisme « est la véritable fin de la querelle entre l'homme et la nature et entre l'homme et l'homme... Il résout le mystère de l'histoire, et il sait qu'il le résout. » (Marx, Notes : *M.E.A. III)*

XII — Critique des philosophies de l'histoire

Ces visions historiques, celle de Hegel comme celle de Marx, ne manquent ni de beauté, ni de grandeur. Elles témoignent de l'impérieux besoin qu'éprouve l'homme de donner un sens à sa destinée personnelle en l'intégrant dans un devenir historique intelligible.

Mais ces totalisations historiques ne semblent pas très véridiques. Les philosophies de l'histoire du XIXe siècle nous donnaient à voir un genre humain enfin libre et raisonnable dans un monde libre et raisonnable. Tout au contraire, la réalité historique du XXe siècle apparaît comme la chronique de l'enfer. Les exemples contemporains sont, à cet égard, trop nombreux...

Par ailleurs, postuler que l'histoire a un sens peut mener directement à la terreur politique et à l'arbitraire, dès lors qu'un groupe politique prétend être le détenteur de ce Sens dont il impose les conséquences à la société.

> ***« La fin de l'histoire n'est pas une valeur d'exemple et de perfectionnement. Elle est un principe d'arbitraire et de terreur. »*** *(A. Camus,* **L'homme révolté,** *NRF, 1951)*

Enfin, la volonté d'intégrer tous les faits essentiels dans un système cohérent conduit à délaisser l'étude des événements de la vie quotidienne, jugés de faible intérêt dans cette perspective. En réaction contre cette attitude, des écoles historiques se sont développées, prenant pour objets d'études systématiquement isolés l'histoire de groupes locaux ou l'évolution des usages de la vie quotidienne.

Conclusion

Rejet d'une fin de l'histoire, échec des théories du sens de l'histoire, épanouissement des études historiques isolées : l'histoire contemporaine récuse résolument la philosophie de l'histoire. Pour la plupart des historiens contemporains, il n'y a pas **une Histoire** dans laquelle se fondent les événements enchaînés par un sens, mais **des** histoires.

SUJETS DE BACCALAURÉAT

— L'historien peut-il se passer de philosophie ? (Limoges, B, juin 1985)

— L'histoire est-elle le simple récit des faits, tels qu'ils se sont passés ? (Lille, B, juin 1986)

— Est-il nécessaire que l'histoire de l'humanité ait un sens pour que la vie d'un homme en ait un ? (Sujet national, B, septembre 1987)

— L'histoire peut-elle délivrer l'homme du déterminisme naturel ? (Paris, A, juin 1988)

— Le journaliste peut-il décider qu'un événement est historique ? (Lille, A, juin 1988)

— En histoire, connaissons-nous le passé ou le rêvons-nous ? (Sujet national, C.D.E., septembre 1988)

— Pourquoi les hommes éprouvent-ils le besoin de commémorer leur passé ? (Nancy-Metz, A, juin 1989)

— En quoi l'histoire représente-t-elle à la fois un savoir indispensable et une science impossible ? (Lille, B, juin 1989)

— Peut-on parler de « tournants de l'histoire » ? (Regroupement V, série B, juin 1990)

— L'histoire se répète-t-elle ? (Amérique du Nord, A, juin 1990)

— Peut-on écrire l'histoire du présent ? (Amérique du Nord, B, juin 1990)

LA CONNAISSANCE ET LA RAISON

Quatre thèmes de réflexion sont privilégiés dans les séries A et B (le langage, le jugement, théorie et expérience, la vérité). Dans le groupe C, D, E, deux thèmes (théorie et expérience, la vérité) constituent la source majeure de sujets.

On remarquera que la connaissance scientifique a désormais un poids prépondérant au baccalauréat.

Statistiques des sujets sur les années 1987, 88, 89

Thèmes	A et B				C, D, E		
	Su	Te	To		Su	Te	To
LE LANGAGE	4	3	7	X	1	1	2
L'IMAGINATION	0	0	0		0	0	0
LE JUGEMENT	3	2	5		1	2	3
L'IDÉE	1	1	2				
LA FORMATION DES CONCEPTS SCIENTIFIQUES	1	0	1		1	0	1
THÉORIE ET EXPÉRIENCE	7	4	11	X	8	1	9
LOGIQUE ET MATHÉMATIQUES	0	1	1	X	1	0	1
LA CONNAISSANCE DU VIVANT	0	0	0	X	1	1	2
CONSTITUTION D'UNE SCIENCE DE L'HOMME	4	0	4	X	0	0	0
L'IRRATIONNEL	1	0	1		1	0	1
LE SENS	1	0	1				
LA VÉRITÉ	7	5	12	X	3	3	6

LE LANGAGE

• Attention, plusieurs questions importantes sont soulevées dans ce chapitre. Elles suscitent de très nombreux sujets de baccalauréat.

• La question de la nature du signe linguistique : est-il naturel ou artificiel ? En d'autres termes, le rapport qui unit le **signifiant** (la partie sensible du langage) et le **signifié** (son élément abstrait) est-il **naturel** et **nécessaire** ou bien conventionnel (§ 2, 3, 4, 5, 6) ?

• Le problème du langage animal : existe-t-il chez les animaux au sens propre et réel du terme ou bien le langage est-il spécifiquement humain (§ 7 et 8) ?

• Le problème des rapports du langage et de la pensée : sont-ils radicalement indissociables, comme le voulait, par exemple, Hegel (§ 10), ou bien existe-t-il un au-delà du langage, une pensée irréductible aux mots (Bergson, § 9) ?

I — Langage - Langue - Parole

Il faut distinguer tout d'abord la langue du langage : la **langue** représente un système **particulier** de mots, un ensemble linguistique fixé dans une société donnée, un produit social (ainsi parle-t-on de la langue française ou anglaise), alors que le **langage** lui-même se définit comme la fonction **générale** de communication.

Le langage, distinct de la langue, ne se confond pas davantage avec la parole : celle-ci désigne, en effet, l'acte **individuel** par lequel s'exerce la fonction du langage.

Définissons le langage comme la **faculté d'exprimer verbalement sa pensée**, comme un pouvoir d'expression verbale de la pensée.

> ***« Dans le parler ordinaire, « le langage » désigne proprement la faculté qu'ont les hommes de s'entendre au moyen de signes vocaux... les signes du langage humain sont en priorité vocaux... Aujourd'hui encore, les êtres humains en majorité savent parler sans savoir lire. » (A. Martinet,* Éléments de linguistique générale, *Armand Colin, 1974)***

Notez bien l'extension du terme langage qui en est venu à désigner tout système de communication et de signes : les différentes formes de l'art, la logique, l'informatique sont appelées des langages.

II — Le signe et le symbole

Le signe linguistique diffère du symbole. Quand j'emploie le mot «chien», il n'est nullement certain que le signifiant «chien» (le son) comporte une relation intrinsèque avec le signifié (le concept de chien), qu'il existe un rapport **naturel** entre **signifiant** — image acoustique, ensemble sonore — et **signifié** — le concept —.

Tout au contraire, dans le **symbole,** cette liaison entre la représentation sensible et le concept est tout à fait évidente, comme le montre clairement Hegel :

> ***«Le symbole est d'abord un* signe. *Mais, dans le signe proprement dit, le rapport qui unit le signe à la chose signifiée est arbitraire... Il en est tout autrement du signe particulier qui constitue le* symbole. *Le lion, par exemple, sera employé comme symbole de la magnanimité; le renard, de la ruse; le cercle, comme symbole de l'éternité. Mais le lion, le renard possèdent en eux-mêmes les qualités dont ils doivent exprimer le sens... Ainsi, dans ces sortes de symboles, l'objet extérieur renferme déjà en lui-même le sens à la représentation duquel il est employé.» (Hegel,* Esthétique*)***

III — L'identification naïve du mot et de la chose

Si l'unité de la forme et du contenu est évidente dans le symbole, elle l'est bien moins en ce qui concerne le signe linguistique, où elle pose problème et a donné lieu, depuis l'Antiquité jusqu'à nos jours, à des controverses qui ont mobilisé philosophes, puis linguistes.

Notons que, pour le sens commun et naïf, cette identité va de soi : un certain usage quotidien et immédiat des mots nous fait croire inconsciemment que signifiant et signifié sont en effet inséparables et vont de pair, comme le montre l'exemple suivant.

> ***«On connaît l'histoire de ce Tyrolien qui, de retour d'Italie, vantait, auprès de ses compatriotes, les charmes de ce pays, mais ajoutait que ses habitants devaient être de bien grands fous, qui s'obstinaient à appeler* cavalle *ce que tout homme doué de raison savait être un* Pferd. *Cette identification du mot et de la chose est peut-être la condition d'un maniement inconscient et sans accroc du langage.»* (*A. Martinet,* op. cit.)**

IV — Platon : Hermogène contre Cratyle

Quittons maintenant le jugement naïf pour la réflexion philosophique.

Dans le Dialogue intitulé *Cratyle,* Platon met en présence deux thèses. L'une, celle de *Cratyle,* consiste à poser que les mots imitent les choses et sont justes par nature. L'autre, celle d'*Hermogène,* soutient que le langage est conventionnel. Pour ce dernier, les noms correspondent à une convention, alors que, pour le premier, le langage est fixé par la nature, avec un rapport de convenance certain entre signifiant et signifié. Voici le discours d'Hermogène :

«Hermogène — Je me suis souvent, pour ma part, entretenu (avec Cratyle)... sans pouvoir me persuader que la nature du nom soit autre chose qu'un accord et une convention. À mon avis, le nom qu'on assigne à un objet est le nom juste; le change-t-on ensuite en un autre, en abandonnant celui-là, le second n'est pas moins juste que le premier... Car la nature n'assigne aucun nom en propre à aucun objet.» (Platon, Cratyle*)*

V — Saussure, partisan d'Hermogène

Ferdinand de Saussure (1857-1913), créateur de la linguistique moderne, rentre dans le camp d'Hermogène. Quelle est, pour lui, la nature du signe linguistique? Ce signe est arbitraire et conventionnel. Dans le *Cours de linguistique générale,* Saussure affirme qu'entre le signifiant et le signifié, la forme accoustique et l'idée, le lien est de convention.

«Ainsi l'idée de «sœur» n'est liée par aucun rapport intérieur avec la suite des sons s-ö-r qui lui sert de signifiant; il pourrait être aussi bien représenté par n'importe quelle autre : à preuve les différences entre les langues et l'existence même de langues différentes.» (F. de Saussure, Cours de linguistique générale*)*

VI — La critique de la théorie saussurienne

E. Benveniste, dans *Problèmes de linguistique générale,* a fait la critique de la théorie saussurienne du signe linguistique.

Pour lui, il existe une relation nécessaire entre signifié et signifiant : le concept (le signifié) «bœuf» est forcément identique dans ma conscience à l'ensemble phonique (le signifiant) «böf». Ils ont, en effet, été créés en même temps dans mon esprit et s'y évoquent ensemble en toutes circonstances. Ce qui est arbitraire, c'est que tel signe linguistique puisse être appliqué à tel objet réel que Benveniste appelle le «référent», l'animal lui-même dans l'exemple précédent.

Ainsi se perpétue de nos jours la vieille querelle entre Cratyle et Hermogène.

VII — Y a-t-il un langage animal?

Les signes linguistiques sont-ils le propre de l'homme ou bien peut-on parler aussi de langage animal? Karl von Frisch, en particulier, a montré que les abeilles peuvent se communiquer de l'information. Leurs variétés de danses semblent des signes livrant des **informations** sur la nature et la distance du butin (pollen).

Si la communication animale existe, néanmoins, il n'y a pas, à proprement parler, langage. L'information n'aboutit pas à l'échange linguistique, c'est-à-dire au **dialogue.** Le message des abeilles, note Benveniste, n'appelle aucune réponse de l'entourage, sinon une certaine conduite, ce qui n'est pas une réponse.

Ce qui différencie communication animale et langage humain, c'est que ce dernier est capacité de **tout dire,** de combiner de manière **infinie** les éléments linguistiques, alors que le code de la ruche est restreint et fixé une fois pour toutes par l'espèce. Les animaux n'ont pas de langage, mais des **codes de signaux,** de systèmes conventionnels déclenchant un certain comportement à finalité exclusivement pratique.

> ***« L'ensemble de ces observations fait apparaître la différence essentielle entre les procédés de communication découverts chez les abeilles et notre langage. Cette différence se résume dans le terme qui nous semble le mieux*** **approprié à** ***définir le mode de communication employé par les abeilles, ce n'est pas un langage, c'est un code de signaux. » (E. Benveniste,*** **op. cit.*****)***

VIII — Le langage, propriété spécifiquement humaine

A ce niveau de notre analyse, nous pouvons, avec Noam Chomsky, linguiste contemporain, opposer, au pseudo-langage animal, les signes linguistiques humains, capables de créativité infinie. Chomsky se réfère ici explicitement à Descartes qui soulignait déjà l'aspect créateur du langage.

Le langage est une propriété spécifiquement humaine : il consiste à inventer des signes et à les utiliser de manière infinie, ce qui est totalement hors de portée d'un singe ou de tout autre animal. A partir d'un certain matériel limité de mots, l'homme réalise des combinaisons indéfinies.

> ***« Le nombre de modèles sous-tendant notre utilisation normale du langage et correspondant à des phrases douées de sens et facilement compréhensibles atteint... un ordre de grandeur supérieur au nombre de secondes dans une vie humaine. C'est en ce sens que l'utilisation du langage est novatrice. » (Noam Chomsky,*** **Le langage et la pensée,** ***Payot, 1980)***

IX — Le langage et la pensée : Bergson

Le langage, invention du signe, capacité de création indéfinie, semble indissociable de la pensée, qui se forme dans les mots et par l'expression verbale.

Néanmoins, certains philosophes, tel Bergson, ont dissocié pensée et langage. Les mots et le langage, instruments de la pratique et de l'action dans le monde, ne traduisent qu'imparfaitement la vraie vie de l'âme. Le langage, adapté à la pratique, ne peut exprimer la vie intérieure, pensée pure, réalité concrète et fluide. Il existe donc, aux yeux de Bergson, un au-delà du langage, un ineffable objet d'intuition. Quant aux mots, ils déforment notre vraie vie spirituelle.

X — Le langage est la pensée (Hegel)

La thèse qui affirme la séparation (possible) du langage et de la pensée nous semble insoutenable.

En effet, ce que nous saisissons en dehors de tout langage est extrêmement indéterminé et peut nous sembler, à première vue, très riche. Mais cette indétermination même est une marque de faiblesse. L'ineffable est flou, imprécis et obscur. Seul, le mot détermine, structure et forme la pensée. C'est le langage qui est le plus vrai, affirme Hegel.

> ***« Ce qu'on nomme l'ineffable n'est autre chose que le non-vrai, l'irrationnel, ce que simplement on s'imagine. » (Hegel,* Phénoménologie de l'Esprit*)***

Conclusion. La démiurgie du langage

Quel pouvoir possède le langage! Il peut tout faire et tout créer. Cet outil privilégié de la communication est un maître incomparable d'illusion et de vérité.

SUJETS DE BACCALAURÉAT

— Le langage n'est-il que transmission d'information ? (Toutes académies, D', juin 1985).

— Faut-il faire confiance au langage ? (Bordeaux, A, juin 1985).

— Apprenons-nous notre pensée en parlant ? (Bordeaux, B, juin 1985).

— Y a-t-il quelque chose que le langage ne puisse dire ? (Aix-Marseille, A, septembre 1985).

— Peut-on légitimement instituer une langue universelle ? (Nancy-Metz, C.D.E., juin 1986).

— Le langage est-il un tableau fidèle de la réalité ? (Polynésie française, B, septembre 1987).

— Pourquoi parle-t-on ? (Toulouse, A, juin 1988).

— Est-il dans la nature de la parole d'être à la fois véridique et mensongère ? (Sénégal, A, 1987).

— Faut-il regretter que la langue soit équivoque ? (Sénégal, A, 1987).

— En quoi le dialogue favorise-t-il la recherche de la vérité ? (Athènes, C.D.E., 1987).

— Que perdrait la pensée en perdant l'écriture ? (Bordeaux, A, juin 1988).

— Le langage n'est-il qu'un moyen de communication ? (Djibouti, C.D.E., juin 1988).

— Parler, est-ce le contraire d'agir ? (Reims, C.D.E., juin 1989)

— Le langage nous trahit-il ? (Polynésie, A, juin 1989)

— Faut-il éviter les querelles de mots ? (Regroupement IV, B, juin 1990)

— Par le langage, peut-on agir sur la réalité ? (Nice, C.D.E., juin 1990)

— La science apporte-t-elle à l'homme l'espoir de constituer un langage artificiel ? (Regroupement V, B, juin 1990)

L'IMAGINATION

• Distinguez bien l'**imagination reproductrice,** comme faculté de former des images et de se représenter des objets en leur absence, de l'**imagination créatrice,** comme faculté de combiner des images ne correspondant à rien de donné (§ 1).

Cette notion d'imagination créatrice n'a rien d'évident, et le problème essentiel qui se posera dans cette fiche sera d'arriver à dégager l'imagination en tant que **construction spécifique nous ouvrant au surréel,** l'image cessant à ce niveau de copier ou de représenter la réalité pour inventer un monde nouveau (Bachelard, § 8).

• L'imagination est profondément **dévaluée** dans la théorie classique (Descartes-Pascal), qui saisit en elle une maîtresse d'**erreur** et de **fausseté** (§ 2). La théorie d'Alain, niant la réalité de l'image, est le point d'aboutissement de la conception classique (§ 3).

• Sartre a édifié une des premières théories **positives** de l'imagination : il a dégagé la nature de la **conscience imageante** (§ 4), le phénomène de quasi-observation (§ 5) et séparé **sentiments imaginaires et réels** (§ 5). Ce faisant, Sartre a remarquablement mis en évidence la **liberté** à l'œuvre dans la conscience imageante (§ 6), mais n'a pas vraiment dépassé le stade de l'imaginaire banal (§ 7).

• C'est Bachelard (§ 8) qui a souligné ce qu'est le **surréel,** retrouvant ainsi l'essence de la reine des facultés dont parlait Baudelaire (§ 9).

I — L'imagination : définition

L'imagination peut être définie soit comme la **faculté de former des images** et de se représenter des objets en leur absence (c'est l'**imagination reproductrice**), soit comme la **faculté de combiner des images** ne correspondant à rien de réel ni de donné (c'est l'**imagination créatrice**).

L'**image** est, classiquement, distinguée du **concept,** qui n'est lié à aucune représentation sensible ; le concept est abstrait, à la différence de l'image, qui ne se ramène jamais à une simple connaissance abstraite : par exemple, si j'imagine le Louvre, il faut bien qu'une certaine matière physique et concrète se « présente » à mon esprit. L'image concrète du Louvre diffère, par conséquent, du concept (abstrait).

II — L'imagination, maîtresse d'illusion

La théorie classique n'a guère été tendre envers l'imagination, en laquelle elle voit essentiellement la folle du logis, maîtresse d'illusion, d'erreur et de fausseté. C'est bel et bien à une **dévaluation** tout à fait abusive de l'imagination que se livre généralement cette réflexion.

L'imagination, montre Descartes, est un pouvoir de l'esprit bien plus pauvre que l'entendement. Soit un polygone à mille côtés, un chiliogone : je puis le concevoir fort clairement et distinctement grâce à mon entendement, mais je ne saurais imaginer les mille côtés de ce chiliogone (*Méditations métaphysiques,* Sixième méditation).

L'imagination est maîtresse d'erreur et de fausseté aux yeux de Pascal. Cette puissance dont l'homme est le jouet a établi son règne dans la société. Dans les cérémonies sociales, l'imagination trompeuse et abusive ne dispose-t-elle pas de tout, apportant avec elle **mensonge, non-être** et **illusion ?**

> ***« Cette superbe puissance, ennemie de la raison, qui se plaît à la contrôler et à la dominer, pour montrer combien elle peut en toutes choses, a établi dans l'homme une seconde nature. Elle a ses heureux, ses malheureux, ses sains, ses malades, ses riches, ses pauvres. » (Pascal,*** **Pensées*****)***

III — L'image mentale n'existe pas : Alain

La réflexion classique a si fort insisté sur la négativité de l'imagination, sur son moindre être et sur ses illusions qu'on peut se demander s'il y a bien quelque chose de positif dans l'image et dans l'imagination. A la limite, existe-t-elle véritablement? Rien n'est moins certain. Ainsi, le philosophe Alain, dans la logique de la conception classique, a-t-il nié la réalité de l'image. Elle se ramène toujours a une fausse perception. Il existe, en effet, deux sortes d'imagination : l'une, tournée vers le dehors, consiste en jugements faux sur les objets extérieurs; l'autre, tournée vers le dedans de notre corps, vers notre sensibilité interne, est une perception faussée de ce que les psychologues appellent le donné cœnesthésique, c'est-à-dire le vécu corporel. Dans les deux cas, l'image, cette perception faussée, n'existe pas réellement et positivement en tant qu'image. Elle s'appuie sur une réalité mal perçue et consiste en un jugement faux sur les données perceptives.

IV — La conscience imageante : Sartre

Sartre est un des premiers penseurs qui se soit efforcé de décrire l'imagination dans son originalité.

Ce qui est essentiel, dans l'imagination, c'est son mouvement de transcendance. Mais quelle est alors la différence entre la conscience percevante et la conscience imageante? Quand je perçois, je me transcende vers un objet présent alors que, dans l'imagination, je m'efforce de rendre présent un objet qui n'est pas là. Par conséquent, dans les deux cas, la conscience se transcende vers un objet extérieur à elle. Mais, lorsque j'imagine, mon **objet** se donne comme un **néant.**

> ***« Toute conscience est conscience de quelque chose. La conscience irréfléchie vise des objets hétérogènes à la conscience : par exemple, la conscience imageante d'arbre vise un arbre, c'est-à-dire un corps qui est extérieur par nature à la conscience; elle sort d'elle-même, elle se transcende... L'image donne son objet comme un néant d'être. » (Sartre,*** **L'imaginaire,** ***NRF, 1952)***

V — La pauvreté de l'imaginaire

Conscience perceptive et conscience imageante me livrent le monde de façon profondément différente.

Quand je perçois, je me transcende vers le monde extérieur dont j'expérimente les inépuisables aspects. Impossible de faire rapidement le tour d'un objet! Sans cesse, je saisis en lui des aspects nouveaux et singuliers. Au contraire, si j'imagine, l'objet se donne à moi **une fois pour toutes** à travers l'acte synthétique de transcendance vers cet objet. D'un seul coup, l'image me livre tout ce qu'elle est. Dès son apparition, elle est là, tout entière. En bref, je suis bien dans la situation d'un observateur, mais cette observation **ne m'apprend rigoureusement rien.**

Mais alors, il y a dans l'image et dans l'imagination une espèce de **pauvreté** essentielle. Dans la «quasi-observation», je sais déjà tout. Reconnaissons qu'il y a une sorte de **stérilité** dans l'image, comme si, à travers elle, je ne pouvais rien connaître de nouveau.

> ***«Notre attitude par rapport à l'objet de l'image pourrait s'appeler* «quasi-observation». *Nous sommes, en effet, placés dans l'attitude de l'observation, mais c'est une observation qui n'apprend rien. Si je me donne en image la page d'un livre, je suis dans l'attitude du lecteur, je* regarde *les lignes imprimées. Mais je ne* lis *pas. Et, au fond, je ne regarde même pas, car je* sais *déjà ce qui est écrit.» (Sartre,* op. cit.*)***

Aussi Sartre nous décrit-il la vie imaginaire **dans sa pauvreté essentielle.** Prenons, par exemple, le cas des sentiments imaginaires. Il est une différence profonde, de nature, entre les sentiments en face du réel et les sentiments en face de l'imaginaire. Quand Annie s'en va, dit Sartre, mes sentiments pour elle changent profondément de nature. En effet, Annie en image est incomparable à cette Annie que me livre la perception. Elle est alors affectée d'un coefficient d'irréalité puisque l'image pose son objet comme un néant. Ainsi, mon sentiment (en face de l'imaginaire) **s'arrête,** il ne devient plus, il ne se fait plus, il ne participe plus à l'inépuisable richesse de la vie et de l'existence.

VI — Imagination et liberté

Malgré cette dégradation de la conscience imageante, malgré les aspects négatifs de l'image, Sartre a très bien souligné la **valeur positive de la fonction imageante.** Sans l'imaginaire, l'homme serait prisonnier du monde; en effet, imaginer, c'est constituer un objet en marge de la totalité du réel, c'est donc tenir le réel à distance et le nier. Imaginer, c'est s'affranchir du monde et **le dépasser.** Si j'imagine un absent, alors que je me trouve immergé au milieu de présences concrètes et réelles, je néantise le monde : l'imagination n'est rien d'autre que le pouvoir néantisant de la conscience. Elle est le fait d'un existant qui n'est pas embourbé dans le monde, mais qui s'en dégage et qui est libre.

> ***«L'imagination n'est pas un pouvoir empirique et surajouté de la conscience, c'est la conscience tout entière en tant qu'elle réalise***

sa liberté; toute situation concrète et réelle de la conscience dans le monde est grosse d'imaginaire en tant qu'elle se présente toujours comme un dépassement du réel.» (Sartre, **op. cit.***)*

VII — Mérites et lacunes de la théorie de Sartre

La description de Sartre est certes remarquable : il a mis en lumière le lien profond qui existe entre imagination et liberté. Imaginer, c'est se déprendre du monde, le mettre à distance, le néantiser. Un être qui resterait entièrement prisonnier du réel ne serait pas libre.

Mais, tout en édifiant une théorie profondément originale de l'imagination, Sartre ne la représente que sous son aspect le plus schématique et le plus pauvre. En ceci, c'est tout un palier de la vie imaginaire qu'il décrit : le palier de notre imagination quotidienne, celui de l'imaginaire dans sa banalité de tous les jours. Mais Sartre n'explicite pas vraiment le sens de l'imagination créatrice des artistes et des poètes.

VIII — Bachelard : l'imagination surréelle

L'imagination surréelle, comme pouvoir de création et d'invention, représente un autre étage de la vie psychique, fort bien analysé par Bachelard. Car la seule imagination qui mérite ce nom, aux yeux de Bachelard, est l'**imagination créatrice.** Ici, nous sommes bien loin de cette imagination stéréotypée, pauvre et schématique que décrit Sartre : l'imagination n'est pas la faculté de former des images de la réalité, mais la faculté de «**former des images qui dépassent la réalité**». Elle est le pouvoir du **surréel,** elle est fondamentalement invention et création : elle ouvre à de nouvelles visions et à de nouveaux horizons. Elle explose, tel l'imaginaire de Rimbaud et des surréalistes. Il y a bel et bien une imagination créatrice : l'imagination, c'est la faculté de nouveauté qui caractérise le psychisme humain, la faculté d'invention.

> *«Tout ce qu'on dit dans les manuels sur l'imagination reproductrice doit être mis au compte de la perception et de la mémoire. L'imagination créatrice a de tout autres fonctions que celle de l'imagination reproductrice. À elle appartient cette* **fonction de l'irréel** *qui est psychiquement aussi utile que la* **fonction du réel** *si souvent évoquée par les psychologues pour caractériser l'adaptation d'un esprit à une réalité estampillée par les valeurs sociales.» (Bachelard,* **La terre et les rêveries de la volonté,** *José Corti éditeur, 1948)*

IX — La reine des facultés

Ainsi se confirme le privilège de l'imagination, cette reine des facultés dont nous parla si bien Baudelaire. Parente de l'infini, elle touche à toutes les fonctions qui, sans elle, ne seraient rien. Que serait un guerrier sans imagination? Un excellent soldat qui ne ferait pas de conquêtes. Un savant sans imagination? Un esprit **stérile** ne trouvant jamais les lois non encore devinées. L'imagination est le principe créateur suprême.

« Mystérieuse faculté que cette reine des facultés ! Elle touche à toutes les autres ; elle les excite, elle les envoie au combat. Elle leur ressemble quelquefois au point de se confondre avec elles, et cependant elle est toujours bien elle-même, et les hommes qu'elle n'agite pas sont facilement reconnaissables à je ne sais quelle malédiction qui dessèche leurs productions comme le figuier de l'Évangile. » (Baudelaire, **Salon de 1859***)*

Conclusion

Imaginer, c'est néantiser et nier le réel, comme nous l'a montré Sartre. Mais c'est aussi inventer un monde radicalement neuf. L'imagination de Bachelard est la fonction du surréel des poètes et des écrivains.

SUJETS DE BACCALAURÉAT

— *Imaginer, est-ce seulement nier la réalité ? (Clermont-Ferrant, A, 83)*

— *Comment comprenez-vous cette phrase de Sartre : « Imaginer, c'est donner à l'imaginaire un bout de réel à ronger » ? (Grenoble, A, 82)*

— *Penser, est-ce seulement imaginer ? (Lille, A, 82)*

— *L'imagination n'est-elle qu'une mémoire qui ne se contrôle plus ? (Nice, A, 78)*

— *L'imagination est-elle le refuge de la liberté ? (Aix-Marseille, A, juin 1986)*

— *Une œuvre d'art nous invite-t-elle à nous évader du monde ou à mieux le regarder ? (Bordeaux, B, juin 1988)*

— *L'art crée-t-il le lien entre la réalité et l'imaginaire ? (Dakar, A, Première session, 1988)*

LE JUGEMENT

• Le jugement peut se définir comme l'acte de l'esprit par lequel j'affirme ou nie un rapport entre deux concepts (§ 1).

• Juger représente, aux yeux de Descartes, une expérience privilégiée de **liberté :** juger, c'est **décider librement en face du vrai** (§ 2).

• Spinoza s'oppose à ce point de vue : pour lui le jugement n'a rien d'un acte libre (§ 3).

• Il en résulte une conception tout à fait différente de l'**erreur** chez ces deux philosophes (§ 4). Pour Descartes, l'erreur naît d'une défaillance de la volonté, alors qu'elle ne représente chez Spinoza qu'une idée confuse.

• **C'est ici Descartes qui a raison :** Spinoza ignore le sujet en tant que tel, sujet qui adhère au vrai (§ 5).

• Le jugement implique une **croyance,** adhésion personnelle au vrai. La véritable croyance se distingue de l'adhésion irréfléchie (§ 6) et représente le propre de l'homme (§ 7).

• Kant est le philosophe par excellence de la croyance (§ 8).

• En **conclusion, penser,** c'est **juger.**

I — Qu'est-ce que le jugement?

Qu'est le jugement? Une opération de l'esprit par laquelle j'établis un rapport entre deux notions. J'arrête alors le contenu de mon assertion et je le pose comme vrai. Notons d'emblée qu'avec le jugement, nous sommes au cœur même de la vie intellectuelle. Le concept lui-même n'est qu'un condensé de jugement, un jugement virtuel. Le jugement est un acte de synthèse, il rassemble et il unit. Il représente le mouvement de la pensée dans son effort unificateur.

« Tous les jugements sont des fonctions qui consistent à ramener nos représentations à l'unité. » (Kant, **Critique de la raison pure***)*

II — Descartes : le jugement est libre

Le jugement semble, de prime abord, manifester mon entière liberté spirituelle. Juger, c'est, en effet, décider seul en face du vrai et, devant les notions déjà existantes, s'engager dans sa pleine responsabilité intellectuelle. Ainsi Descartes réunissait-il l'acte de juger et l'expérience de la liberté. L'entendement — passif — propose les idées, mais c'est la volonté — active et infinie — qui dispose. On ne saurait dire un peu «oui» ou un peu «non» à une notion. Juger, c'est s'engager totalement, dans un acte d'infinie liberté. Avant mon jugement, qui est adhésion de ma volonté et engagement libre de mon être, il n'existe rien que des idées neutres et flottantes qui ne sont, en elles-mêmes, ni vraies ni fausses.

III — Spinoza

Spinoza, tout au contraire, n'aperçoit nullement dans le jugement un acte libre. C'est en effet la clarté de l'idée qui détermine l'adhésion de l'esprit. Si je possède en moi quelque idée (celle de Dieu, celle de triangle, etc.), comment pourrais-je ne pas croire? Elle contient, **en elle-même,** un pouvoir qui entraîne l'assentiment. **L'idée n'est pas une peinture muette,** mais, bien au contraire, une **force active,** un dynamisme. Mais il est deux sortes d'idées : si j'ai une idée confuse, alors mon jugement demeure branlant, je doute, je vais d'une idée à une autre. Mais si l'idée est adéquate, parfaitement claire et distincte, alors mon adhésion spirituelle est totale, je suis certain et je ne doute plus.

> ***«Nul, ayant une idée vraie, n'ignore que l'idée vraie enveloppe la plus haute certitude; avoir une idée vraie, en effet, ne signifie rien, sinon connaître une chose parfaitement ou le mieux possible; et certes, personne ne peut en douter, à moins de croire que l'idée est quelque chose de muet comme une peinture sur un panneau et non un mode de penser, savoir l'acte même de connaître.» (Spinoza,*** **Éthique*****)***

IV — L'erreur selon Spinoza

L'erreur, dans ces conditions, ne comporte pour Spinoza rien de positif. C'est une privation, une connaissance mutilée et imparfaite. Il n'y a rien dans les idées de positif qui constitue la forme de la fausseté. La fausseté consiste dans la privation de la connaissance, enveloppée par les idées inadéquates, c'est-à-dire mutilées et confuses, qui l'obscurcissent. La conception de Spinoza est ainsi profondément différente de celle de Descartes. Pour ce dernier, l'erreur naît en effet d'un acte de **volonté :** la volonté, trop rapide, accorde son assentiment à une idée confuse. Au contraire, pour Spinoza, l'erreur n'est qu'un simple défaut dans le savoir. Il y a de la positivité dans l'erreur cartésienne alors que l'erreur spinoziste n'est qu'une négation.

V — Descartes a ici raison

Ce qui est finalement incompréhensible dans la doctrine spinoziste du jugement, c'est l'**absence d'engagement** du sujet dans la **croyance.** Le jugement suppose, en effet, une adhésion personnelle du sujet à la relation établie entre deux notions. Or, Spinoza occulte précisément ce phénomène, cette opération par laquelle l'esprit s'approprie le vrai. Pour qu'il y ait croyance, il ne suffit pas de relier deux notions, il faut que le sujet émerge dans son autonomie et adhère au vrai. C'est Descartes qui a raison : il n'occulte pas l'engagement du sujet, contrairement à Spinoza, pour qui l'idée est elle-même déterminante.

VI — Du vertige mental à la croyance personnelle

Il faut distinguer **deux sortes de croyances.** Notre univers premier est celui de la **crédulité,** de l'adhésion naïve et irréfléchie du sujet à l'objet. Aussi y a-t-il chez l'homme une croyance naturelle et spontanée, antérieure au doute. C'est le « vertige mental » de la vie quotidienne et irréfléchie. Dans cet univers de la **crédulité,** de l'adhésion pré-critique, l'objet s'impose à nous sans nous.

Le doute et l'exercice critique de la pensée et de la réflexion mettent fin à ce vertige mental. Alors naît la vraie croyance, adhésion **personnelle** au vrai, à **notre** vrai.

> ***« La véritable croyance, celle qui est à la fois personnelle et communautaire, ne commence qu'avec la réflexion, c'est-à-dire après cet arrêt qui est le doute. Si bien que tout le progrès de la pensée humaine consiste à s'élever de la croyance automatique à la croyance personnelle grâce au doute... C'est grâce au doute, qui libère le sujet de la fascination de l'objet, que la croyance devient nôtre. » (J. Lacroix,*** **Marxisme, Existentialisme, Personnalisme,** ***PUF, 1960)***

VII — Croire est le propre de l'homme

Aussi toute la théorie de la connaissance est-elle avant tout une théorie de la croyance. La croyance joue un rôle fondamental non seulement dans le jugement, mais **dans tout le savoir humain.** Qu'est-ce que connaître ? Ce n'est point s'incliner passivement devant une évidence, mais c'est **parier** et **risquer.** Toute croyance est un beau risque à courir. Ainsi tout le savoir humain est-il un risque hardiment couru, une construction suspendue à un acte de foi.

> ***« Savoir, c'est toujours engager le sujet dans l'objet, risquer une hypothèse, une idée dans les faits et y croire d'autant plus qu'elle explique davantage. Toute connaisance est un mixte de science et de foi, une croyance : croire est le propre de l'homme. » (J. Lacroix,*** **op. cit.*)***

VIII — Kant, philosophe de la croyance

Kant est le philosophe de la croyance, qu'il a pleinement réhabilitée et située au centre de sa réflexion. Dieu, l'âme et la liberté sont, en effet, des hypothèses du point de vue de la raison théorique[1]. Ils appartiennent à la sphère nouménale (noumène = objet de pensée), dont je ne puis avoir aucune connaissance. Il faut donc repousser les prétentions de la raison spéculative dans ce domaine car le noumène est rigoureusement inconnaissable. **En revanche, Dieu, l'âme et la liberté peuvent être objets de foi ou de croyance.** En postulant, à titre d'espérances, des propositions métaphysiques, Kant a mis la croyance au centre et au cœur de sa doctrine.

---

1. *Cf.* en particulier la fiche sur « la vérité » (§ 7), celle sur « l'illusion » (§ 5) et celle sur « le bonheur » (§ 7).

« Je ne saurais donc admettre Dieu, la liberté et l'immortalité, selon le besoin qu'en a ma raison dans son usage pratique nécessaire, sans repousser en même temps les prétentions de la raison spéculative à des vues transcendantes... J'ai donc dû supprimer le savoir pour y substituer la croyance. » (Kant, **Critique de la raison pure***)*

Conclusion. Penser, c'est juger

Penser, c'est **juger,** c'est établir des relations entre les représentations, c'est ramener ces dernières à l'unité. Le jugement manifeste notre activité de synthèse.

SUJETS DE BACCALAURÉAT

- *Croire et savoir. (Nice, A, 82)*
- *Qu'est-ce que juger ? (Paris, A, 83)*
- *A quelles conditions l'évidence n'est-elle pas un préjugé ? (Groupe 1, B, 84)*
- *Comment distinguez-vous un jugement d'un préjugé ? (Montpellier, A, septembre 1984).*
- *L'amour de la vérité peut-il faire obstacle au jugement ? (Espagne, A, juin 1986).*
- *Qu'est-ce que manquer de jugement ? (Papeete, A, juin 1988)*
- *Comment peut-on juger une œuvre d'art ? (Amiens, C.D.E., juin 1989)*

L'IDÉE

• Distinguez bien l'**Idée,** modèle intelligible des choses, type d'être idéal dont le modèle sensible correspondant n'est qu'une imitation, du **concept** en tant que tel, notion générale formée par abstraction et dont l'usage est strictement phénoménal (§ 1). L'Idée conçue comme modèle a une connotation d'abord platonicienne.

• Lisez, aussitôt après celle-ci, la fiche consacrée aux «concepts scientifiques» (§ 1).

Si le concept est l'instrument nécessaire de l'œuvre humaine, l'Idée semble la marque même de la transcendance spirituelle (§ 2).

• L'idée abstraite et générale, tout comme l'Idée du métaphysicien, a subi la critique bergsonienne : Bergson voit en l'une comme en l'autre le résultat d'une simple pratique, dénué de toute valeur ontologique (§ 3).

• Toutefois, l'Idée peut être prise aussi au sens hégélien du terme : comme mouvement et dynamisme même de l'Esprit. Sous cette signification nouvelle, elle retrouve sa richesse (§ 4). Elle ne fait alors qu'un avec le **Dialectique** en tant que tel, c'est-à-dire le processus contradictoire de l'Esprit par thèse, antithèse et synthèse (§ 5). On ne peut sous-estimer l'importance de l'Idée sous son acception dialectique (§ 6).

• En conclusion, il n'est pas de théorie possible sans Idée, car elle permet de totaliser l'expérience.

I — L'Idée et le concept

L'Idée est, au sens restreint du terme, une représentation générale et abstraite (ex. : l'idée de triangle, de cercle, etc.). Mais, dans sa signification la plus vraie et la plus profonde, elle exprime autre chose : l'Idée est **un type d'être intelligible dont l'être sensible correspondant n'est qu'une imitation.** L'Idée est alors, au sens platonicien du terme, la pure fille de l'intelligible et de l'esprit. Elle se distingue ainsi du concept[1], dont l'usage est strictement phénoménal. L'Idée désigne, en effet, dans la philosophie de Platon, le modèle même des choses (leur paradigme), le type idéal de chaque réalité. Ainsi, l'Idée de cercle, c'est le cercle idéal, dont chaque cercle concret est la reproduction. Elle est le modèle unique et impérissable de chaque objet. Il est une Idée de toute réalité, non seulement de ce qui nous paraît noble, mais aussi de ce qui peut nous sembler trivial ou vulgaire (le poil, la boue, etc.). En somme, l'Idée est le principe stable et purement intelligible de la pensée. Notons que Platon parle presque indifféremment d'Idée et d'Essence[2].

1. *Cf.* la fiche sur «la formation des concepts scientifiques».
2. *Cf.* la fiche sur «l'existence» (§ 2).

« Nous affirmons l'existence du beau en soi, du bon en soi, et de même, pour toutes les choses que nous posions tout à l'heure comme multiples, nous déclarons qu'à chacune d'elles aussi correspond son idée qui est unique et que nous appelons son essence. » (Platon, **République***)*

Modèle des réalités sensibles et dérivées que nous observons, l'Idée est-elle coupée de son image ? Ce n'est pas sûr, et certains héritiers de la pensée platonicienne affirmeront que le monde sensible dérive, « procède », de la réalité suprême du monde des Idées.

II — Idée et transcendance spirituelle

Si le concept est l'instrument nécessaire d'une œuvre purement humaine d'intellection, l'Idée semble la marque de la transcendance spirituelle. Aussi l'Idée platonicienne a-t-elle, depuis toujours, fasciné artistes et poètes, qui s'efforcent d'évoquer ces essences immatérielles, de suggérer une Idée du Beau dépassant infiniment toutes les beautés concrètes et sensibles. Comme si l'esprit humain avait ainsi besoin d'un principe suprême permettant d'aller toujours plus loin. L'Idée, c'est ce qui nous pousse en avant !

« L'Idée est la véritable source de l'activité spirituelle : elle est ce qui meut l'homme, l'oblige à dépasser sa propre pensée et sa propre action, ce qui lui donne du mouvement pour aller toujours plus loin... L'Idée appelle le sensible dans lequel elle cherche à s'incarner. C'est pourquoi l'Idée donne naissance à des créations qui recommencent toujours, mais dont aucune ne peut être répétée exactement telle quelle. » (J. Lacroix, **Le sens du dialogue***, Éditions de la Baconnière, Neuchâtel, 1962)*

III — La critique de l'Idée : Bergson

Néanmoins, l'Idée a subi l'assaut de bien des critiques. Examinons tout particulièrement celle de Bergson.

Les idées générales au sens restreint du terme ont d'abord, aux yeux de Bergson, une signification vitale et biologique. Les idées ne sont pas tombées du ciel, mais, bien au contraire, elles sont utiles et nécessaires à la vie. Pour vivre, il faut classifier, abstraire (considérer une représentation indépendamment du contenu concret) et généraliser (poser une notion comme universelle). L'idée abstraite est d'abord une représentation utile à la vie.

Qu'en est-il maintenant de l'Idée du métaphysicien, de l'Idée du Beau ou du Vrai ? Loin d'avoir une valeur ontologique, elle résulte des exigences de l'action dont elle est prisonnière. L'Idée ne nous permet pas d'accéder à la connaissance vraie du réel, qu'elle mutile. Pour Bergson, le vrai savoir est intuition, coïncidence avec l'objet dans ce qu'il a d'ineffable. Toute Idée se ramène finalement à un jeu verbal vide et creux, aux exigences de la pratique, dénuées de toute portée ontologique.

IV — L'Idée, c'est le processus dialectique total

Néanmoins, l'Idée n'est pas nécessairement dénuée de valeur ontologique. On peut, certes, critiquer l'Idée platonicienne, dans la mesure où elle est séparée du monde[1] qu'elle transcende. Elle représente[2] un arrière-monde obscur, impénétrable et peut-être creux. Mais nous pouvons conserver l'**Idée** au sens **hégélien** du terme : comme mouvement et dynamisme même de l'Esprit. Elle représente alors le processus dynamique spirituel immanent à toute la réalité. L'Idée, c'est le dialectique lui-même, l'Esprit se mouvant par contradictions surmontées, le **mouvement contradictoire des choses par thèse, antithèse et synthèse,** chaque moment étant à la fois nié et conservé. En ce sens, l'Idée est féconde, parce qu'elle permet de penser le réel dans sa totalité en devenir.

> **« L'Idée elle-même est la dialectique** ***qui, éternellement, sépare et distingue l'identique en soi du différent... et elle n'est qu'à cette condition création éternelle, vie éternelle et éternel esprit.*** **» (*Hegel,* Encyclopédie)**

Ainsi, **l'Idée,** comme le dit magnifiquement Hegel, c'est la **vie éternelle de l'Esprit se mouvant.**

V — La dialectique hégélienne

Hegel conçoit ainsi une démarche rationnelle — la démarche de la pensée dialectique —, mouvement dans lequel la contradiction (affirmation/négation) appelle un dépassement. La dialectique représente l'Idée en mouvement, le processus des choses s'enrichissant par une succession de contradictions surmontées. Là se trouve l'apport principal de Hegel : dans sa mise au point très féconde de la pensée dialectique, où les contradictions sont sans arrêt intégrées et dépassées dans le mouvement de la totalité. Ainsi **l'être** pur et simple, la plus pauvre des notions va se résoudre, dans la dialectique hégélienne, en **néant** (c'est l'antithèse). Cette contradiction (entre **l'être** et le **néant**) se résout elle-même dans le **devenir,** qui réalise la **synthèse** de la thèse (être) et de l'antithèse (néant), de l'affirmation et de la négation. Cette dialectique peut paraître artificielle. Mais elle a inspiré des générations de penseurs, de philosophes (Marx), et d'hommes politiques (Lénine).

VI — Importance de l'Idée dialectique

Si nous ne pouvons certes accepter le rationalisme[3] intégral de Hegel, néanmoins l'Idée dialectique ne saurait être totalement rejetée du champ de la recherche et du travail philosophique. Dans la mesure où l'Idée représente une totalité dialectique et vivante, la réflexion ne peut l'ignorer. Ainsi, dans une société, c'est le tout spirituel (l'Idée en mouvement) qui éclaire l'homme lui-même et ses différentes productions.

1. Nous schématisons à l'extrême la théorie platonicienne.
2. *Cf.* la fiche sur « la vérité » (§ 8).
3. *Cf.* la fiche sur « l'irrationnel » (§ 3, 4, 5).

« Tout ce qui se passe dans le monde, les événements, le jeu des forces innombrables, hétérogènes, différenciées à l'infini, tout cela, non seulement se soumet aux lois générales de la dialectique, mais encore dérive effectivement de celle-ci : comme une production et une différenciation de l'Idée absolue. Le savoir ultime auquel l'homme peut accéder se confond avec la vie de l'Idée absolue. » (J. d'Hondt, Hegel. Textes et débats, *Le livre de poche, 1984)*

Conclusion

L'Idée est un terme fondamental sans lequel la théorie dialectique n'a plus de guide. Nulle logique et nulle philosophie sans Idée. Hegel nous a apporté une méthode pour penser et réfléchir sur la vie de l'Esprit.

SUJETS DE BACCALAURÉAT

— *Les idées mènent-elles le monde ? (Maroc, A, 84)*

— *Y a-t-il, en toute rigueur, des idées fausses ? (Orléans-Tours, A, 77)*

— *La pensée abstraite détourne-t-elle de la réalité ? (Espagne, B, juin 1986).*

— *Peut-on accéder à la réalité sans passer par l'abstraction ? (Poitiers, B, juin 1986).*

— *Une idée peut-elle être neuve ? (Antilles, A, juin 1988).*

LA FORMATION DES CONCEPTS SCIENTIFIQUES

• Un **concept scientifique** est un véritable instrument ayant un rôle **opératoire** dans les sciences. Ne le confondez pas avec l'**idée abstraite.** Ce qui entrave la formation des concepts scientifiques, ce sont des **obstacles** (§ 2 à 7), des **résistances quasi inconscientes inhérentes à la connaissance elle-même** qui peine à s'affranchir de son expérience spontanée.

• Le concept, cet **instrument phénoménal,** se distingue de l'idée abstraite et générale (1).

• Il faut penser la connaissance scientifique en termes d'**obstacles épistémologiques** (§ 2) comme l'a fait Bachelard, qui a mis en évidence les obstacles constitués par l'**expérience première** (§ 3), la **substance** (§ 4), le **principe vital** (§ 5), la **libido** (§ 6) et l'**habitude verbale** (§ 7).

• La formation du concept scientifique d'**électricité** est retracée dans le paragraphe 8.

• Un concept scientifique est donc une **conquête** (conclusion) et non une donnée.

I — Le concept

Bien que la langue courante ne les distingue pas toujours, il convient cependant de différencier l'idée proprement dite et le concept. Ces deux termes ne sont, en effet, nullement synonymes. Un concept est une notion générale formée par abstraction mais dont l'usage est strictement phénoménal, à la différence de l'idée. Le concept est simplement une clef pour une expérience possible, c'est un outil me permettant d'organiser le réel. Le concept introduit l'unité dans la diversité phénoménale. C'est un instrument destiné à rassembler la matière sensible, à épeler les phénomènes.

Il faut souligner dès l'abord que le concept est l'instrument privilégié de la connaissance. Il permet de mettre en force ce qui est intuitionné, de régler le savoir scientifique. La rigueur du concept est ici indispensable.

> ***« Le concept exprime la possibilité que nous avons de disposer des objets mêmes de notre expérience. C'est pour cela qu'il est une loi de construction et que l'opération qu'il enferme peut être indéfiniment répétée... Le concept n'a qu'un usage empirique; il ne sert jamais qu'à épeler des phénomènes. Tourné vers le monde — monde physique ou monde social, mais toujours monde sensible — il n'est que l'instrument nécessaire d'une œuvre purement humaine. » (J. Lacroix,*** **Le sens du dialogue,** ***Éditions de la Baconnière, Neuchâtel, 1962)***

II — L'obstacle épistémologique

Le concept scientifique, loin d'être donné immédiatement, est le produit d'une construction et d'une élaboration permanentes. Il est, en effet, créé par rectifications continues, grâce à des critiques et des remaniements incessants. Il n'est pas le fruit d'une contemplation. Un concept scientifique, c'est une **opération** sans cesse réitérée.

C'est en termes d'**obstacles épistémologiques** qu'il faut saisir sa genèse. Cette notion d'obstacle épistémologique a été dégagée par Gaston Bachelard. Ce n'est pas un obstacle externe (comme la complexité des phénomènes), mais un obstacle interne à l'acte même de connaître, inhérent à lui :

> ***« C'est dans l'acte même de connaître, intimement, qu'apparaissent, par une sorte de nécessité fonctionnelle, des lenteurs et des troubles. C'est là que nous montrerons des causes de stagnation et même de régression, c'est là que nous décèlerons des causes d'inertie que nous appellerons des obstacles épistémologiques. » (Bachelard,*** **La formation de l'esprit scientifique,** ***Vrin, 1960)***

III — Quelques obstacles

a - L'expérience première

Dans la construction d'un concept scientifique, le premier obstacle, dit Bachelard, c'est l'expérience première, la fascination du réel et de l'immédiat. Le fait coloré et divers ne peut, en aucun cas, fournir un appui sûr. Ce qui signifie que la science n'est nullement réaliste, qu'elle doit, pour élaborer ses concepts, lutter contre le privilège accordé aux intuitions sensibles. On peut donner l'exemple de l'atome : chez le philosophe grec Démocrite, l'atome est une réalité immédiate. Au contraire, pour la microphysique contemporaine, le corpuscule n'a aucune forme déterminée. Toute représentation concrète de la réalité microphysique a été rigoureusement éliminée.

> ***« L'esprit scientifique doit se former*** **contre** ***la nature, contre ce qui est, en nous et hors de nous, l'impulsion et l'intuition de la nature, contre l'entraînement naturel, contre le fait coloré et divers. L'esprit scientifique doit se former en se réformant. » (Bachelard,*** **op. cit.*****)***

IV — Quelques obstacles

b - L'obstacle « substantialiste »

La croyance à la substance entrave, elle aussi, la formation des concepts scientifiques. Le chercheur préscientifique est en quête, dans tous les domaines, qu'il s'agisse d'alchimie ou de médecine, d'une réalité ultime, sorte de quintessence donnant la clef des choses. Ainsi l'alchimiste tentait-il de trouver une précieuse substance, noyée dans diverses matières. L'or, le suc, fascinaient alors l'alchimiste ou le médecin. Tel est l'obstacle substantialiste selon Bachelard, obstacle lié, montre la psychanalyse de la connaissance, à l'avarice, au complexe d'Harpagon. Les certitudes substantialistes procèdent d'une joie d'avare essentiellement préoccupé par l'avoir et la possession ! C'est donc l'inconscient qu'il faut interroger ici pour comprendre la formation des concepts scientifiques.

> ***« La psychanalyse qu'il faudrait instituer pour guérir du substantialisme est la psychanalyse du*** **sentiment de l'avoir.** ***Le complexe qu'il faudrait dissoudre est le complexe du petit profit qu'on pourrait appeler, pour être bref, le complexe d'Harpagon. C'est le complexe du petit profit qui attire l'attention sur les petites choses qui ne*** **doivent** ***pas se perdre. Car on ne les retrouve pas si on les perd. » (Bachelard,*** **op. cit.*****)***

V — Quelques obstacles

c - L'obstacle animiste

L'obstacle animiste n'est pas moins important. Le chercheur préscientifique aperçoit, en effet, la vie dans tous les phénomènes. C'est le « principe vital » qu'il invoque. Ainsi, à l'époque préscientifique, le fluide électrique apparaît-il comme une matière vive mouvant tout l'univers, les astres comme les plantes, source de tout essor et de toute croissance. Quand une **substance** cesse d'être **animée,** elle perd alors quelque chose de fondamental et d'essentiel. On voit que les différents obstacles épistémologiques se rejoignent et se retrouvent l'un dans l'autre.

> ***« Le mot*** **vie** ***est un mot magique. C'est un mot valorisé. Tout autre principe pâlit quand on peut invoquer un principe vital. » (Bachelard,*** **op. cit.*****)***

VI — Quelques obstacles

d - La libido

La libido, elle aussi, et les sentiments qu'elle inspire constituent, montre Bachelard, une entrave pour l'esprit scientifique et la formation de concepts rigoureux. En effet, les pensées sexuelles ne sont pas absentes de la recherche et du rapport à l'expérience. Une réaction chimique où entrent en jeu des corps différents est d'emblée sexualisée. La sympathie toute sexuelle pour les phénomènes chimiques constituent un obstacle à l'esprit d'objectivité véritable. Penser scientifiquement, c'est en quelque sorte désexualiser la recherche.

> ***« En enseignant la chimie, j'ai pu constater que, dans la réaction de l'acide et de la base, la presque totalité des élèves attribuaient le rôle actif à l'acide et le rôle passif à la base. En creusant un peu dans l'inconscient, on ne tarde pas à percevoir que la base est féminine et l'acide masculin. » (Bachelard,*** **op. cit.*****)***

VII — Quelques obstacles

e - L'habitude verbale

Enfin, Bachelard caractérise l'habitude verbale comme un obstacle majeur à la pensée scientifique. Ici, c'est le **mot** qui entrave la science : ainsi celui d'**éponge,** qui fascina le XVIIIe siècle parce qu'il semblait promettre l'expression et la compréhension de phénomènes variés. Le physicien et naturaliste Réaumur, inventeur du thermomètre qui porte son nom, comparait l'air à de l'éponge, expliquant sans fin le réel par le « caractère spongieux », comme si la « spongiosité » donnait la clef des choses.

> ***« On trouverait facilement des exemples où l'on rejoindrait... insensiblement les intuitions substantialistes. L'éponge a alors une puissance secrète, une puissance primordiale... « La Terre est une éponge et le réceptacle des autres Éléments ». Un accoucheur du nom de David juge utile cette image : le sang est une espèce d'éponge imprégnée de feu. » (Bachelard,*** **op. cit.*****)***

VIII — Évolution d'un concept : la capacité électrique

Ainsi, les concepts scientifiques se forgent progressivement contre l'expérience première, contre les obstacles substantialistes, animistes, verbaux, sexuels, etc. On pourrait suivre pas à pas la production des concepts dans le temps et les voir se former contre les préjugés de la raison naïve. Ainsi, jusqu'au XVIIIe siècle, l'électricité est d'abord liée à des objets empiriques déterminés (verre, résine... ; le terme d'électricité vient d'ailleurs du mot latin *electrum :* ambre). Elle est, à cette époque, fortement tributaire d'une sorte de sensualisme (une jeune fille, sur un tabouret isolant, distribue des baisers... électriques). L'électricité, en tant que phénomène indépendant et en tant que concept, va se détacher peu à peu de ces connotations sensibles. D'abord reconnue comme un fluide (d'où les notions de capacité électrique, puis de courant), elle va, progressivement, accéder au XIXe siècle, au concept de champ attaché à une charge, porteur de force et d'énergie. Simultanément, ces abstractions successives se traduiront par des formules de calcul qui commanderont toute recherche et toute technique.

Conclusion

Ainsi le concept scientifique s'engendre progressivement en surmontant les différents obstacles épistémologiques énumérés et en rompant avec les théories régnantes. Un concept est une longue conquête.

SUJETS DE BACCALAURÉAT

— En quoi consiste l'objectivité scientifique ? (Caen, C.D., 83)

— L'objectivité est-elle le privilège du discours scientifique ? (Nice-Corse, B, 78)

— L'idée de nature est-elle un concept scientifique ? (Nantes, C.D., 78)

— Avoir une idée et construire un concept, est-ce la même chose ? (Polynésie française, A, juin 1985)

— Y a-t-il des révolutions scientifiques ? (Polynésie française, C.D.E., juin 1989)

— Qu'est-ce que l'histoire des sciences peut apprendre aux philosophes ? (Regroupement IV, C.D.E., juin 1990)

THÉORIE ET EXPÉRIENCE

• Ce qui doit retenir votre attention dans cette fiche, c'est d'abord l'**expérience** au sens **scientifique** du terme, c'est-à-dire l'**expérimentation,** interrogation méthodique et réglée des phénomènes (§ 1).

• Quant à la **théorie,** elle doit être définie (§ 6) comme un système scientifique intégrant un très grand nombre de faits en un ensemble cohérent.

• Le point de vue empiriste, qui n'a voulu retenir que l'aspect passif du travail scientifique, est insuffisant, comme l'a montré Kant (§ 3 et 4).

• Retenez bien la nature **construite** et théorique du **fait** scientifique : il n'est jamais immédiat (§ 5).

• C'est le **dialogue** de l'**expérimentateur** et du **théoricien** qui constitue le travail scientifique (§ 6).

• Enfin, saisissez bien la différence entre le **déterminisme classique** (§ 7) et le **déterminisme moderne statistique** (§ 8).

I — Définition de l'expérience

Au sens courant, l'expérience représente les connaissances acquises par l'individu grâce au temps et à l'usage de la vie. Mais elle désigne aussi, sous une seconde acception, la connaissance acquise par les sens. Cette notion de **connaissance sensible** sera retenue dans cette fiche.

Mais l'expérience, en un troisième sens, c'est aussi l'**expérience scientifique,** c'est-à-dire l'expérimentation : observation de certains phénomènes, interrogation méthodique et réglée. Bien entendu, l'expérience scientifique va être au centre de nos analyses.

Il faut insister sur le double caractère, **passif,** mais surtout **actif,** de l'expérience. Le mot expérience renvoie, d'une part, à un élément de réceptivité, d'autre part — et de façon essentielle — à l'activité intellectuelle : il en est ainsi dans l'expérience commune, mais aussi dans l'expérience scientifique.

> ***« L'expérience scientifique est, à cet égard, semblable à l'expérience commune : aussi les divers critères auxquels elle doit satisfaire peuvent-ils paraître s'opposer. L'observation doit être complète, précise, impartiale, objective; en ceci se marque le caractère réceptif et passif d'un esprit qui constate et se soumet. Mais l'observation doit aussi être instructive, éclairée par le choix, dirigée par l'idée... Aussi le savant passe-t-il sans cesse de l'observation passive à l'active expérimentation : il suscite, organise, interprète, comprend. » (F. Alquié,*** **L'expérience,** ***PUF, 1975)***

II — Le point de vue empiriste

L'empirisme — conception selon laquelle toutes nos connaissances viennent des sens — n'a voulu retenir que l'aspect **passif** de l'expérience. Ainsi pensait le grand savant Newton (1642-1727), pour qui l'esprit ne doit pas forger d'hypothèses, pour qui les théories sont, en quelque sorte, déduites des faits eux-mêmes. Le physicien devrait, dans cette perspective, raisonner sur les phénomènes sans le secours d'hypothèses imaginaires. En somme, l'empirisme affirme que toute notre connaissance résulte du contact passif avec le monde extérieur. La théorie est contenue dans les phénomènes et il suffit de l'en extraire.

III — Mais l'expérience ne suffit pas

Il faut souligner ici l'erreur de l'attitude empiriste. Si l'esprit voulait seulement et uniquement se régler sur l'expérience sensible, il resterait désarmé et impuissant car, pour être un bon observateur, il faut précisément être un bon théoricien. Sans l'idée permettant d'organiser et de comprendre l'expérience, le chercheur ne peut que se perdre dans l'océan des phénomènes sans pouvoir dégager une loi. Déjà, dans le simple but de reconnaître un objet ou un phénomène, il faut isoler, comparer, classer et, par conséquent, exercer une activité théorique pour recevoir le fait d'expérience. Celui-ci est donc indissociable de la marque théorique. Une «expérience», un «fait scientifique» représentent déjà toute une théorie.

C'est ce qu'a fortement souligné Kant. Accordons à la doctrine empiriste qu'il n'est de connaissance qu'à partir de l'expérience, montre Kant; tout notre savoir ne commence qu'avec l'expérience. Toutefois, l'expérience **en elle-même** ne suffit pas à nous faire connaître quoi que ce soit. L'empirisme a trop insisté sur l'aspect passif du savoir. Il en a trop minimisé la face active et dynamique. Il faut que l'esprit intervienne, que le concept ordonne l'expérience pour que le savoir se constitue. L'empirisme pur est la négation de la science.

L'**empirisme pur** est donc une doctrine fausse.

> ***«Il n'est pas douteux que toutes nos connaissances ne commencent qu'avec l'expérience, car par quoi la faculté de connaître serait-elle appelée à s'exercer si elle ne l'était par des objets qui frappent nos sens... Mais, si toutes nos connaissances commencent* avec *l'expérience, il n'en résulte pas qu'elles dérivent toutes* de *l'expérience. En effet, il se pourrait bien que notre connaissance expérimentale elle-même fût un assemblage composé de ce que nous recevons par des impressions, et de ce que notre propre faculté de connaître tirerait d'elle-même.» (Kant,* Critique de la raison pure)**

IV — La raison doit prendre les devants

L'expérience en elle-même, non guidée par les concepts et par l'esprit, serait parfaitement stérile. Ainsi Kant remarque-t-il que la mathématique et la physique entrèrent dans la voie royale de la science le jour où les chercheurs comprirent qu'il ne faut point se laisser guider uniquement par les faits, mais introduire aussi dans leur lecture le **pouvoir de la raison et de l'esprit.** Ainsi en est-il de Thalès : il saisit un jour qu'il est nécessaire d'imposer aux figures géométriques un raisonnement purement rationnel. Il en fut de même en physique, le jour où Galilée réussit à découvrir les premières lois de la nature.

Le vrai physicien, qui n'est jamais soumis à l'expérience pure, ni passif devant les choses, force la nature à répondre à ses questions **en inventant des hypothèses** fécondes, en soumettant le réel aux lois de l'esprit.

V — Nature des faits scientifiques

L'expérience scientifique n'est donc jamais passive, puisqu'il appartient à la raison de prendre les devants. Elle est fondamentalement **expérimentation** et **interrogation méthodique des phénomènes.**

Il en résulte que **le «fait» scientifique en lui-même n'est jamais donné, immédiat.** Il est, tout au contraire, le produit d'une élaboration rationnelle. Loin d'être une donnée, c'est le résultat d'un calcul. Il est interprété, construit et solidaire d'un ensemble théorique.

L'épistémologue Gaston Bachelard a bien mis en lumière la nature du fait scientifique : il est élaboré, saisi grâce à des instruments, il porte de toutes parts la marque du théorique. Si le sens commun fait appel au fait brut («c'est un fait!»), le savant sait bien que la science se construit **contre** le phénomène brut, contre le réel immédiat[1].

> ***«Il faut que le phénomène soit trié, filtré, épuré, coulé dans le moule des instruments, produit sur le plan des instruments. Or les instruments ne sont que des théories matérialisées. Il en sort des phénomènes qui portent de toutes parts la marque théorique.» (Bachelard,*** **Le nouvel esprit scientifique,** ***PUF, 1960)***

VI — Le dialogue de l'expérimentateur et du théoricien

Un fait scientifique ne prend donc son sens que dans la **théorie** qui l'informe. Comment définir cette dernière? Comme un **énoncé universel synthétique,** un **système intégrant un très grand nombre de faits,** comme un «filet» permettant de capter le monde, de le rendre rationnel et de l'expliquer grâce à son caractère unitaire. Une théorie scientifique a un rôle unificateur, donnant cohérence aux diverses lois et aux divers secteurs scientifiques : elle synthétise différents domaines de la réalité et les soumet au même formalisme mathématique; elle intègre comme autant de cas particuliers les théories antérieures. Quelques exemples célèbres : la théorie de la relativité restreinte et de la relativité généralisée.

Gaston Bachelard a bien montré que c'est le dialogue de l'**expérimentateur** et du **théoricien** qui constitue la base de tout travail scientifique. Le premier est évidemment plus proche du **concret** et le second de l'**abstrait.** C'est à la croisée des chemins qu'il faut comprendre et analyser la science.

1. *Cf.* la fiche consacrée à «la formation des concepts scientifiques».

Si le théoricien annonce bien souvent un phénomène nouveau (ainsi des théories hautement mathématisées ont-elles «prédit» l'existence de certaines particules nucléaires), inversement l'expérimentateur peut modifier la théorie scientifique régnante (ainsi l'expérience de Michelson et Morley remit-elle en question la mécanique classique).

> ***«Quel que soit le point de départ de l'activité scientifique, cette activité ne peut pleinement convaincre qu'en quittant le domaine de base :* si elle expérimente, il faut raisonner; si elle raisonne, il faut expérimenter. *Toute application est transcendance. Dans la plus simple des démarches scientifiques, nous montrerons qu'on peut saisir une dualité.»* (*Bachelard,* op. cit.)**

VII — Causes et lois - Le déterminisme scientifique classique

La science est régie par le **principe de légalité.** L'explication scientifique n'a pas pour fonction de nous faire connaître les causes des phénomènes, leur **pourquoi,** mais le **comment** des phénomènes, leurs lois. En effet, la notion de cause est bien vague, et la pensée scientifique lui a progressivement substitué celle de loi. (Ainsi Galilée a-t-il introduit cette idée en physique, avec la loi de la chute des corps). Qu'est-ce qu'une loi? **C'est un rapport mathématiquement exprimable entre des phénomènes,** une relation constante.

Or, le principe de **légalité** porte en son sein celui du **déterminisme.** Le principe du déterminisme est l'affirmation que tous les phénomènes naturels se produisent selon des lois. Jusqu'au début de ce siècle, on a pensé que le déterminisme était rigoureux et absolu, que seule l'infirmité de notre entendement nous interdisait de concevoir dans sa plénitude l'ordre souverain des lois naturelles.

Ainsi, dans un texte célèbre, Laplace a-t-il pu écrire :

> ***«Une intelligence qui, pour un instant donné, connaîtrait toutes les forces dont la nature est animée et la situation respective des êtres qui la composent, si d'ailleurs elle était assez vaste pour soumettre ces données à l'analyse, embrasserait dans la même formule les mouvements des plus grands corps de l'univers et ceux du plus léger atome; rien ne serait incertain pour elle, et l'avenir, comme le passé, serait présent à ses yeux.» (Laplace,*** **Essai philosophique sur les probabilités*)***

Selon Laplace, tout est, théoriquement du moins, prévisible.

VIII — Le déterminisme moderne est statistique

Le déterminisme conçu de manière absolue et rigoureuse (tout est prévisible, en droit tout au moins) semble, de nos jours, dépassé. En effet, les relations d'incertitude de Heisenberg sonnèrent le glas de l'affirmation de ce déterminisme total. Elles montrèrent qu'il est impossible, au niveau des particules atomiques, de faire une prévision rigoureuse de l'évolution d'un phénomène.

Aussi, le déterminisme moderne est-il **statistique** et **probabilitaire.** Le principe du déterminisme n'est pas répudié, mais à certains niveaux d'expérience, nous pouvons seulement établir des lois **probables,** la constatation de simples **régularités statistiques.**

> ***« Le principe du déterminisme doit-il... être rejeté ? Il demeure valable, bien entendu, là où la physique l'avait reconnu, même si on doit maintenant l'entendre comme une simple régularité statistique. » (R. Blanché,* La science actuelle et le rationalisme, *PUF, 1973)***

Bilan final

a - En définitive, la **méthode expérimentale** est conforme au schéma dégagé par Claude Bernard :
— constatation d'un phénomène,
— élaboration d'une hypothèse,
— expérimentation en vue d'établir une **loi** scientifique.

b - Les lois scientifiques apparaissent de nos jours, à certains niveaux d'expérience, comme probabilitaires.

SUJETS DE BACCALAURÉAT

— A quoi reconnaît-on une théorie scientifique ? (Reims, C.D.E., 1984)

— Appréciez ce jugement de Claude Bernard : « on expérimente avec sa raison ». (Limoges, C.D., 77)

— L'expérience immédiate est-elle source de vérité ? (Rennes, B, juin 1985)

— Peut-on penser contre l'expérience ? (Toulouse, A, juin 1986)

— Pourquoi observer sans théorie instruit-il si peu ? (Lille, C.D.E., juin 1986)

— Pourquoi faut-il, pour être un bon observateur, être un bon théoricien ? (La Réunion, B, 1987)

— Qu'est-ce qu'une méthode ? (Amérique du Nord, A, juin 1988)

— Les connaissances scientifiques peuvent-elles être à la fois vraies et provisoires ? (Amiens, A, juin 1989)

— Toute connaissance autre que scientifique doit-elle être considérée comme une illusion ? (Montpellier, A, juin 1989)

— A quoi reconnaît-on qu'une science est une science ? (Paris, A, juin 1989)

— La connaissance scientifique n'est-elle qu'une croyance argumentée ? (D', septembre 1989)

— La connaissance scientifique progresse-t-elle par l'accumulation des faits ? (Besançon, Dijon, B, juin 1990)

— L'expérience peut-elle servir de preuve ? (Amérique du Sud, C.D.E., juin 1990)

— Qu'est-ce que faire une expérience ? (Amiens, Lille, Rouen, C.D.E., juin 1990)

— La succession des théories scientifiques contredit-elle l'idée d'un ordre permanent de la nature ? (Antilles, Guyane, C.D.E., juin 1990)

— En quel sens la connaissance scientifique peut-elle être un désenchantement du monde ? (Regroupement III, A, juin 1990)

— Le renouvellement des théories scientifiques conduit-il à douter de la certitude des sciences ? (Sujet national, B, septembre 1990)

LOGIQUE ET MATHÉMATIQUE

• **La logique et la mathématique représentent toutes deux des sciences formelles,** n'ayant pas de rapport véritable à un objet empirique particulier. C'est dans cette perspective qu'il faut essentiellement les étudier ici (encore que la logique soit plus formelle que la mathématique, où subsiste de l'intuition).

• La mathématique, définie classiquement comme le nom générique des sciences qui ont pour objet l'ordre et la mesure, apparaît généralement comme une discipline **exemplaire** et un modèle de **rigueur.** Comment comprendre cette exemplarité ? Plusieurs types d'explications sont possibles, en particulier :

a - la réponse cartésienne par l'intuition et les « natures simples » (§ 3 et 4) ;
b - la voie de la formalisation : la rigueur mathématique doit alors être comprise à partir de pures règles formelles de cohérence interne (§ 5 et 6).

• Un des problèmes essentiels soulevés dans cette fiche est celui des rapports de la **logique formelle et de la mathématique.** Est-il possible de réduire cette dernière à la théorie logique ? Sur cette question, lisez les paragraphes 2, 6 et 7.

• N'oubliez pas que la mathématique est le langage de **toutes** les sciences et l'outil essentiel de leur prodigieux succès (§ 8).

I — La logique formelle classique

La logique, au sens très général du terme, peut se définir comme la science ayant pour objet de déterminer les règles du raisonnement correct, la discipline qui s'intéresse aux instruments de la pensée vraie. Elle est, selon l'expression devenue classique de la *Logique de Port-Royal* (fin du XVIIe siècle), l'art de bien conduire sa raison dans la connaissance des choses. Mais la fondation de la logique est fort antérieure à cette époque : c'est Aristote (385-322 av. J.-C.) qui a créé la logique formelle, discipline qui étudie la forme du raisonnement indépendamment de son contenu proprement dit. Ainsi Aristote a-t-il analysé le syllogisme, suite de trois propositions associant trois termes différents deux à deux. Le syllogisme établit la nécessité d'une conclusion à partir de propositions déjà connues, les prémisses. Ainsi, selon l'exemple célèbre :

Tous les hommes sont mortels (1re prémisse).

Or Socrate appartient à la classe des hommes (2e prémisse).

Donc Socrate est mortel (conclusion).

II — La logique symbolique

Par opposition à la logique classique, de tradition aristotélicienne, lentement discréditée à partir de la Renaissance en raison de l'essor de la théorie mathématique, la logique moderne, née au XIXe siècle est une **logique symbolique** — une «logistique» — utilisant, comme les mathématiques, des symboles et non point des mots, tentant de transformer les opérations logiques en autant de **calculs.** L'algèbre de Boole, qui est à l'origine de langages informatiques, est un des exemples les plus célèbres de cette conception

Cette logique symbolique, qui apporte une réponse à certains problèmes mathématiques, est devenue progressivement un outil nécessaire aux mathématiciens.

La mathématique est-elle réductible à un système logique formel sans contenu propre? Pour répondre à cette question, il faut examiner la nature de la mathématique et son évolution.

III — La mathématique, science de l'ordre et de la mesure

La mathématique peut se définir, dans la tradition cartésienne, comme la science de l'**ordre** et de la **mesure** : de l'**ordre,** car elle a pour objet l'ordre des quantités, les séries irréversibles et orientées comme la suite des nombres ou celle des points sur une droite; de la **mesure,** car la quantité est, en mathématique, susceptible d'être mesurée, c'est-à-dire rapportée à une quantité de même nature choisie comme **unité.**

> ***«Seules, toutes les choses où l'on étudie l'ordre et la mesure se rattachent à la mathématique, sans qu'il importe que cette mesure soit cherchée dans des nombres, des figures, des astres, des sons, ou quelque autre objet; on remarque ainsi qu'il doit y avoir quelque science générale expliquant tout ce qu'on peut chercher touchant l'ordre et la mesure, sans application à une matière particulière.» (Descartes,* Règles pour la direction de l'esprit*).***

Notez bien que Descartes souligne ici non seulement la nature de l'objet mathématique (ordre et mesure), mais aussi la **généralité** et l'**abstraction** de cette discipline, qui ne se réfère à aucun objet particulier.

Ainsi, la mathématique, science abstraite et générale, apparaît-elle comme un modèle de rigueur et d'intelligibilité.

IV — La déduction mathématique selon Descartes

Selon Descartes, le privilège de la rationalité mathématique vient, en profondeur de la nature même de l'évidence qui sous-tend tout l'appareil déductif. La certitude des mathématiques tient, en effet, au modèle même du raisonnement déductif, suite de propositions nécessaires se ramenant à une série d'évidences claires et distinctes : l'esprit perçoit, à chaque étape de son raisonnement, des «natures simples», objets d'intuition intellectuelle. La **déduction** n'est ainsi qu'une longue **suite d'intuitions rationnelles.**

C'est cette saisie d'objets simples qui donne la clef de l'exemplarité mathématique.

« Par là, on voit clairement pourquoi l'arithmétique et la géométrie sont beaucoup plus certaines que les autres sciences : c'est que, seules, elles traitent d'un objet assez pur et simple pour n'admettre absolument rien que l'expérience ait rendu incertain, et qu'elles consistent tout entières en une suite de conséquences déduites par raisonnements. Elles sont donc les plus faciles et les plus claires de toutes. » **(*Descartes,* op. cit.)**

Ajoutons que, dans la perspective de Descartes, la mathématique et la logique sont hétérogènes. La première est liée à une intuition intellectuelle féconde. La seconde représente un formalisme stérile.

V — Évolution de la pensée mathématique : de la démonstration des propositions isolées au système structuré et formalisé

La pensée mathématique ne va cesser, à partir de Descartes, d'évoluer, par abstraction croissante, en s'écartant des intuitions originelles, encore proche des réalités physiques.

L'apparition, au XIXe siècle, des géométries non-euclidiennes (Lobatchevski et Riemann) qui constituent des systèmes hypothético-déductifs construits sur des hypothèses niant le célèbre postulat d'Euclide sur les parallèles, si proche de l'intuition sensible, constitue une étape marquante de cette évolution.

Celle-ci sera couronnée, vers la fin du XIXe siècle, par l'**axiomatique,** construction d'une théorie mathématique totalement formalisée, élaborée à partir d'un ensemble cohérent d'axiomes indépendants et non contradictoires, dépourvus de tout aspect concret et intuitif : dans l'axiomatique, les relations entre les êtres mathématiques importent davantage que leur vérité matérielle. Citons, par exemple, l'axiomatique du mathématicien allemand Hilbert (1899).

Ainsi, les mathématiques se sont progressivement **formalisées,** elles se sont peu à peu dégagées des significations concrètes et intuitives. L'axiomatique a donc introduit dans la mathématique un niveau d'**abstraction** tout à fait remarquable.

« A la réflexion, les avantages de la méthode axiomatique sont manifestes. Elle est d'abord un précieux instrument d'abstraction et d'analyse. Le passage d'une théorie concrète à la même théorie axiomatisée puis formalisée, renouvelle, en le prolongeant, le travail d'abstraction qui conduit, par exemple, du nombre concret, tas de pommes et de cailloux, au nombre arithmétique, puis de l'arithmétique à l'algèbre... enfin de l'algèbre classique à l'algèbre moderne. » (R. Blanché, **L'axiomatique,** *PUF, 1955)*

La mathématique apparaît, dès lors, sûre et rigoureuse dans la mesure où elle est hautement formalisée.

VI — Logique et mathématique : le logicisme

Parvenues à ce degré d'abstraction, les mathématiques semblent se réduire, au jugement de certains, à un système logique purement formel. C'est ce que pensent les logiciens formalistes avec, par exemple, Russell. Les mathématiques se ramèneraient alors à une logique symbolique, à un système formel sans contenu propre. Dès lors, il serait possible de passer de façon **continue** de la logique à la mathématique. Cette réduction est-elle possible ? On sait aujourd'hui que non : il a été démontré par Gödel qu'il était impossible de démontrer la non-contradiction d'un système mathématique.

VII — Limites de la méthode axiomatique en mathématique

Une formalisation chassant toute intuition représente une impossibilité radicale : les significations intuitives ne peuvent jamais être totalement éliminées du champ de conscience du mathématicien.

La mathématique, pensée effective, renvoie donc à une intuition concrète et ne peut **en aucun cas être réduite à un pur formalisme logique,** comme le voudraient certains logisticiens.

> ***« Ce n'est que dans les livres qu'une axiomatique commence avec les axiomes : dans l'esprit de l'axiomaticien, elle y aboutit. Elle présuppose la déduction matérielle qu'elle met en forme. » (R. Blanché,*** **op. cit.*****)***

> ***« La mathématique est plus que la logique, en tant qu'elle est pensée effective, et que toute pensée effective suppose application de la pensée abstraite à une intuition. » (J. Cavaillès,*** **Méthode axiomatique et formalisme,** ***Hermann, 1981)***

Le problème reste cependant posé de savoir quel est le statut de cette « intuition » qui accompagne la pensée mathématique : est-elle le noyau supposé concret sur lequel s'appuie le mathématicien, ou est-elle seulement une sorte d'aide psychologique ? Il y a en effet, dans l'invention mathématique, une dimension poétique qui s'exprime par la création d'univers mathématiques où le physicien vient seulement choisir quelques modèles qui lui seront utiles.

VIII — La mathématisation des sciences

La représentation des choses et des phénomènes physiques par un discours mathématique abstrait, structuré et formalisé a fait de la mathématique l'outil puissant et privilégié du prodigieux essor des sciences de la nature. La mathématique est devenue ainsi le langage de toutes les sciences. Car non seulement elle a permis d'introduire mesure et rigueur dans l'explication de phénomènes physiques, mais elle a surtout donné aux savants le moyen de prédire et créer de nouvelles lois.

Nous rejoignons par là la théorie platonicienne des Idées selon laquelle la réalité concrète n'est que le reflet d'une réalité véritable parfaitement transcendante.

Conclusion

— La notion de vérité mathématique a beaucoup évolué. Elle s'est déplacée pour l'essentiel du contenu vers la forme.

— L'intuition (sensible ou intellectuelle) ne peut néanmoins être totalement répudiée du champ mathématique. La mathématique n'est donc pas réductible à la logique.

— Quelle que soit l'approche envisagée (intuition intellectuelle de Descartes ou formalisation axiomatique), la mathématique constitue toujours un modèle de rigueur et une science exemplaire.

SUJETS DE BACCALAURÉAT

— ***Aristote disait des mathématiques que leur noblesse est de ne servir à rien ! Qu'en pensez-vous ? (Grenoble, C.D, 77)***

— ***Quels rôles jouent l'intuition et le raisonnement formel en mathématique ? (Nancy-Metz, C.D, 78)***

— ***Peut-on affirmer avec un philosophe « Il n'y a de science* proprement dite *qu'autant qu'il s'y trouve de* mathématique *» (Nantes, C.D, 82)***

— ***Les mathématiques sont-elles un instrument, un langage ou un modèle pour les autres sciences ? (Amiens, C.D, 83)***

— ***La mathématique est-elle réductible à la logique ? (Paris, B, 84)***

— ***Les progrès de la connaissance scientifique sont-ils toujours dus à la pensée logique ? (Clermont-Ferrand, C.D.E., juin 1985)***

— ***Faut-il tout démontrer ? (Toulouse, C.D.E., juin 1985)***

— ***Les mathématiques sont-elles seulement un jeu de l'esprit ? (Nouvelle-Calédonie, C.D.E., juin 1986)***

— ***La logique nous apprend-elle quelque chose ? (La Réunion, A, septembre 1987)***

— ***A quelles conditions peut-on donner un sens rigoureux à l'expression courante :* c'est logique *? (Papeete, C.D.E., juin 1988)***

— ***Comment les mathématiques, qui sont pourtant un produit de la pensée indépendant de l'expérience, rendent-elles compte si excellemment de la réalité ? (Bordeaux, C.D.E., juin 1989)***

— ***L'application des mathématiques à tous les domaines de la réalité est-elle légitime ? (Antilles, B, juin 1989)***

— ***Quels rapports les mathématiques entretiennent-elles avec la réalité ? (Espagne, C.D.E., juin 1990)***

— ***A-t-on le droit de se contredire ? (Espagne, B, juin 1990)***

LA CONNAISSANCE DU VIVANT

• La réflexion sur le vivant s'est faite selon deux axes principaux : le **« vitalisme »** et le **« mécanisme »,** les deux conceptions fondamentales qui ont commandé la pensée du vivant. Selon le vitalisme (§ 2a), la vie n'est pas seulement le résultat de relations physiques et chimiques. A l'opposé, le mécanisme (§ 2b) fait de la biologie un chapitre des sciences physiques puisqu'il ramène le vivant à de simples rapports physico-chimiques. Vitalisme et mécanisme, pris à la lettre, représentent des conceptions périmées (§ 2).

• Le **point de vue actuel** est **synthétique** (§ 3). Il refuse de faire de l'être vivant une machine, se référant ainsi à la philosophie de Kant (§ 3a). Il souligne le **projet** à l'œuvre dans le vivant (Monod, § 3b). La thèse moderne englobe et dépasse mécanisme et vitalisme (§ 3c).

I — Les êtres vivants

Les êtres vivants se définissent par la possession d'un certain degré minimal d'organisation et, dans le maintien de cette organisation, par un renouvellement permanent lié à des phénomènes de nutrition, d'assimilation et de reproduction. Le vivant est donc un système organisé qui se reproduit.

La biologie moderne parle beaucoup plus volontiers du **vivant** que de la **vie**. Le mot « vivant » semble mille fois supérieur à celui de « vie », dans la mesure où il invite tout particulièrement à examiner la multiplicité des êtres qui vivent, dans leur étonnante profusion.

II — Les grands axes de la réflexion sur le vivant : le vitalisme et le mécanisme

« Vitalisme » et « mécanisme » représentent les deux conceptions fondamentales autour desquelles s'est édifiée, au cours du temps, la réflexion sur le vivant.

a - Le vitalisme

Qu'est-ce que le vitalisme ? La conception selon laquelle il est nécessaire, pour expliquer les phénomènes vivants, de faire appel à un « principe vital ». La vie ne serait pas seulement le résultat de relations physiques et chimiques. Un X mystérieux rendrait compte des êtres vivants et de leurs propriétés.

J'appelle principe vital de l'homme la cause qui produit tous les phénomènes de la vie dans le corps humain. » (Barthez, Médecin de l'Ecole de Montpellier au XVIIIe siècle, cité in Canguilhem,* La connaissance de la vie*)

Invoquer essentiellement un mystérieux principe vital pour expliquer le vivant ne semble plus très évident de nos jours. Ce sont les lois de la physique qui doivent **d'abord** être prises en compte. Mais si le vitalisme ancien représente une conception périmée, nous verrons que le point de vue actuel est nuancé et synthétique : il découvre dans la vie un sens et un projet. C'est le vieux vitalisme qui est caduc.

> ***« Avec la fin du XIXe siècle et la première partie du XXe, a disparu la vieille forme du vitalisme, celle qu'avait dû alléguer à ses débuts la biologie... Devant le développement de la science expérimentale, de la génétique, de la biochimie, on ne peut plus, sinon par mystique, invoquer sérieusement quelque principe d'origine inconnue, un X échappant par essence aux lois de la physique, pour rendre compte des êtres vivants et de leurs propriétés. » (F. Jacob,*** **La logique du vivant,** ***Tel, Gallimard)***

b - Le mécanisme

Pour le mécanisme, au contraire, la vie est uniquement le résultat de relations physiques et chimiques. Ainsi, la philosophie de Descartes est mécaniste. Tous les corps, sans aucune distinction, se ramènent à des machines. Descartes voit d'une part dans l'animal une machine (c'est la célèbre thèse de l'animal-machine) et, d'autre part, il considère que les fonctions corporelles de l'homme ne s'expliquent pas par un principe mystérieux. Le corps vivant humain est une machine, un ensemble de rouages et de ressorts. En résumé, les animaux, mais aussi les corps humains, ne sont rien d'autre que des machines.

- L'animal-machine

Pour Descartes, les animaux sont des automates agencés par Dieu. Tout se ramène chez eux à des mécanismes corporels. Le cri de douleur de l'animal n'est rien d'autre qu'un réflexe corporel et physique.

> ***« C'est la nature qui agit en eux selon la disposition de leurs organes : ainsi qu'on voit qu'une horloge, qui n'est composée que de roues et de ressorts, peut compter les heures et mesurer le temps plus justement que nous avec toute notre prudence ». (Descartes,*** **Discours de la Méthode*****)***

- Le corps humain

Le corps humain est lui aussi une machine. (Précisons qu'il s'agit ici du corps humain considéré sans l'âme en tant que telle.) Toutes les fonctions biologiques s'expliquent mécaniquement.

> ***« Je suppose que le corps n'est autre chose qu'une statue ou machine de terre... Dieu met au dedans toutes les pièces qui sont requises pour faire qu'elle marche, qu'elle mange, qu'elle respire... » (Descartes,*** **Traité de l'homme*****)***

Mais le mécanisme pur et simple, comme le vitalisme ancien, est une conception dépassée : l'être vivant n'est pas une machine et les lois de la matière inerte sont insuffisantes pour comprendre le fonctionnement des êtres vivants. C'est ce que met pleinement en lumière le point de vue actuel.

III — Le point de vue actuel : la synthèse moderne

a - L'être vivant n'est pas une machine

Il faut affirmer l'irréductibilité de l'organisme à la machine. Une montre, à la différence d'un être vivant, ne peut ni se construire ni se réparer. Dans le cas de l'organisme, des forces internes sont à l'œuvre qui assurent la formation des structures complexes du vivant. Un philosophe a, contrairement à Descartes, souligné cette irréductibilité : c'est Kant.

> ***« Dans une montre, un rouage n'en produit pas un autre et encore moins une montre d'autres montres... Elle ne remplace pas d'elle-même les parties dont elle est privée... Si elle est déréglée, elle ne se répare pas non plus d'elle-même, toutes choses qu'on peut attendre de la nature organisée. Un être organisé n'est pas seulement une machine. » (Kant,*** **Critique du jugement)**

b - Le projet à l'œuvre dans le vivant - Téléonomie - Morphogénèse autonome - Invariance

Allons plus loin. On peut dire avec Jacques Monod que les êtres vivants se distinguent de toutes les autres structures par leur dessein et leur projet. Quel est ce projet ? Conserver l'intégrité et la totalité de leur structure et la reproduire. Jacques Monod a baptisé téléonomie cette activité cohérente, orientée et constructive du vivant en vue de se conserver et de se reproduire. Morphogénèse autonome et invariance caractérisent, avec la téléonomie, les êtres vivants.

- La téléonomie

Envisageant la notion d'être vivant, objet doué d'un projet, Jacques Monod écrit dans *Le Hasard et la Nécessité* :

> ***« Plutôt que de refuser cette notion (ainsi que certains biologistes ont tenté de le faire), il est au contraire indispensable de la reconnaître comme essentielle à la définition même des êtres vivants. Nous dirons que ceux-ci se distinguent de toutes les autres structures de tous les systèmes présents dans l'univers par cette propriété que nous appelons la téléonomie. » (J. Monod,*** **Le Hasard et la Nécessité,** ***Le Seuil)***

- Morphogénèse autonome

Les êtres vivants, parce qu'ils sont doués d'un projet, sont des structures autonomes. Ils s'édifient indépendamment de tout agent extérieur. Des forces internes assurent la formation des structures vivantes. Le ciseau du sculpteur dégage les formes d'Aphrodite, mais le corps de la déesse s'épanouit de lui-même.

> ***« La structure d'un être vivant résulte d'un processus (qui) ne doit presque rien à l'action des forces extérieures, mais tout, de la forme générale jusqu'au moindre détail, à des interactions « morphogénétiques » internes à l'objet lui-même. Structure témoignant donc d'un déterminisme autonome, précis, rigoureux, impliquant une « liberté » quasi totale à l'égard d'agents ou conditions extérieurs, capables certes d'entraver ce développement, mais non de le diriger, non d'imposer à l'objet vivant son organisation. Par le caractère***

***autonome et spontané des processus morphogénétiques qui construisent la structure macroscopique des êtres vivants, ceux-ci se distinguent absolument des artefacts, aussi bien d'ailleurs que la plupart des objets naturels, dont la morphologie macroscopique résulte en large part d'agents externes. »* (*J. Monod,* op. cité)**

- La reproduction invariante

L'invariance reproductive désigne le fait que les êtres vivants ont le pouvoir de reproduire et transmettre l'information correspondant à leur propre structure. En d'autres termes, de génération en génération, ils reproduisent le matériel génétique de l'espèce.

c - Bilan de la théorie moderne - La synthèse du mécanisme et du vitalisme

La théorie moderne englobe au fond mécanisme et vitalisme en les dépassant l'un et l'autre. Elle réalise la synthèse des deux conceptions. Certes, elle fait appel aux lois physico-chimiques pour expliquer le vivant, mais elle se réfère également au projet des organismes et à la téléonomie.

- Le mécanisme est intégré : ce sont bien les petites machineries de la physico-chimie qui expliquent la complexité croissante des espèces. Mais le mécanisme est insuffisant ; il est à la fois intégré et dépassé.

- Il faut reconnaître la finalité des systèmes vivants, c'est-à-dire l'existence d'un but vers lequel ils tendent :

> ***« L'être vivant représente bien l'exécution d'un dessein, mais qu'aucune intelligence n'a conçu. Il tend vers un but, mais qu'aucune volonté n'a choisi. Ce but, c'est de préparer un programme identique pour la génération suivante. C'est de se reproduire. » (F. Jacob,*** **La logique du vivant,** ***Gallimard, 1978)***

SUJETS DE BACCALAURÉAT

— Peut-on concilier le déterminisme et la finalité dans la connaissance du vivant ? (Amérique du Nord, C.D.E, 84)

— La connaissance scientifique du vivant exige-t-elle que l'on considère l'organisme comme une machine ? (Rennes, C.D, 83)

— Quelle place la réflexion sur le vivant peut-elle accorder au hasard ? (Nancy-Metz, C.D, 82)

— Comment peut-on définir un être vivant ? (Limoges, A, septembre 1984)

— L'organisme vivant peut-il être comparé à une œuvre d'art ? (Lille, A, juin 1986)

— Tombe-t-on malade comme une machine tombe en panne ? (Amérique du Nord, C.D.E., juin 1986)

— Peut-on donner un modèle mécanique du vivant ? (Montpellier, C.D.E., juin 1988)

— Quel sens de la vie l'étude scientifique du vivant peut-elle exprimer ? (Antilles, Guyane, B, septembre 1989)

CONSTITUTION D'UNE SCIENCE DE L'HOMME

• Attention ! Ne comptez pas la biologie, l'anatomie ou la physiologie humaines parmi les sciences de l'homme ! Les sciences humaines se définissent, en effet, comme l'ensemble des disciplines traitant, par opposition au reste de la nature, de ce qui caractérise l'homme : comportement psychologique, histoire, société...

• Lisez, en même temps que cette fiche, celle consacrée au « sens » : les sciences humaines ont, en effet, comme objet privilégié d'étude, l'homme comme projet et conscience porteuse de sens et de signification.

• L'homme, comme activité dont il est possible d'étudier les lois, est apparu tardivement dans le savoir (§ 1) : les sciences humaines se constituent à partir du XIXe siècle (§ 2).

• Le modèle scientifique et surtout physique a d'abord fasciné les sciences humaines (§ 3), comme en témoignent les écrits de Durkheim, un des fondateurs de la sociologie (§ 3). Le projet **structuraliste,** dans les années 1950-1960, n'a fait que réitérer ces exigences de scientificité (§ 4).

• Néanmoins, les sciences humaines possèdent leur **spécificité** par rapport aux sciences de la nature, dans la mesure où l'homme est d'abord objet de compréhension (§ 5).

• L'exemple de la **sociologie** montre bien que le modèle positiviste ne peut et ne doit pas supprimer l'approche compréhensive (§ 6).

I — L'homme est une invention récente

Si les sciences humaines n'ont pu trouver leur acte de naissance avant le début du XIXe siècle, c'est parce que l'homme est une invention récente dans le champ du savoir, comme l'a montré Michel Foucault.

Cette proposition peut surprendre : l'homme n'est-il pas objet de curiosité depuis des millénaires ? N'est-il pas le plus vieux des problèmes qui se soit posé au savoir humain ?

Si la notion de « nature humaine » est, en effet, antérieure au XIXe siècle, l'homme, en tant qu'**activité dont il est possible d'étudier l'organisation** et les lois, est apparu tardivement sur la scène du savoir. Si le métaphysicien classique se penchait sur l'humaine nature, la sociologie, par exemple, questionne le comportement de l'homme en société. Seule, la modernité a pu poser l'homme sous ce nouvel aspect :

« Une chose, en tout cas, est certaine : c'est que l'homme n'est pas le plus vieux problème ni le plus constant qui se soit posé au savoir humain. En prenant une chronologie relativement courte et un découpage géographique restreint... on peut être sûr que l'homme y est une invention récente. » (M. Foucault, **Les mots et les choses,** *NRF, 1966)*

II — Apparition historique des sciences humaines

A partir du XIXe siècle, les sciences humaines se constituent progressivement. La fondation de la **sociologie** revient à Auguste Comte, auteur de ce terme (1837). Cette discipline se définit comme la science positive des faits sociaux et des institutions. Dans la seconde moitié du XIXe siècle, la **psychologie,** auparavant confondue avec l'étude de l'âme ou de la vie intérieure, accède au statut scientifique, avec les travaux de Fechner, pionnier de la psychologie expérimentale. L'**anthropologie**[1] (science de l'homme) tend, elle aussi, à acquérir le statut de science à la fin du XIXe siècle. Citons, enfin, la **psychanalyse** fondée en 1900, avec *l'Interprétation des rêves,* de Freud, qui décrit l'inconscient[2] comme structure fondamentale de l'être humain et donne à la sexualité une place primordiale.

III — Le modèle scientifique

Fascinées par le modèle physique, les sciences humaines ont tenté de se constituer comme disciplines **objectives** et **positives,** comme des sciences « à part entière », au même titre que les autres sciences de la nature. Dans ce dessein, elles ont esquissé plusieurs **méthodes :**

— obéissant aux différents moments de la recherche scientifique, à savoir :

- observation,
- mesure,
- expérimentation (elle n'est pas toujours possible !) ;

— se soumettant, par conséquent, aux exigences d'**objectivité,** traitant les faits humains **comme** des choses, c'est-à-dire en les considérant de l'**extérieur,** sous leurs aspects **objectivement observables ;**

— permettant de dégager les **lois statistiques** qui commandent les phénomènes humains. Ainsi Durkheim, un des fondateurs de la sociologie, a-t-il étudié statistiquement le suicide en fonction des différents critères sociaux, comme la religion, le célibat, etc.

Les règles de Durkheim sur la méthode sociologique expriment remarquablement l'idéal scientifique à l'œuvre dans les sciences humaines :

« La première règle et la plus fondamentale est de **considérer les faits sociaux comme des choses.** *» (Durkheim,* **Les règles de la méthode sociologique,** *Alcan)*

---

1. *Cf.* la fiche sur « anthropologie-philosophie-métaphysique. »
2. *Cf.* la fiche sur « l'inconscient. »

« Nous ne disons pas... que les faits sociaux sont des choses matérielles, mais qu'ils sont des choses au même titre que les choses matérielles, quoique d'une autre manière... Est chose tout objet de connaissance qui n'est pas naturellement compénétrable à l'intelligence... tout ce que l'esprit ne peut arriver à comprendre qu'à condition de sortir de lui-même, par **voie d'observations et d'expérimentations**[1]. *» (Durkheim,* **op. cité***)*

IV — Le projet structuraliste

Le projet « structuraliste », qui parut triompher dans les années 1950/1960, revendiqua une exigence encore accrue de scientificité. Illustrées par les travaux de Lacan et surtout de Lévi-Strauss, les recherches structuralistes tentèrent de constituer en savoirs rigoureux et objectifs des domaines qui appartenaient encore à la philosophie. En s'efforçant de construire des **structures,** c'est-à-dire des ensembles ou des totalités dont les éléments n'ont de sens que par rapport à l'organisation générale (la langue, par exemple, est un système de cet ordre), les structuralistes prolongeaient l'effort d'objectivité en s'efforçant de dégager des structures sociales un ensemble de lois.

Dès lors, le structuralisme oubliait l'homme, donateur de sens[2], qu'il dissolvait au profit des structures.

« Nous croyons que le but dernier des sciences humaines n'est pas de constituer l'homme, mais de le dissoudre. » (C. Lévi-Strauss, **La pensée sauvage,** *Plon, 1962)*

V — On explique la nature et on comprend l'homme[3]

L'erreur des recherches purement positivistes est d'oublier que l'homme ne peut jamais être étudié comme les autres réalités du monde. Elles méconnaissent l'essence de la réalité humaine, l'homme comme donateur de **sens** et **projet.** Les positivistes occultent la nécessité de la compréhension : on explique la nature, mais on comprend l'homme et la vie de l'esprit, ont noté Dilthey et, plus tard, Sartre :

« L'homme est pour lui-même et pour les autres un être signifiant, puisqu'on ne peut jamais comprendre le moindre de ses gestes sans dépasser le présent pur et l'expliquer par l'avenir... Pour saisir le sens d'une conduite humaine, il faut disposer de ce que les psychiatres et les historiens allemands ont nommé « compréhension. » (Sartre, Question de Méthode, in **Critique de la raison dialectique,** *NRF, 1960)*

Ainsi, les sciences humaines ne peuvent s'inspirer totalement des méthodes utilisées dans les sciences de la nature.

---

1. Souligné par nous.
2. *Cf.* la fiche sur « le sens. »
3. *Cf.* la fiche sur « le sens » §3.

VI — Naissance d'une science humaine. Exemple : la sociologie

Jusqu'au XIXe siècle, société et État se trouvent confondus chez tous les philosophes qui en traitent à partir d'une réflexion métaphysique pour en expliquer le fonctionnement, l'évolution, décrivant ainsi des sociétés idéales (*La République,* de Platon, la *Cité de Dieu,* de Saint Augustin).

Auguste Comte fonde la sociologie : il veut en faire la « science des sciences ». Mais son discours, ainsi que celui de ses successeurs immédiats (Spencer, Mill), reste d'abord une justification de certaines idées générales, tirées de l'observation de faits sociaux du passé et très imprégnées encore de métaphysique.

C'est Durkheim qui va réellement tenter de faire accéder la sociologie au statut de science exacte en lui appliquant le modèle scientifique (*cf.* §3). Il crée le concept du fait sociologique traité comme une chose, avec une définition précise, et recherche, par le biais de mesures statistiques, des lois liant les faits et permettant de prévoir l'évolution des sociétés. Avec Marcel Mauss (1872-1950) et les autres continuateurs de Durkheim, la sociologie tente d'atteindre à une objectivité réelle, comme si elle était « le véritable instrument d'information par lequel la société se pense ».

Mais l'imbrication des faits sociaux dans toutes les activités de l'homme rend leur définition difficile et imprécise; la complexité et la fluidité des relations sociales échappent sans cesse à toute description rigoureuse. La sociologie ne peut être définie comme une science positive telles la biologie ou l'agronomie.

Ces difficultés ont conduit la sociologie contemporaine, d'abord fascinée par l'objectivité quantitative, à renoncer progressivement à celle-ci comme unique approche et à redonner de l'importance à la quotidienneté vécue, comme en témoignent les travaux désormais célèbres d'Henri Lefebvre sur la sociologie de la vie quotidienne (*La vie quotidienne moderne,* PUF, 1968). C'est, par exemple, le vécu de la ville qui intéresse les sociologues de notre temps. De même, Jean Baudrillard analyse-t-il le sens vécu et concret de la consommation moderne, lorsque le Signe pur et simple prédomine (livres, disques, meubles se ramènent à des **signes,** indépendamment de leur contenu. Ainsi consommons-nous des signes et cela explique qu'il n'y ait pas de limites à la consommation).

Edgar Morin, lui aussi, a développé des analyses sociologiques fort concrètes, dans de multiples directions : celle du cinéma (dans *Le cinéma et l'homme imaginaire,* il montre que la participation imaginaire au culte des stars représente une expérience vivante, non point un abrutissement), celle du racisme et de l'antisémitisme (dans la *Rumeur d'Orléans*), mais aussi dans le domaine du nouvel esprit de notre temps : son approche se fait attentive pour enregistrer la crise de la culture et la crise de la société, en bref toutes les ruptures concrètes qui traversent notre champ social (*cf. L'esprit du temps,* 1 et 2).

Comment s'est donc constituée la sociologie ? A travers une double approche :

— **positive** et **scientifique** (Durkheim, etc.),

— à travers une réflexion **qualitative** et concrète sur le **vécu** social (Lefebvre, Baudrillard, etc.).

Conclusion

Ce n'est pas au même titre que l'on parle de sciences de la nature et de sciences de l'homme, car ces dernières ne peuvent totalement s'émanciper de la pensée philosophique ou de la spéculation métaphysique[1].

SUJETS DE BACCALAURÉAT

— Les sciences de l'homme doivent-elles s'inspirer des méthodes utilisées dans les sciences de la nature ? (Rouen, C.D., 83)

— Est-ce au même titre que l'on parle de sciences de la nature et de sciences de l'homme ? (Dijon, B, 83)

— L'homme peut-il être l'objet d'une science particulière ? (Montpellier, B, 78)

— Les sciences humaines donnent-elles un pouvoir sur l'homme ? (Lille, B, juin 1985)

— Les sciences humaines sont-elles compatibles avec l'affirmation de la liberté ? (Espagne, B, juin 1986)

— De quel homme fait-on la science ? (Espagne, C.D.E., juin 1986)

— La pluralité des sciences de l'homme ne contredit-elle pas le projet philosophique de penser l'homme ? (Antilles, B, juin 1988)

— Peut-on, sans se contredire, parler de « science de l'homme » ? (Dijon, B, 1988)

— Les sciences humaines peuvent-elles adopter les méthodes des sciences de la nature ? (Montpellier, B, juin 1989)

1. *Cf.* la fiche sur l'« anthropologie ».

L'IRRATIONNEL

- Le problème essentiel qui se pose ici est d'arriver à dégager l'irrationnel dans sa réalité et sa pleine positivité, alors que les philosophies rationalistes (celle de Hegel, par exemple) avaient tenté de voir en lui un aspect très superficiel des choses (Hegel, § 3, 4, 5). L'irrationnel est un irréductible (§ 6), une limite permanente à l'intelligibilité (§ 7), ou bien ce qui n'est pas guidé par la raison (§ 8). En tant que tel, il est la trame même du réel.

- La **raison** désigne la faculté de bien juger, et l'**irrationnel,** ce qui est contraire à la raison et à ses normes (§ 1).

- C'est essentiellement à Descartes (§ 2) que nous devons la première grande réflexion sur la pensée rationnelle (*Cf.* le «bon sens» du *Discours de la Méthode).*

- Hegel, bien plus encore que Descartes, a développé un rationalisme intégral (§ 3). Dans sa philosophie, l'irrationnel disparaît en tant que réalité positive, car la raison absorbe tout (§ 4). Cette réflexion rationaliste ne manque pas de grandeur (§ 5).

- Malgré la négation rationaliste, l'irrationnel existe bel et bien (§ 6). Il représente une limite permanente à l'intelligibilité que nous trouvons dans le réel. L'irrationnel, c'est alors l'absurde (§ 7). L'irrationnel désigne aussi ce qui, en nous, ne relève pas d'une activité consciente (§ 8).

- Il faut donc relativiser la raison (§ 9) et rétablir la valeur et le sens de la folie (§ 10).

- Le vrai rationalisme est prudent et modeste (Conclusion).

I — La raison et l'irrationnel

Si la raison désigne une fonction de pensée juste et synthétique, la faculté de **bien** enchaîner ses jugements, l'irrationnel peut être défini de prime abord comme **ce qui est contraire à la raison et à ses normes,** ce qui est étranger à la raison et ne peut être appréhendé par elle.

Aussi, pour comprendre le sens et la réalité de l'irrationnel, allons-nous faire un détour par la notion de **raison,** cette faculté de bien juger que la philosophie occidentale a, depuis les Grecs, mise au centre de sa réflexion. La raison est, en effet, le pilier de notre système de pensée.

II — Le «bon sens» ou raison

Dans la philosophie moderne, c'est essentiellement à Descartes que nous devons la première grande réflexion sur la pensée rationnelle. On a coutume de faire remonter au *Discours de la Méthode* le commencement d'une ère de la raison. Que signifie, chez Descartes, ce mot de raison ? Il désigne la faculté de bien juger et de discerner le vrai du faux. Au début du *Discours de la Méthode,* Descartes affirme, en effet, que nous possédons tous la raison, cette faculté de bien juger. Elle est la seule chose qui nous rend homme : tout être humain peut se définir par elle car elle est tout entière en chacun. Ainsi, par la raison ou «bon sens», sommes-nous tous égaux. Toute la différence entre les hommes tient à la méthode, et non point à la raison.

> ***«Le bon sens est la chose du monde la mieux partagée : car chacun pense en être si bien pourvu que ceux mêmes qui sont les plus difficiles à contenter en tout autre chose n'ont point coutume d'en désirer plus qu'ils n'en ont. En quoi il n'est pas vraisemblable que tous se trompent; mais plutôt cela témoigne que la puissance de bien juger et distinguer le vrai d'avec le faux, qui est proprement ce que l'on nomme le bon sens ou la raison, est naturellement égale en tous les hommes.» (Descartes,*** **Discours de la Méthode*)***

III — Le rationalisme intégral de Hegel

Si Descartes se place dans la lignée des philosophes rationalistes (être rationaliste, c'est affirmer que les seules connaissances valables proviennent de la raison), c'est certainement avec Hegel, au XIXe siècle, que le rationalisme devient intégral : la raison trouve dans cette philosophie son point d'aboutissement exemplaire. Dans la réflexion de Hegel, tout est intégralement rationnel et explicable : la raison gouverne en effet le monde. Hegel entend par raison, non point une faculté individuelle et subjective, mais la forme de l'Esprit absolu auquel nous participons. Cette unité spirituelle qu'est la raison[1] apporte aux choses une intelligibilité absolue. Elle donne sens au réel et à l'histoire. Le domaine de la raison divine et absolue, de l'Esprit modelant les choses, s'étend, en effet, partout. La raison est présente dans l'histoire universelle et dans la formation progressive de l'Esprit. Elle représente l'ordre même des choses, et **tout** ce qui existe est une révélation de la raison.

> ***«La seule idée qu'apporte la philosophie est la simple idée de la*** **Raison,** ***l'idée que la Raison gouverne le monde et que, par conséquent, l'histoire universelle s'est, elle aussi, déroulée rationnellement. Cette conviction, cette idée est une présomption par rapport à l'histoire en tant que telle. Ce n'en est pas une pour la philosophie. Il y est*** **démontré** ***par la connaissance spéculative que la Raison... est sa*** **substance,** ***la*** **puissance infinie,** ***la*** **matière infinie** ***de toute vie naturelle ou spirituelle.» (Hegel,*** **La raison dans l'histoire*)***

IV — Quand disparaît l'irrationnel

Dès lors, l'irrationnel disparaît. Si nous convenons de définir l'irrationnel comme ce qui est contraire à la raison et à ses normes, ce qui est étranger à la raison et ne peut être appréhendé par elle, il faut bien convenir qu'il n'existe pas d'irrationnel au sens réel du terme dans la phi-

1. *Cf.* la fiche sur «l'histoire» (§ 7), celle sur «l'idée» (§ 5) et celle sur «les passions» (§ 10).

losophie de Hegel : en effet tout peut être expliqué rationnellement. Tout peut être compris par la Raison. Le monde est ordonné selon la Raison divine à laquelle il nous est donné de participer (n'oublions pas que Hegel est panthéiste, qu'il identifie Dieu et la totalité des choses). Dans la mesure où le devenir obéit à une rationalité intégrale, la philosophie n'est rien d'autre que la découverte du rationnel qui est aussi le réel.

Ainsi, c'est à la superficie seulement que règne le jeu des hasards irrationnels, nous déclare Hegel. L'irrationnel perd en somme toute existence et constitue l'écume fantasmatique du réel. Dans la Préface des *Principes de la philosophie du droit,* Hegel énonce la célèbre formule de l'idéalisme rationaliste : ce qui est rationnel est réel. Ce qui est réel est rationnel. Seul existe ce qui est conforme aux lois de l'Esprit.

V — Grandeur du rationalisme hégélien

Le mérite de la philosophie hégélienne est certainement d'avoir amorcé un mouvement de la raison vers **l'Autre** de la raison. Ce que Hegel a tenté de comprendre et d'expliquer totalement c'est, en particulier, la violence et l'irrationnel de l'histoire. Il a voulu, d'un seul et même mouvement, embrasser ce qui est conforme à la raison et ce qui paraît fondamentalement étranger à son exercice, à son devenir et à son développement. Cette conception n'est pas sans grandeur. Quand l'histoire charrie ses scories, ses désordres et des incohérences, il faut tenter de saisir l'ordre de la raison derrière l'apparent chaos. Hegel s'est certainement efforcé d'élargir la raison. Désormais, plus rien n'est étranger à elle.

> ***« Hegel est à l'origine de tout ce qui s'est fait de grand en philosophie depuis un siècle... Il inaugure la tentative pour explorer l'irrationnel et l'intégrer à une raison élargie qui reste la tâche du siècle. » (Merleau-Ponty,*** **Sens et non-sens,** ***Nagel)***

> ***« Sous les ordres de Hegel, la Raison part en croisade. Elle peut tout convertir à sa foi. Rien ne lui doit rester étranger. Avant Hegel, elle faisait des concessions à l'irrationnel : elle capitulait devant des mystères, devant des mythes, elle abandonnait une part du terrain au mysticisme... Plus développée, devenue consciemment dialectique, la raison se montre capable de comprendre ce qui restait opaque à l'entendement. » (J. d'Hondt,*** **Hegel. Textes et débats,** ***Le livre de poche, 1984)***

VI — Mais l'irrationnel est un irréductible

Cette tentative rationaliste nous paraît cependant vouée à l'échec. Hegel a, en effet, tenté d'intégrer dans le mouvement de la raison toutes les contradictions de l'existence, toutes les antinomies de l'histoire et de la vie. Néanmoins, tout se passe comme s'il existait en définitive — en particulier dans le domaine de l'histoire[1] — une sorte de résidu irréductible, une trame étrangère à la pure clarté de l'esprit et de la raison, une réalité non intégrable. On ne saurait intégrer dans le mouvement de la

1. *Cf.* la fiche sur « l'histoire » (§ 12).

rationalité toutes les souffrances et tous les désordres historiques. L'irrationnel existe bel et bien. La science elle-même a renoncé à la rationalité totale ainsi qu'on le constate dans les limites du formalisme logique[1] et dans la mécanique quantique.

VII — L'irrationnel, limite permanente à l'intelligibilité

Pour une philosophie rationaliste, l'irrationnel n'est que provisoire : à la limite, il représente seulement ce qui n'est pas encore connu. Bien au contraire, il nous semble possible de concevoir l'irrationnel comme ce qui est fondamentalement étranger et contraire à la raison. L'irrationnel désigne alors ce qui est **autre que la raison,** et ce de manière **absolue.** Il existe deux formes fondamentales d'irrationnel : cette limite permanente à l'intelligibilité que nous trouvons dans le réel (1) et ce qui n'est pas vraiment guidé par la raison et par les aspects conscients de notre moi (2).

Examinons d'abord l'irrationnel au premier sens du terme : ici il nous faut bien en revenir, avec la philosophie dite existentielle, à **l'absurde,** à ce tissu dépourvu de sens[2], de toute notre existence. Car l'existence[3], par définition, ne s'intègre pas, ne s'explique pas, elle échappe à toutes les raisons et à toutes les notions. Elle n'est pas du domaine des explications, mais elle surgit sans raison, sans cause et sans nécessité : elle est un irrationnel, un fait brut que nulle déduction ou explication ne saurait justifier. Ici, il faut citer Sartre, avec les analyses de *la Nausée* (l'existence est alors décrite comme ce qui est **absurde et ne peut se déduire**), mais aussi Soeren Kierkegaard (1813-1855), le père de l'existentialisme, qui a montré, dans le *Post-Scriptum aux miettes philosophiques* (1850), qu'il est impossible de dissoudre l'existence dans le déploiement de la raison universelle. Mais sans doute pourrions-nous également nous référer à Pascal qui a si bien donné à voir l'irrationnel de l'existence humaine.

> ***« Tout existant naît sans raison, se prolonge par faiblesse, meurt par rencontre. » (Sartre,*** **La Nausée,** ***NRF, 1938)***

VIII — L'irrationnel de l'esprit humain

Mais l'irrationnel ne désigne pas seulement cette trame absurde de l'existence humaine, il exprime, en un deuxième sens, ce qui, en nous, n'est pas le produit d'une activité consciente. Ici l'irrationnel n'est rien d'autre que la vie de l'esprit sous sa forme la plus spontanée. Pensons aux puissances souterraines et crépusculaires du rêve, de l'inconscient ou du désir, qui ne dérivent pas d'une activité rationnelle, mais forment au contraire la nappe abyssale de notre psyché. Ainsi, l'irrationnel surgit dans la plongée analytique. Bien que l'analyse de l'inconscient ait pour but de faire surgir des relations rationnelles entre les désirs refoulés et les actes qu'ils provoquent, il existe dans la nature même de ces

1. *Cf.* la fiche sur « logique et mathématique » (§ 7).
2. *Cf.* la fiche sur « le sens » (§ 5).
3. *Cf.* la fiche sur « l'existence » (§ 4 et 5).

désirs un irrationnel irréductible. De même, le surréalisme nous fait saisir cette mer de l'irrationnel, au plus profond de nous-mêmes.

> ***« Surréalisme, n.m. Dictée de la pensée en l'absence de tout contrôle exercé par la raison, en dehors de toute préoccupation esthétique ou morale. » (A. Breton,* Manifeste du surréalisme, *J.-J. Pauvert, éditeur)***

IX — Relativiser la raison

Il faut donc relativiser la raison. Le concept d'une ratio toute puissante, exerçant son contrôle sur la totalité du réel, nous paraît un concept caduc. Jadis pivot du monde, considérée comme absolue et immuable, la ratio fait de nos jours aveu de modestie et surtout de relativité. Elle est historique, relative, changeante, et ne saurait nous donner la clef de la totalité du réel. La raison est un centre actif nouant un dialogue avec les choses sans pour cela les régenter.

> ***« La philosophie traditionnelle d'une raison absolue et immuable n'est qu'une philosophie. C'est une philosophie périmée. » (Bachelard,* La philosopie du non, *PUF, 1940)***

X — « Homo demens » : l'homme fou

Dès lors, peut se révéler à nous la face longtemps cachée de l'homme, sa face de démesure et de folie. Si la raison cesse d'être un absolu, alors l'homme peut être conçu comme **fou** et **sage** à la fois. Ainsi le thème de la folie humaine, sujet de méditation d'un Montaigne ou d'un Pascal, reprend son sens. L'originalité profonde de l'homme est d'être un animal doué de déraison et de folie. La folie, conçue comme absence d'ordre et de raison organisatrice, est constitutive de l'existence humaine.

> ***« On ne peut plus opposer substantiellement, abstraitement, raison et folie. Il nous faut, au contraire, surimposer au visage sérieux, travailleur, appliqué d'*homo sapiens *le visage... d'homo demens. L'homme est fou-sage. » (E. Morin,* Le paradigme perdu : la nature humaine, *Le Seuil, 1973)***

Conclusion

Le vrai rationalisme de notre temps est prudent et modeste. Il est davantage caractérisé par des hypothèses que par des dogmes, il semble avoir compris qu'on ne pouvait séparer la raison et l'irrationnel.

SUJETS DE BACCALAURÉAT

— Le sommeil de la raison engendre-t-il des monstres ? (A, sept. 1977)

— Y a-t-il de l'incompréhensible ? (Amérique du Nord, A, juin 1990)

— La connaissance scientifique dissipe-t-elle la superstition ? (Regroupement I, C.D.E., juin 1990)

— La raison peut-elle vouloir la violence ? (Antilles, Guyane, A, juin 1990)

— N'y a-t-il de rationalité que scientifique ? (Paris, Créteil, A, juin 1990)

LE SENS

• Bien que ce concept ne suscite **directement** que très peu de sujets de baccalauréat, ne le considérez pas comme secondaire. Bien au contraire, la notion de sens éclaire une multiplicité de thèmes.

• Prenez bien garde aux pièges et ambiguïtés de ce terme (exemple : le **sens** de l'histoire et le **sens** d'un concept). Hegel a souligné la pluralité des significations du mot «sens» (§ 1).

• Distinguez bien la compréhension phénoménologique du sens illustrée par les travaux de Sartre ou Merleau-Ponty (§ 2) et l'herméneutique de Ricœur (§ 4). Il s'agit de deux méthodes différentes pour dégager le sens du réel.

• Si nous abordons le problème métaphysique du sens, il s'avère que le sens intelligible éclairant notre existence dans le monde ne va nullement de soi (§ 5) : on parle alors, avec Nietzsche, de **nihilisme.** Ce philosophe a décrit l'étape nihiliste qui est la nôtre (Conclusion).

I — Le concept de sens

Voici un terme d'une richesse étonnante et dont les acceptions se révèlent d'une grande diversité : le sens désigne, tout d'abord, une **fonction sensorielle,** la faculté d'éprouver une classe de sensations. Ainsi parle-t-on des organes des sens, du sens tactile ou auditif, par exemple.

Mais le sens signifie aussi, en second lieu, ce que communiquent à l'esprit un mot ou un signe. Ici, le sens désigne la **signification** d'un phénomène.

Enfin, le sens peut être défini, en une troisième acception, comme l'**orientation d'un mouvement,** comme l'**ordre** dans lequel un mobile parcourt une série de points. Ainsi parle-t-on du sens des aiguilles d'une montre.

Cette pluralité de signification a été bien soulignée par Hegel dans les *Leçons d'Esthétique :*

> ***«Sens est en effet un mot curieux qui est... employé selon deux significations opposées. D'une part, il désigne en effet les organes qui président à l'appréhension immédiate; d'autre part nous appelons sens la signification d'une chose, son idée, ce qu'elle a d'universel. C'est ainsi que le sens se rapporte d'une part au côté immédiatement extérieur de l'existence et d'autre part à son essence intérieure.» (Hegel,*** **Leçons d'Esthétique*)***

II — Sens et projet

La philosophie ne retient guère le premier sens du terme (la fonction sensorielle) et porte essentiellement sa réflexion sur les deux autres acceptions du mot, c'est-à-dire la **signification** et l'**orientation**.

Ici — comme l'ont bien montré les existentialistes[1] — c'est le **projet** humain, c'est-à-dire l'acte par lequel un sujet sort de soi et s'extériorise, qui éclaire la notion de sens. En effet, l'homme est un «pro-jet», il se transcende vers le monde et y introduit ainsi une signification interne et une orientation. En eux-mêmes, les phénomènes sont neutres et vides de sens. Parler du sens d'un cours d'eau ou du sens d'une phrase, c'est toujours parler de la conscience, du pro-jet humain se dépassant, hors de lui-même, vers ce qui n'est pas lui[2]. Sous les principales acceptions du mot sens, nous retrouvons la notion fondamentale d'un être orienté vers ce qu'il n'est pas.

> ***«Le sens d'un cours d'eau, ce mot ne veut rien dire si je ne suppose pas un sujet qui regarde d'un certain lieu vers un autre. Dans le monde en soi, toutes les directions comme tous les mouvements sont relatifs, ce qui revient à dire qu'il n'y en a pas... De même encore, le sens d'une phrase, c'est son propos ou son intention, ce qui suppose encore un point de départ et un point d'arrivée, une visée, un point de vue.» (M. Merleau-Ponty,*** **Phénoménologie de la perception*****)***

III — Comprendre et expliquer

La saisie du sens par le projet humain porte le nom de compréhension. Qu'est-ce que comprendre? C'est appréhender une signification immanente à la réalité humaine, c'est ressaisir, de l'**intérieur,** le sens de l'expérience vécue propre à un sujet. Si je désire, par exemple, expliquer la nuit du 4-Août 1789 (où les trois Ordres assemblés abolissent les privilèges), je dois appréhender intérieurement le vécu psychologique des agents historiques. Sans cet outil qu'est la compréhension, nul moyen d'expliciter le phénomène historique.

La compréhension du sens semble donc indispensable aux sciences qui étudient les phénomènes humains — les sciences humaines — telles la psychologie ou l'histoire. Au contraire, l'explication est requise pour les sciences de la nature, telle la physique. **Expliquer,** c'est trouver, de l'extérieur, un rapport entre deux choses. **Comprendre,** c'est, par intuition, coïncider avec des états vécus. On n'élucide pas la conduite des hommes à la manière dont on explique le comportement des fourmis ou les mouvements des électrons.

Bien avant les existentialistes, le penseur allemand Wilhelm Dilthey (1833-1911) avait distingué radicalement la compréhension du sens et l'explication : on explique la nature et on comprend l'homme.

1. *Cf.* la fiche sur «l'existence» et celle sur «la liberté».
2. *Cf.* la fiche sur la «conscience».

« Nous appelons **compréhension** *le processus par lequel nous connaissons un « intérieur » à l'aide de signes perçus de l'extérieur par nos sens... le processus par lequel nous connaissons quelque chose de psychique à l'aide de signes sensibles qui en sont la manifestation. » (W. Dilthey,* **Le monde de l'esprit***)*

IV — La méthode herméneutique

Jusqu'ici, c'est sur le « **sens vécu** » des phénomènes que nous nous sommes interrogés. Mais on peut s'attacher aussi au **sens latent** ou **caché** des choses et le distinguer du sens **apparent.** Ainsi, l'herméneutique, science de l'interprétation, déchiffre-t-elle ce sens caché ou travesti. C'est une méthode permettant d'interpréter, d'obtenir un sens plus cohérent et plus rationnel.

Ainsi, la méthode freudienne[1] rentre dans le cadre de l'herméneutique. Lorsque Freud, par exemple, introduit une distinction entre le sens manifeste, apparent, d'un rêve et son sens caché, latent, il réalise un travail d'interprétation : l'herméneutique freudienne dégage le sens caché du rêve en se référant au passé, à l'inconscient archaïque du sujet.

Mais il est aussi une herméneutique qui se réfère au futur : ainsi fit Hegel, dans la *Phénoménologie de l'Esprit,* lorsqu'il éclaira les phénomènes en se référant à la fin[2] vers laquelle s'acheminent la conscience et l'Esprit. Chaque série du réel voit alors son sens explicité à partir de la dimension du futur.

Paul Ricœur, philosophe français contemporain, a bien mis en lumière l'existence de ces deux herméneutiques, psychanalytique et hégélienne :

« La psychanalyse nous proposait une régression vers l'archaïque, la **Phénoménologie de l'Esprit** *nous propose un mouvement selon lequel chaque figure trouve son sens non dans celle qui précède, mais dans celle qui suit; la conscience est ainsi tirée hors de soi, en avant de soi, vers un sens en marche, dont chaque étape est abolie et retenue dans la suivante. » (P. Ricœur,* **Le conflit des interprétations,** *Seuil, 1969)*

V — Le nihilisme : l'absence de sens

Nous avons jusqu'ici traité du sens sans aborder le problème métaphysique que soulève cette notion. En effet, nous avons envisagé le sens comme signification ou direction. Mais le Sens (avec une majuscule...), c'est la réalité intelligible qui semble justifier tout et éclairer notre existence dans le monde.

Or ce Sens intelligible ne va nullement de soi. En particulier, il semble faire défaut durant une étape que Nietzsche a prophétisée et

1. *Cf.* la fiche sur « l'inconscient ».
2. *Cf.* la fiche sur « l'histoire ».

décrite de façon remarquable, celle du **nihilisme européen,** mal de notre temps. A un certain moment de l'histoire, au XXe siècle, apparaît, en effet, le phénomène du nihilisme (étymologiquement, du latin *nihil :* rien). Cet avènement est marqué par la mort de Dieu et des idéaux supra-sensibles, par la dévaluation de toutes les valeurs, par la tyrannie de l'absurde. Désormais, il n'est plus de réponse à la fameuse question : à quoi bon ? La notion de Sens de la vie disparaît. Dans la perspective de Nietzsche, le nihilisme sera dépassé quand naîtra le surhomme, créateur de nouvelles valeurs.

> ***« Que signifie le nihilisme ?* Que les valeurs supérieures se déprécient. *Les fins manquent ; il n'est pas de réponse à cette question : « à quoi bon ? » (Nietzsche,* La volonté de puissance*)***

> ***« Le* nihilisme, *en tant qu'*état psychologique, *se manifestera* en premier lieu *quand nous aurons cherché dans tous les faits le* « sens » *qu'ils ne comportent pas... » (Nietzsche,* op. cit.*)***

Conclusion

Nietzsche a été un étonnant prophète. Le Sens comme valeur intelligible justifiant notre existence semble faire défaut durant l'étape nihiliste qui est la nôtre.

SUJETS DE BACCALAURÉAT

— La vie a-t-elle un sens ? (Poitiers, A, 83)

— Est-ce au même titre que l'on parle de sciences de la nature et de sciences de l'homme ? (Dijon, B, 83)

— Faut-il présumer que l'histoire a un sens ? (Paris, A, 82)

— « La vie a-t-elle un sens ? » : est-ce une question raisonnable ? (Amiens, B, juin 1985)

— La philosophie recherche-t-elle la vérité ou le sens ? (Toulouse, C.D.E., juin 1986)

— Faut-il distinguer une interprétation d'une explication ? (Italie, A, 1988)

— Est-il sensé de chercher un sens à tout ? (Antilles, Guyane, A, septembre 1989)

LA VÉRITÉ

• Les philosophies, mais aussi les sciences, sont centrées sur l'idée de **vérité, terme** de toutes leurs recherches. Que désigne-t-elle ? Conçue d'abord chez Platon comme absolue (§ 2), elle a progressivement tendu à **se relativiser.** Ce mouvement est très net chez Kant (§ 7), chez Nietzsche (§ 9) et dans la théorie contemporaine (Foucault — *Cf.* notre conclusion).

• Il ne faut pas confondre la simple validité **formelle** et logique avec la vérité au sens matériel du terme (§ 1).

• La vérité fut initialement conçue comme absolue, comme **participation à l'Idée** (Platon, § 2). Consultez à ce sujet la fiche consacrée à l'Idée. Ce dualisme est sans doute contestable (§ 3).

• La doctrine médiévale de l'*adaequatio rei et intellectus* (adéquation de la chose et de l'esprit) est aussi critiquable (§ 4).

• Étudiez soigneusement la doctrine cartésienne de l'**évidence** (§ 5), qui marque le moment où apparaît la modernité. Mais le critère cartésien n'est pas toujours suffisant (§ 6).

Le relativisme kantien (§ 7) déplace le pôle de la connaissance vers la forme de l'esprit.

• Enfin, Nietzsche sonne le glas de la vérité idéale (§ 8) et développe une conception où domine le pragmatisme (§ 9).

• La théorie contemporaine de la vérité (Foucault) va dans le sens d'un **relativisme absolu.** Ne confondez pas relativisme et scepticisme.

I — La vérité est une norme

On peut distinguer deux dimensions de la vérité : l'une, **formelle,** consiste dans la cohérence du discours avec lui-même. Il ne doit pas présenter d'aspects contradictoires. Cette condition, pour nécessaire qu'elle soit, n'est pas suffisante. Au-delà de la simple **validité formelle et logique,** il est une autre vérité, matérielle cette fois-ci, qui consiste dans l'**accord avec les « phénomènes »** ou avec un « donné ».

Mais quel est ce donné qui détermine, en dernière instance, la validité de notre discours ? Impossible de le poser immédiatement, car il n'est pas susceptible de recevoir une définition univoque. Les conceptions de la vérité ont considérablement varié sur le plan historique et c'est cette trajectoire de la notion de vrai que nous allons décrire.

Ce qu'il faut noter d'emblée, c'est que le vrai véhicule un aspect normatif extrêmement puissant : le vrai et la vérité sont des **normes,** c'est-à-dire des règles, des modèles, des types idéaux indiquant ce qui doit être. Le faux est toujours déviation par rapport à ce type idéal, comme l'indique le langage courant.

> « **Faux** ***est plus large que*** **vrai,** ***en ce qu'il s'emploie dans un certain nombre d'expressions toutes faites, telles que fausse-note, faux-jour, faux-pas, porte-à-faux, etc. L'idée dominante y est toujours celle d'une déviation par rapport à la norme.»*** (**Dictionnaire philosophique Lalande,** ***PUF, 1950)***

II — La vérité comme participation à l'Idée[1]

Avec Platon, nous saisissons bien le caractère normatif de la vérité. La participation à l'Idée et l'ascension réglée vers elle définissent, en effet, chez Platon, la vérité, et constituent **le seul modèle de vie et d'existence digne de l'homme.** Si la vie vaut la peine d'être vécue, c'est au moment où l'homme participe à l'Idée immuable, où, enfin, il parvient à la vérité éternelle. Tel est bien le sens de la célèbre **allégorie de la caverne.** Les hommes sont semblables à des prisonniers enfermés dans une caverne et immobilisés, la figure tournée vers la paroi opposée à la lumière, où se projettent les ombres d'êtres allant et venant, circulant sur une route en contre-bas. Les prisonniers prêtent évidemment à ces ombres une réalité qu'elles ne sauraient avoir.

Qu'est donc l'itinéraire vers le vrai ? La sortie, hors de la caverne, du prisonnier que l'on détache de ses liens et que l'on amène à l'air libre. Quand il contemple, non plus les reflets ou les ombres des choses, mais les choses elles-mêmes, alors il abandonne le monde des apparences pour le seul monde vrai, celui de l'Idée, de la réalité éternelle et immuable.

> ***« Il faut assimiler le monde visible au séjour de la prison, et la lumière du feu dont elle est éclairée à l'effet du soleil; quant à la montée dans le monde supérieur et à la contemplation de ses merveilles, vois-y la montée de l'âme dans le monde intelligible. » (Platon,*** **La République***)*

III — Un dualisme peut-être contestable

L'allégorie de la caverne est certainement le pilier de base de toute notre culture occidentale. Néanmoins, cette conception du vrai correspond à un décentrement de l'existence humaine que Nietzsche, par exemple, a fortement critiqué : l'existence de l'homme est alors décentrée du sensible vers le suprasensible, des «ombres» vers l'Idée. Celle-ci, qui est une sorte de principe d'un Arrière-Monde complètement distinct[2] de notre univers sensible, ne représente peut-être qu'une création commode de l'esprit. Pourquoi, dès lors, serait-elle tenue pour le critère du vrai ?

---

1. *Cf.* la fiche sur «l'Idée» (§ 1 et 2).
2. Nous simplifions ici à l'extrême la théorie platonicienne.

IV — La doctrine de l'adaequatio

Au Moyen Âge, c'est la fameuse adéquation de la chose et de l'esprit qui constitue la doctrine de la vérité. La vérité est alors la conformité et l'adéquation de notre pensée aux choses. Mais que peut bien signifier une «vérité-copie»? Toute vérité suppose une **construction,** non point une photographie pure et simple de la réalité.

V — Doctrine de l'évidence

Le vrai tournant est celui de la philosophie cartésienne. Avec Descartes, se produit une «subjectivation» de la vérité, devenue la marque même de l'esprit humain. La vérité cesse d'être relative à l'Être, cette réalité ultime, absolue et stable, (Parménide) ou à l'Idée (Platon), pour être liée désormais à la certitude de l'esprit pensant.

La doctrine **moderne** de la vérité commence ici à se faire jour. Descartes, en poussant le doute jusqu'au bout, parvient à une certitude inébranlable. Il répudie comme fausses toutes les opinions admises jusqu'à ce jour. Il trouve la **vérité** dans la **certitude** qui surgit au sein même du doute. Ainsi, dans le *Discours de la Méthode,* par exemple, c'est l'idée claire et distincte qui apparaît critère du vrai. Les idées évidentes se divisent en **idées claires** (c'est-à-dire manifestes à un esprit attentif) et en **idées distinctes** (une idée est distincte quand on ne peut la confondre avec une autre idée). Le critère de la vérité est dans la connaissance claire et distincte.

> ***«Le premier (précepte) était de ne recevoir jamais aucune chose pour vraie que je ne la connusse évidemment être telle; c'est-à-dire d'éviter soigneusement la précipitation et la prévention, et de ne comprendre rien de plus en mes jugements que ce qui se présenterait si clairement et si distinctement à mon esprit que je n'eusse aucune occasion de le mettre en doute.» (Descartes,*** **Discours de la Méthode***)*

Si l'évidence a pris, pour les modernes, une telle importance, c'est parce que, en même temps qu'elle emporte la conviction de l'esprit, elle fait apparaître la raison interne des choses.

VI — Mais il n'y a pas d'évidence expérimentale

La raison ne retient ainsi, dans sa quête de la vérité, que les idées claires et distinctes. Mais ce critère ne va pas toujours de soi. S'il est d'utilisation possible en mathématiques, son rôle semble beaucoup plus douteux dans le domaine de la connaissance expérimentale. La certitude cartésienne constitue un moment historique remarquable dans l'élaboration du vrai : le sujet construit sa vérité, puisque la lumière de l'évidence est le seul guide véritable. Mais le critère cartésien n'est pas toujours suffisant. Il n'est que de considérer la diversité des témoignages vis-à-vis d'un même phénomène, dont l'interprétation entraîne des discussions sans fin.

VII — Le relativisme kantien

La philosophie transcendantale de Kant va bouleverser tous les modèles classiques de la vérité, en déplaçant le pôle du vrai vers la forme de l'esprit structurant la connaissance. Qu'est-ce, en effet, que la vérité, dans la perspective kantienne? Elle est désormais représentée par ce que nous appréhendons des choses à travers les formes *a priori* de notre sensibilité (espace et temps[1]) et à travers les catégories de l'entendement. Le vrai n'est rien d'autre que le phénomène structuré par l'espace, le temps et les concepts *a priori,* comme ceux, par exemple, de causalité, de possibilité ou de nécessité. Ainsi la vérité est-elle **relative,** dépendante de la structure a priori et universelle de l'esprit humain. Dans le langage kantien, ce sont les **phénomènes** qui constituent le champ du vrai. Mais Kant conserve le **noumène,** la réalité intelligible, (par exemple, Dieu ou l'âme), comme principe régulateur de la connaissance. Le noumène est inconnaissable (puisque toute connaissance est relative au sujet) mais n'est pas supprimé dans la doctrine kantienne. Il sert à montrer que notre connaissance de la réalité reste liée à la forme même de l'esprit humain, et à orienter notre savoir.

Nous avons donc affaire ici à un **relativisme :** Kant considère que nous ne pouvons atteindre une vérité absolue. Néanmoins, il conserve encore la dualité du **phénomène** et de la **chose en soi** (intelligible-le noumène).

VIII — Nietzsche : la fin de la vérité idéale

Nietzsche est le grand fossoyeur de l'idée de vérité en tant que réalité idéale. Il a tué sans retour la notion d'une vérité absolue. Le coup de génie de Nietzsche a consisté, en effet, à relier la quête de la vérité idéale à notre **besoin de sécurité ontologique.** Le métaphysicien projette, dans ce vrai idéal et absolu, son désir d'un monde purifié des souffrances du temps. Le vrai idéal n'est rien d'autre qu'un remède à l'angoisse existentielle de l'homme, qui forge un monde supposé vrai pour se rassurer et pouvoir ainsi échapper au désenchantement apporté par le monde sensible. La **métaphysique** est ainsi reliée à une **psychologie** qui lui donne sens et l'éclaire.

> ***« L'homme cherche la « vérité » : un monde qui ne puisse ni se contredire, ni tromper, ni changer, un monde* vrai *— un monde où l'on ne souffre pas ; or la contradiction, l'illusion, le changement sont cause de la souffrance ! Il ne doute pas qu'il existe un monde tel qu'il devrait être ; il en voudrait chercher le chemin... Il est visible que la volonté de trouver le vrai n'est que l'aspiration à un* monde du permanent. *» (Nietzsche,* La volonté de puissance*)***

IX — Le pragmatisme vital de Nietzsche

Ainsi Nietzsche a-t-il détruit sans retour l'idée même de vérité idéale, absolue et universelle. Comment alors comprendre le problème de la vérité et devant quel tribunal se justifie-t-elle ?

---

1. *Cf.* la fiche sur « le temps » et celle sur « l'espace. »

Les vérités multiples et partielles de notre monde sont essentiellement des expressions de nos exigences vitales. Car la connaissance n'est pas contemplation, mais action, maintien pratique de l'homme dans l'existence. Parvenir au vrai, c'est organiser le monde selon certaines catégories **utiles** à notre volonté de puissance. Les vérités sont donc des perspectives superficielles et bénéfiques, des points de vue subjectifs et protecteurs, des illusions[1] sans lesquelles les êtres vivants ne pourraient vivre. Ce point de vue est pragmatique : un jugement est vrai quand il est lié à une action qui réussit.

> **« L'essence de la " vérité ",** ***c'est cette appréciation : « Je crois que ceci ou cela est ainsi ». Ce qui s'exprime dans ce jugement, ce sont des*** **conditions nécessaires** ***à notre*** **conservation** ***et à notre*** **croissance.** ***Tous nos*** **organes de connaissance** ***et nos sens ne se développent qu'au service de notre conservation et de notre croissance. »*** ***(Nietzsche,*** **op. cit.*****)***

Conclusion

La théorie contemporaine de la vérité, avec Michel Foucault, par exemple, semble aller dans le sens d'un **relativisme absolu.** La vérité n'est pas. Il n'y a que des discours historiquement repérables, des énoncés stratégiques, transitoires et relatifs.

On ne doit pas confondre ce **relativisme** avec la doctrine dite **sceptique.** Le scepticisme est la doctrine de ceux (*cf.* Pyrrhon d'Elis) qui posent la nécessité de suspendre son jugement parce qu'aucune vérité ne résiste au doute.

Néanmoins, malgré cette critique de la vérité idéale, certains philosophes, fidèles à Hegel, maintiennent la nécessité de l'Idée, dans la mesure où elle permet de **totaliser** le savoir et de l'**unifier.** La perspective moderne et contemporaine diverge donc sur ce point. Si les disciples de Nietzsche enterrent l'Idée, les hégéliens la conservent.

SUJETS DE BACCALAURÉAT

— La cohérence est-elle la norme de la vérité ? (Athènes, B, septembre 1987)

— La vérité s'enseigne-t-elle ? (Italie, B, 1988)

— Peut-il y avoir des vérités partielles ? (Papeete, B, juin 1988)

— L'erreur peut-elle être féconde ? (Maroc, A, juin 1989)

— Peut-on dire que la vérité scientifique constitue une arme contre le fanatisme ? (Sujet national, D', juin 1989)

— Les sciences progressent-elles vers la vérité ? (Regroupement III, C.D.E., juin 1990)

— Le désir du vrai n'est-il que l'expression d'un sentiment religieux ? (Antilles, Guyane, A, juin 1990)

— Diviniser la vérité, n'est-ce pas pécher contre l'esprit ? (Antilles, Guyane, C.D.E., juin 1990)

---

1. *Cf.* la fiche sur « l'illusion » (§ 6 et 7).

LA PRATIQUE ET LES FINS

C'est le chapitre dominant, tant par le nombre de thèmes que par celui des sujets.

Des thèmes hors programme sont indispensables au groupe C, D, E : le droit (sujets sur la loi), le devoir (sujets sur la morale), la société.

Dans toutes les séries, l'art et la liberté sont les deux thèmes majeurs, auxquels on adjoindra l'ensemble État/pouvoir.

Statistiques des sujets sur les années 1987, 88, 89, 90

Thèmes	A et B				C, D, E		
	Su	Te	To		Su	Te	To
LE TRAVAIL	2	0	2	X	1	0	1
LES ÉCHANGES	2	0	2				
LA TECHNIQUE	2	0	2	X	1	0	1
L'ART	5	5	10	X	5	1	6
LA RELIGION	2	2	4	X	3	0	3
LA SOCIÉTÉ	4	3	7		2	2	4
L'ÉTAT	6	3	9	X	5	6	11
LE POUVOIR	3	0	3		4	2	6
LA VIOLENCE	6	2	8				
LE DROIT	7	3	10		4	2	6
LA JUSTICE	4	1	5	X	3	1	4
LE DEVOIR	7	2	9		3	1	4
LA VOLONTÉ	3	1	4		0		
LA PERSONNE	3	2	5		0		
LE BONHEUR			0				0
LA LIBERTÉ	9	4	13	X	3	2	5

LE TRAVAIL

• Voici une question sur laquelle il faut réfléchir avec beaucoup de soin car les sujets consacrés à ce thème abondent.

• Ne confondez pas travail et activité animale : le travail est un phénomène spécifiquement humain (§ 2).

• Si le travail est formateur (§ 3 et 4), s'il ouvre la voie à la liberté, il signifie aussi aliénation et malheur : réfléchissez sur l'aliénation et aussi sur l'exploitation du travail (§ 5, 6 et 7).

• Lisez, aussitôt après celle-ci, la fiche consacrée à « la technique ».

I — Le travail : première définition

Le travail, nous signale l'étymologie du terme, est d'abord une activité douloureuse. Le mot *tripalus* désignait en effet, dans le latin populaire, une machine formée de trois pieux, permettant d'assujettir, pour leur imposer le joug ou le mors, les bœufs et les chevaux difficiles; *tripaliare* (latin vulgaire) signifiait torturer. Dans la notion de travail, nous trouvons effectivement l'idée d'une tâche pénible et douloureuse : « tu gagneras ton pain à la sueur de ton front ! ». Mais le travail a un autre sens que celui de chevalet de torture. Il suppose un effort conscient et réfléchi. Ce n'est pas seulement une souffrance, mais aussi une action intelligente de l'homme pour dominer la nature et les choses. Le travail, c'est la maîtrise et la spiritualisation de la matière.

Définissons — en unissant nos deux thèmes — le travail comme un effort douloureux pour sortir d'une situation donnée et spiritualiser les choses.

> ***« L'activité vitale de l'animal n'est pas travail, la contemplation de l'esprit pur n'est pas travail. Le travail, c'est toujours l'esprit pénétrant difficilement dans une matière et la spiritualisant ». (J. Lacroix,*** **Les sentiments et la vie morale,** ***PUF, 1957)***

II — Spécificité du travail humain

Il faut d'abord souligner, avec Marx, la **spécificité** du travail humain, qui implique un plan et un projet spirituel, et se différencie ainsi de l'opération animale. Certes, l'animal construit son nid ou son abri — ainsi font l'oiseau, le castor ou la fourmi — mais il ne travaille pas à proprement parler, car il n'applique aucun plan et ne réalise aucun but consciemment. Il n'exerce ainsi aucune volonté réfléchie. Alors que l'homme a une activité vitale consciente, l'animal ne se représente pas ses fins.

Le travail, vocation essentielle de l'homme, le distingue des autres êtres vivants, dominés par leurs instincts.

> ***« Le travail est de prime abord un acte qui se passe entre l'homme et la nature... Notre point de départ, c'est le travail sous une forme qui appartient exclusivement à l'homme. Une araignée fait des opérations qui ressemblent à celles du tisserand, et l'abeille confond, par la structure de ses cellules de cire, l'habileté de plus d'un architecte. Mais ce qui distingue dès l'abord le plus mauvais architecte de l'abeille la plus experte, c'est qu'il construit la cellule dans sa tête avant de la construire dans la ruche. » (Marx,*** **Le Capital*****)***

III — Hegel : le travail est formateur

Le travail définit l'homme parce qu'il le forme et le produit. Le désir animal n'est jamais producteur et formateur au sens profond du terme, car l'objet qui est source de satisfaction est seulement sécrété ou assimilé. Au contraire, l'homme, en transformant la nature et les choses, se construit et se réalise lui-même. Il façonne la nature à son image, et accède ainsi à la conscience et à la liberté.

C'est ce que Hegel a bien montré dans sa célèbre *Dialectique du maître et de l'esclave,* dans la *Phénoménologie de l'esprit* (1807). Si, dans la lutte des consciences de soi opposées[1], le maître domine l'esclave qui n'a pas voulu mettre sa vie en jeu, ce dernier va se libérer par le travail. Le maître se contente, en effet, de jouir passivement des choses, d'user des fruits du travail de l'esclave. Ainsi s'enfonce-t-il dans une jouissance passive, alors que l'esclave extériorise sa conscience et ses projets dans le monde. Aussi acquiert-il, progressivement, son autonomie. Être un maître sans travailler représente, par conséquent, une impasse, alors que le travail dans lequel la conscience s'objective est la voie de la libération humaine. L'esclave forme les choses et se transforme lui-même en cette pratique. Il asservira ainsi son maître. L'esclave devient le « maître du maître » et le maître « l'esclave de l'esclave ». Ainsi, a montré Hegel, le travail est le chemin de l'autonomie. La servitude laborieuse est la source de tout progrès humain et historique. Le travail forme et éduque, il transforme le monde et civilise. C'est donc par le travail que l'homme se réalise en tant qu'homme et se définit.

IV — Le travail libère de l'angoisse de mort

Mais Hegel a aussi montré la **fonction anthropologique** du travail en soulignant qu'il libère l'esclave de l'angoisse de mort. Le serviteur a tremblé au plus profond de son être lorsqu'il a commencé à affronter le maître. Il a ressenti la peur de la mort[2], ce maître absolu, et s'est finalement incliné. Or, par le travail, l'esclave se libère de l'angoisse qu'inspire l'idée de la mort. En s'extériorisant, la conscience serve contemple avec satisfaction son être pour-soi objectivé, et surmonte l'angoisse de la

---

1. *Cf.* la fiche sur « le désir » et celle sur « autrui ».
2. *Cf.* la fiche sur « la mort ».

mort. L'idée de Hegel est profonde : le travail peut nous affranchir de cette idée négative qu'est la mort et de l'angoisse qu'elle suscite.

> ***« C'est en servant un autre, c'est en s'extériorisant, c'est en se solidarisant avec les autres qu'on s'affranchit de la terreur asservissante qu'inspire l'idée de la mort ». (A. Kojève,* Introduction à la lecture de Hegel, *NRF, 1947)***

Grâce au travail, l'homme édifie sa liberté, construit le monde historique et s'affranchit de l'idée de la mort.

V — La division du travail

Si le travail fait partie intégrante de notre nature, puisqu'il nous engendre et nous construit, si donc le travail est l'essence de l'homme, s'il nous ouvre la voie de la culture et de la liberté, cependant le risque d'aliénation guette les producteurs dans leur tâche. En effet, dans la société moderne, le travail se divise, en général, et se répartit entre les coopérateurs. Chacun accomplit toujours le même genre de travail, pour lequel il acquiert une compétence particulière. Ainsi s'institue peu à peu une division du travail matériel et du travail intellectuel. Dès lors, la **division du travail**, en imposant des tâches parcellaires, morcelle l'homme et condamne chaque individu à s'enfermer dans un cercle d'activité déterminé, auquel il ne peut échapper.

VI — L'aliénation du travail

Initialement, l'artisan produit en totalité un objet qui est donc sa création propre et dans lequel il se reconnaît. Progressivement, avec la manufacture, puis la grande industrie, le travail ouvrier devient travail aliéné. En quoi consiste l'aliénation du travail ? En ce que l'homme se trouve devant son produit comme devant une réalité qui lui est étrangère et le domine. Le producteur ne se reconnaît plus dans la chose qu'il produit. Ce phénomène de l'aliénation (*alienus :* étranger) a été mis en lumière par Marx dans les *Manuscrits de 1844 :* le travail devient extérieur à l'ouvrier qui n'y développe aucune énergie libre et authentique, qu'elle soit physique ou morale.

> ***« L'objet que le travail produit, son produit, l'affronte comme un* être étranger, *comme une* puissance indépendante *du producteur. » (Marx,* Manuscrits de 1844*)***

VII — L'exploitation du travail : travail et plus-value

Le travail, a montré Marx, est non seulement aliéné, mais également exploité. En effet, le propriétaire des moyens de production achète la force de travail de l'ouvrier, son énergie physique et nerveuse. Cette force de travail constitue la seule ressource des producteurs, qui la vendent quotidiennement. Mais le propriétaire, s'il rétribue les producteurs, ne paye pas pour autant à son juste prix la force de travail incorporée dans les marchandises produites. Sur la valeur de huit heures de travail fournies il n'en paye, par exemple, que celle de cinq. Les trois autres sont gratuites et créent une plus-value, c'est-à-dire une valeur supplémentaire produite par le travailleur, en contre-partie de laquelle il ne perçoit aucune rétribution.

> ***«La production de plus-value n'est autre chose que la production de valeur, prolongée au-delà d'un certain point. Si le processus de travail ne dure que jusqu'au point où la valeur de la force de travail payée par le capital est remplacée par un équivalent nouveau, il y a simple production de valeur; quand il dépasse cette limite, il y a production de plus-value.» (Marx,*** **Le Capital*****)***

VIII — Bilan sur l'aliénation et l'exploitation

Que penser de cette critique marxiste du travail humain aliéné et exploité? L'exploitation proprement dite diminue de nos jours progressivement, sous l'effet de longues luttes ouvrières. La part de plus-value tend donc à se réduire dans nos sociétés contemporaines; elle reste cependant un principe même de la société capitaliste : toute entreprise, industrielle ou commerciale, fait des bénéfices, sans lesquels elle ne pourrait survivre. Par ailleurs, l'aliénation demeure : la tâche[1] parcellaire et déshumanisée dont le travail à la chaîne est l'aboutissement ultime, constitue encore une des donnée de base de notre civilisation industrielle.

Mais un mouvement de réaction s'est amorcé depuis une vingtaine d'années pour restituer au travail sa valeur humaine : on tend à attribuer à de petits groupes la responsabilité collective de certaines productions.

IX — Le loisir

Le loisir peut-il apporter une réponse aux multiples problèmes du travail et constituer — malgré l'aliénation de la production — une sphère de liberté et d'épanouissement? C'est ce que semblent suggérer certains sociologues qui définissent le loisir comme un ensemble d'occupations auxquelles l'individu peut s'adonner de son plein gré.

Il nous paraît vain de rêver d'un loisir libre et pur de toute aliénation si le travail demeure déshumanisé. Le loisir ne peut alors que prolonger la servitude du travail. La routine du labeur entraîne la passivité et la dévalorisation du loisir, comme le notait justement Marcuse :

> ***«L'aliénation et l'enrégimentement débordent du temps de travail sur le temps libre. Une telle coordination ne doit pas être imposée de l'extérieur par les agences de la société et, formellement, elle ne l'est pas. C'est la longueur de la journée de travail elle-même, la routine lassante et mécanique du travail aliéné qui accomplit ce contrôle sur les loisirs. Cette longueur et cette routine exigent que les loisirs soient une détente passive et une re-création de l'énergie en vue du travail futur.» (H. Marcuse,*** **Eros et civilisation,** ***Editions de Minuit, 1966)***

---

1. *Cf.* la fiche sur «la technique» (§ 6).

Conclusion

La question réelle n'est pas d'abord celle du loisir, mais celle **du sens et de la signification du travail humain**. Le vrai travail est celui qui est librement choisi, selon ses propres valeurs, celui où la peine est liée au plaisir. Alors le plaisir s'y ajoute comme à la jeunesse sa fleur.

Peut-être, toutefois, sommes-nous à l'aurore d'une nouvelle société : les techniques de production contemporaines, d'une part, la puissance de production du travailleur moderne, d'autre part, laissent prévoir un temps moindre nécessaire à la subsistance par le travail et, peut-être alors un déplacement du champ des désirs humains.

SUJETS DE BACCALAURÉAT

— ***Dégagez l'intérêt philosophique de ce texte :***

« Dans la glorification du "travail", dans les infatigables discours sur la "bénédiction du travail", je vois la même arrière-pensée que dans les louanges adressées aux actes impersonnels et utiles à tous : à savoir la peur de tout ce qui est individuel. Au fond, on sent aujourd'hui, à la vue du travail — on vise toujours sous ce nom le dur labeur du matin au soir — qu'un tel travail constitue la meilleure des polices, qu'il tient chacun en bride et s'entend à entraver puissamment le développement de la raison, des désirs, du goût de l'indépendance. Car il consume une extraordinaire quantité de force nerveuse et la soustrait à la réflexion, à la méditation, à la rêverie, aux soucis, à l'amour et à la haine, il présente constamment à la vue un but mesquin et assure des satisfactions faciles et régulières. Ainsi une société où l'on travaille dur en permanence aura davantage de sécurité; et l'on adore aujourd'hui la sécurité comme la divinité suprême... » Nietzsche, **Aurore** ***(écrit en 1880) (Poitiers, B, 83)***

— ***Qu'est-ce qui pousse l'homme à travailler? (Strasbourg, C. D, 83)***

— ***Le travail est-il nécessairement aliénant pour l'homme? (Amérique du Sud, B, 82)***

— ***Y a-t-il entre le travail et la propriété une relation nécessaire? (Poitiers, B, 77)***

— ***Que vaut, selon vous, la traditionnelle opposition entre travail manuel et travail intellectuel? (Antilles, A, 77)***

— ***Le travail est-il, pour l'homme moderne, un droit ou bien une fatalité ? (Clermont-Ferrand, B, juin 1985)***

— ***Le travail est-il, pour l'individu, le moyen de devenir une personne ? (Montpellier, B, juin 1986)***

— ***Les hommes doivent-ils travailler pour être humains ? (Espagne, A, juin 1986)***

— ***Peut-on affranchir le travailleur de toute servitude ? (Lille, B, 1988)***

— ***Le travail est-il nécessairement le contraire du jeu ? (Espagne, B, juin 1989)***

— ***Peut-on identifier œuvre et travail ? (Regroupement III, B, juin 1990)***

— ***A quoi reconnaît-on qu'une activité est un travail ? (Espagne, B, juin 1990)***

— ***Aimer son travail, est-ce encore travailler ? (Amérique du Sud, C.D.E., juin 1990)***

LES ÉCHANGES

• La notion d'échange n'a pas seulement un sens économique. Pour bien comprendre l'échange, intégrez-le dans la **fonction de communication,** acte par lequel nous entrons en relation avec nos semblables (§ 1).

• Distinguez bien l'échange dans les sociétés archaïques (le don, § 2, 3 et 4), l'échange matrimonial (essentiellement dans ces mêmes sociétés primitives, § 5) et l'échange au sens strictement économique et moderne du terme (avec monnaie et commerce § 6, 7, 8).

• Lisez, en même temps que cette fiche, celle qui est consacrée au langage, phénomène d'information et de communication. Le langage, lui aussi, est une forme d'échange.

I — L'échange, fait de communication

Échanger, c'est donner et recevoir, céder, moyennant contrepartie, des biens, des personnes ou des signes. La première définition de l'échange est très générale et déborde le cadre strictement économique. Je puis échanger des paroles, tout comme je puis céder des biens. Pour comprendre l'échange, il faut l'intégrer et le saisir dans la **« fonction de communication »** : l'homme est, en effet, un être qui communique, qui dia-logue. La communication avec autrui représente un trait universel de la pensée et de l'existence humaine ; c'est un type de rapport privilégié, permettant la constitution de l'être personnel[1]. Il faut donc comprendre l'échange dans toute sa généralité, à la lumière de la grande **circulation** qui s'opère dans les sociétés humaines :

> ***« Il y a dans la communication une vertu créatrice, dont l'homme isolé ressent douloureusement la privation... La grâce de la communication, où l'on donne en recevant, où l'on reçoit en donnant, c'est la découverte du semblable, du prochain... Chacun reconnaît l'autre et reçoit de lui cette même reconnaissance sans laquelle l'existence humaine est impossible. Car, réduit à lui-même, l'homme est beaucoup moins que lui-même. » (G. Gusdorf,*** **La parole,** ***PUF, 1960)***

II — L'échange dans les sociétés archaïques : le don

Dans les sociétés archaïques ou primitives, l'échange se présente essentiellement sous forme de **dons réciproques :** on ne constate jamais de simples échanges de biens au cours d'un marché passé entre individus. Ce sont les **collectivités** qui **offrent** des richesses, des festins, des politesses, des femmes ou des enfants. Cette forme primitive de l'échange a un

1. *Cf.* la fiche sur « autrui » et celle sur « le langage ».

caractère **supra-économique.** C'est un « phénomène social total », doué de signification magique et religieuse. Aussi ces prestations et contre-prestations sont-elles rigoureusement réglementées, malgré leur apparence volontaire. Familles et clans **doivent faire des dons** à l'occasion des naissances, des mariages, des décès, des traités de paix, etc.

> ***« Ces prestations et contre-prestations s'engagent sous une forme plutôt volontaire, par des présents, des cadeaux, bien qu'elles soient au fond rigoureusement obligatoires, sous peine de guerre privée ou publique. » (M. Mauss,*** **Essai sur le don,** ***in*** **Sociologie et anthropologie,** ***PUF, 1950)***

III — Exemple : le potlatch. Donner pour surpasser

L'illustration la plus célèbre de ces prestations totales, de ces dons à signification religieuse et magique, nous est fournie par le *potlatch* des Indiens de la côte Pacifique d'Amérique du Nord. « Potlatch » veut dire essentiellement nourrir, consommer. Ces tribus, fort riches, vivant dans les îles ou sur la côte, passent leur temps dans une fête perpétuelle, avec banquets, foires et marchés. De quoi s'agit-il dans le potlatch ? De surpasser un rival en munificence, de l'écraser sous des obligations auxquelles il ne pourra satisfaire en retour. L'échange se fait sous la forme du don qui écrase le rival. **Échanger,** c'est **donner** pour **surpasser.**

> ***« Il y a prestation totale en ce sens que c'est bien tout le clan qui contracte pour tous, pour tout ce qu'il possède et pour tout ce qu'il fait, par l'intermédiaire de son chef. Mais cette prestation revêt, de la part du chef, une allure agonistique[1] très marquée. Elle est essentiellement usuraire et somptuaire, et l'on assiste avant tout à une lutte des nobles pour assurer entre eux une hiérarchie dont, ultérieurement, profite leur clan. » (M. Mauss,*** **op. cité** ***)***

IV — Le sens du potlatch : dilapidation et lutte pour le prestige

Comment comprendre le potlatch, l'échange dans les sociétés primitives ? Dans le don, dans la prestation totale, dans le potlatch, l'individu — ou plutôt la collectivité — dilapide des richesses et les brûle ; il les anéantit. En dépensant dans la gloire, en donnant des fêtes, n'est-ce pas le plus grand **pouvoir** et le plus grand **prestige** que conquiert le clan ? Ici, l'économie n'est pas un processus de thésaurisation et d'épargne, mais de dépense et de générosité. Or, la dilapidation et la destruction des choses (si éloignées de la production et reproduction capitalistes des biens), ne confèrent-elles pas, finalement, le plus grand prestige ?

> ***« La meilleure preuve du caractère supra-économique de ces échanges est que, dans les*** **potlachs,** ***on n'hésite pas à détruire parfois des valeurs considérables en brisant et en jetant à la mer un « cuivre », et qu'un plus grand prestige résulte de l'anéantissement de la richesse que de sa distribution, pourtant libérale, mais qui suppose toujours un retour. » (C. Lévi-Strauss,*** **Les Structures élémentaires de la parenté,** ***PUF, 1949)***

---

1. Agonistique : du grec ἀγωνίζομαι combattre, lutter ; qui a la signification d'une **lutte,** d'un **combat.**

V — L'échange des femmes

Claude Lévi-Strauss a replacé, à juste titre, les échanges matrimoniaux dans le système global de communication et de don des sociétés archaïques. Dans la hiérarchie des échanges, les femmes constituent, en effet, un bien important. C'est ce que montre l'étude des structures de la parenté.

La **prohibition de l'inceste**[1] est ici tout à fait remarquable, car elle constitue un fait universel. Or elle comporte tout d'abord un aspect **négatif** puisqu'elle représente une **interdiction** : tu ne choisiras pas n'importe quelle femme, par exemple telle cousine. Le lien sexuel avec certains parents est rigoureusement interdit et prohibé. Ainsi se régule la cohésion du groupe, à travers un ensemble de règles et d'interdits.

Mais l'**interdit** est aussi une règle d'**échange** et de **circulation,** de communication et de **don.** La stipulation négative de la prohibition a une contrepartie positive, l'**échange des femmes.** Si l'interdiction défend, en même temps elle ordonne : la prohibition de l'inceste est, en effet, une règle de **réciprocité.** La femme refusée est, par cela même, offerte à d'autres, prise dans le grand flux de la circulation et du don. C'est par le don des femmes que se fait le passage de la nature à la culture.

> ***« Le phénomène fondamental, qui résulte de la prohibition de l'inceste est (le suivant) : c'est qu'à partir du moment où je m'interdis l'usage d'une femme, qui devient ainsi disponible pour un autre homme, il y a, quelque part, un homme qui renonce à une femme qui devient, de ce fait, disponible pour moi. Le contenu de la prohibition n'est pas épuisé dans le fait de la prohibition ; celle-ci n'est instaurée que pour garantir et fonder, directement ou indirectement, un échange » (C. Lévi-Strauss,*** **op. cité*****)***

Ainsi, ces règles de mariage sont des règles d'échange : ce sont des « transactions entre hommes, à propos de femmes ». Dans les sociétés primitives, les femmes sont données, comme sont offerts et donnés les objets.

VI — Les échanges économiques : valeur d'usage et valeur d'échange

Les échanges de femmes s'intègrent ainsi dans le système du don réciproque. Bien entendu, cet échange matrimonial — tout comme le potlatch — possède un caractère supra-économique. Donner une femme, faire un don, prend place dans le grand circuit de la générosité générale. On donne (ou l'on gaspille) pour acquérir du pouvoir ou du prestige. Nos sociétés « évoluées » n'ignorent pas ce type d'échange, comme le montre le mécénat moderne, et même quand nous « rendons » un repas, nous fonctionnons de la même façon que les sociétés dites « primitives ».

---

1. *Cf.* la fiche sur « nature et culture ».

Mais nos sociétés connaissent aussi les échanges proprement économiques : ce sont des transactions commerciales s'effectuant soit directement (troc), soit par l'intermédiaire de la monnaie. Ces échanges et transactions supposent la distinction de la **valeur d'usage** et de la **valeur d'échange.** Quand je considère seulement l'utilité ou l'agrément d'un produit, j'envisage ainsi sa valeur d'usage. Alors, il ne donne pas lieu à un échange avec un autre produit. Par contre, si l'objet est échangé contre un autre produit, sa valeur d'échange est mise en jeu. Aristote avait bien établi cette distinction dans la **Politique.**

> ***« Chacune des choses que nous possédons a deux usages, dont aucun ne répugne à sa nature, mais, pourtant, l'un est propre et conforme à sa destination, l'autre est détourné à quelque autre fin. Par exemple, l'usage propre d'un soulier est de chausser; on peut aussi le vendre ou l'échanger pour se procurer de l'argent ou du pain, ou quelque autre chose, et cela sans qu'il change de nature; mais tel n'est pas là son usage propre, n'ayant pas été inventé pour le commerce. Il en va de même des autres choses que nous possédons. La nature ne les a point faites pour être échangées; mais les hommes en ayant les uns plus, les autres moins qu'il ne leur faut, ce hasard en a amené l'échange. » (Aristote,*** **Politique*****)***

VII — Les échanges économiques : troc et monnaie

L'échange en nature est le troc. On échange alors directement un objet contre un autre, sans aucune médiation : par exemple une paire de sabots contre un sac de pommes de terre. Mais l'échange peut se faire aussi par l'intermédiaire de la monnaie. inventée pour les besoins du commerce, et qui, en retour, le modifie profondément en facilitant les échanges. Monnaie et argent sont, en effet, des équivalents abstraits. Aristote, ici encore, a été un remarquable économiste, qui a bien mis en lumière le rôle de la monnaie et de l'argent :

> ***« On convint donc de se donner et de recevoir réciproquement en échange quelque autre chose qui, outre sa valeur intrinsèque, eût la commodité d'être plus maniable et d'un transport plus facile, telle que du métal, soit du fer, soit de l'argent, soit tout autre, qu'on détermina d'abord par son volume et par son poids, et qu'ensuite on marqua d'un signe distinctif de sa valeur. » (Aristote,*** **Politique*****)***

VIII — L'argent, moyen d'échange universel : son pouvoir

L'argent désigne, en définitive, toute monnaie, quelle qu'elle soit, toutes les formes de la monnaie. Notons, avec Marx, qu'il est un équivalent général, un moyen d'échange universel. La marchandise s'échange contre ce moyen d'échange universel.

Ce moyen d'échange universel possède, comme l'a montré Marx dans les *Manuscrits de 1844,* le plus grand pouvoir, dans la mesure où il est un **échangeur** universel, un médiateur entre les objets et l'homme. L'argent, lien de tous les liens, est un véritable démiurge :

*« L'*argent *en possédant la* qualité *de tout acheter, en possédant la qualité de s'approprier tous les objets, est donc* l'objet *comme possession éminente. L'universalité de sa* qualité *est la toute-puissance de son essence. Il passe donc pour tout-puissant... L'argent est* l'entremetteur *entre le besoin et l'objet, entre la vie et le moyen de subsistance de l'homme. » (Marx,* Manuscrits de 1844*)*

Conclusion

Ainsi, nous avons dégagé deux types d'échanges : les échanges des sociétés archaïques, où l'on brûle et dilapide les biens, les échanges proprement économiques de nos sociétés, où il s'agit de thésauriser et d'accumuler, où l'argent est roi parce qu'il possède la qualité de tout acheter. À l'accumulation des sociétés modernes, s'oppose donc profondément la dilapidation des sociétés archaïques.

SUJETS DE BACCALAURÉAT

— *La notion d'échange n'a-t-elle de sens qu'économique ? (Maroc, B, 83)*

— *En quel sens les échanges économiques sont-ils des faits de communication ? (Polynésie française, B, 82)*

— *Peut-on tout échanger ? (Amiens, B, 83)*

— *Les relations entre les hommes peuvent-elles toutes être interprétées en terme d'échange ? (Lille, B, 78)*

— *Comment concevoir les rapports entre les échanges économiques et l'ensemble de la vie sociale ? (Rouen, B, juin 1986)*

— *Le don peut-il être gratuit, ou n'est-il qu'une forme de l'échange ? (Poitiers, B, juin 1986)*

— *La morale a-t-elle sa place dans les rapports économiques ? (Montpellier, B, 1988)*

— *Tout peut-il s'acheter ? (Paris, B, juin 1989)*

— *La nécessité des échanges peut-elle ne pas entraîner la dépendance à l'égard d'autrui ? (Antilles, Guyane, B, septembre 1989)*

LA TECHNIQUE

• Si la technique en tant que telle ne suscite que peu de sujets de baccalauréat, néanmoins, le problème de son **utilisation par l'homme** est assez fréquemment soulevé.

• Distinguez bien le premier niveau de la technique (avec l'outil, § 1 à 4) et son développement ultérieur, avec la **machine** (§ 5).

• Réfléchissez, par conséquent, sur la machine et la civilisation technicienne moderne dans une perspective **morale :** ici se pose le problème des dangers de la technique (§ 7).

• Il est impossible de condamner radicalement la technique : son **aspect positif** doit retenir l'attention du philosophe (§ 8). L'organisation dichotomique du travail devrait disparaître elle-même avec le développement de l'informatique (§ 8).

• En **conclusion,** le procès **absolu** de la technique semble absurde.

• Lisez en liaison avec cette fiche, celle consacrée au « travail », qui vous permet d'approfondir des thèmes voisins.

I — Homo faber

Le terme de technique est récent : il n'apparaît qu'au XVIIIe siècle car, jusqu'à cette époque, c'est le concept d'art[1] qui est utilisé. Le sens de ce dernier se déplace (à la fin du XVIIIe siècle) vers le domaine de l'esthétique, et le mot technique le remplace. La technique désigne dès lors un ensemble de procédés transmissibles permettant de reproduire des fins utiles.

Homo faber : l'homme, avant d'être *sapiens,* sage, est d'abord un fabricant d'outils. Bergson a bien mis ce thème en évidence. Ce sont les premières armes, les premiers outils qui nous signalent l'apparition de l'homme sur la Terre. Les âges de l'humanité sont d'abord ceux de son outillage.

> ***« Si nous pouvions nous dépouiller de tout orgueil, si, pour définir notre espèce, nous nous en tenions strictement à ce que l'histoire et la préhistoire nous présentent comme la caractéristique constante de l'homme et de l'intelligence, nous ne dirions peut-être pas*** **Homo sapiens,** ***mais*** **Homo faber.** ***En définitive, l'intelligence, envisagée dans ce qui en paraît être la démarche originelle, est la faculté de fabriquer des objets artificiels, en particulier des outils à faire des outils, et, d'en varier indéfiniment la fabrication. » (Bergson,*** **L'évolution créatrice,** ***PUF, 1947)***

1. *Cf.* la fiche sur « l'art » (§ 1).

II — La technique comme activité vitale

La technique est d'abord une activité vitale. Elle se situe dans le prolongement de la vie et de ses exigences. Pour bien en saisir l'essence, il faut considérer la lutte pour la vie. En effet, les individus affrontent un monde dont ils doivent triompher s'ils ne veulent succomber. Toute leur existence est une lutte farouche, sans pitié, de leur vouloir-vivre, de leur volonté de puissance. Qu'est-ce alors que la technique ? Elle est essentiellement, comme le souligne Spengler, un phénomène **vital** et **biologique,** une adaptation de l'homme à un milieu cruel. L'homme a une technique parce qu'il est un « animal de proie ».

III — Productions animales et techniques humaines

Si la technique est d'abord vitale et biologique puisqu'elle correspond à l'adaptation du vivant à un milieu, il importe cependant de ne pas confondre la technique[1] humaine, cet acte de souveraine liberté, avec les productions animales, génériques (elles appartiennent à l'espèce) et statiques. Spengler fait la différence entre ces deux modes d'action, qui s'opposent comme la liberté à l'opaque royaume de la nécessité. De même que le travail est essentiellement humain, de même la technique inventive et libre appartient à l'homme.

Abeilles et castors bâtissent, certes, des édifices, de même que les fourmis connaissent l'« élevage » des pucerons. Mais les créations de ces animaux font partie de l'équipement génétique de l'espèce, elles sont génériques et, en tant que telles, statiques et immuables.

Au contraire, la technique humaine est personnelle, libre, imaginative et évolutive. La technique de l'homme est une **invention.** L'homme est un être qui dépasse l'espèce, au contraire de l'animal qui demeure anonyme et dépendant.

> ***« Dans l'existence de l'homme, la technique est consciente, arbitraire, modifiable, personnelle,*** **imaginative** ***et*** **inventive.** ***Elle peut s'apprendre et être perfectionnée. L'homme est devenu le*** **créateur** ***de sa tactique vitale. » (O. Spengler,*** **L'homme et la technique,** ***NRF, 1958)***

IV — L'outil et la main

L'homme, créateur de sa technique vitale, a inventé d'abord l'outil, qui représente la forme la plus élémentaire des instruments destinés au travail. Or, il faut souligner ici le rôle de la main et faire son éloge. En effet, dès l'origine, l'outil apparaît comme le prolongement de la main. La main, lorsqu'elle est désarmée, est en soi inutile. Elle appelle donc l'outil, qui est en quelque sorte son extériorisation. La bête, qui est sans main, n'a pu créer qu'une industrie immuable et monotone. C'est la « main pensante » qui a permis à l'homme de devenir créateur.

1. *Cf.* les fiches sur « le travail », « la société », « la culture ».

« Entre la main et l'outil, commence une amitié qui n'aura pas de fin. L'une communique à l'autre sa chaleur vivante et le façonne perpétuellement. Neuf, l'outil n'est pas « fait », il faut que s'établisse entre lui et les doigts qui le tiennent un accord né d'une possession progressive, de gestes légers et combinés, d'habitudes mutuelles et même d'une certaine usure. Alors, l'instrument inerte devient quelque chose qui vit. » (H. Focillon, **L'éloge de la main,** *in* **La vie des formes,** *PUF, 1955)*

V — De l'outil à la machine

Jusqu'à la fin du XVIIIe siècle, l'outil, ce prolongement de la main, demeure l'instrument essentiel de la production. A cette époque naît la machine, qui marque la première grande **révolution industrielle.**

Marx, dans *Le Capital,* a bien montré ce passage de l'outil à la machine, qu'il faut saisir et examiner sous sa forme développée. Elle se compose de trois parties : le moteur, la transmission, et, enfin, la **machine-outil;** la machine-outil exécute ce que le travailleur réalisait auparavant avec ses instruments. Ainsi l'outil passe dans le corps de la machine. La « machine-outil » a constitué la base technique du machinisme, ce nouveau système de production.

« La machine-outil est donc un mécanisme qui, ayant reçu le mouvement convenable, exécute avec ses instruments les mêmes opérations que le travailleur exécutait auparavant avec des instruments pareils. Dès que l'instrument, sorti de la main de l'homme, est manié par un mécanisme, la machine-outil a pris la place du simple outil » (Marx, **Le Capital***)*

VI — Les effets du machinisme : division du travail intellectuel et manuel

Marx a bien dégagé certains effets immédiats de la machine. Elle permet l'intensification du travail, par la subdivision des tâches. Elle sépare et oppose travail intellectuel et travail manuel. Les puissances intellectuelles de la production se développent d'un côté, tandis qu'elles disparaissent de l'autre. Cette dichotomie du travail intellectuel et du travail manuel constituera un problème grave, dans l'évolution industrielle. Néanmoins, pour Marx, la machine est un instrument de progrès. Le problème n'est pas celui de la technique, mais celui de la **maîtrise de la technique par l'homme.** Il s'agit de mettre fin à la scission du travail intellectuel et du travail manuel, grâce à un régime social « désaliéné ».[1]

« (Cette scission) se développe dans la manufacture, qui mutile le travailleur au point de le réduire à une parcelle de lui-même; elle s'achève enfin dans la grande industrie qui fait de la science une force productive indépendante du travail et l'enrôle au service du capital. » (Marx, **op. cité***)*

1. *Cf.* la fiche sur « le travail », ainsi que celle sur « l'histoire ».

VII — La civilisation technicienne moderne

Aujourd'hui, l'homme n'apparaît-il pas de plus en plus comme un apprenti sorcier, prisonnier de ses productions et de sa technique? Bien plus encore qu'au temps de Marx, la civilisation technique semble piéger l'homme.

La **seconde révolution industrielle** est apparue à peu près à la mort de Marx, dans le dernier tiers du XIXe siècle. Elle est caractérisée par le moteur à turbine, le moteur à explosion, etc. Aujourd'hui, les hommes sont entrés dans la **troisième révolution industrielle,** celle qui correspond à l'application de l'énergie atomique.

Non seulement l'organisation dichotomique du travail n'a pu vraiment être dépassée, malgré un besoin accru de techniciens très qualifiés, non seulement subsistent les tâches répétitives et parcellaires, mais le milieu technique devient de plus en plus contraignant.

> ***«La jungle d'influences quotidiennes que (le milieu technique) installe ne fait que s'épaissir, menaçant de plus en plus les valeurs humaines de l'individu, de la culture dans tous les pays d'industrie évoluée, en Europe comme en Amérique. La prolifération diurne et nocturne des techniques, la ronde infernale des besoins (qu'elles créent et qui, à leur tour, les nourrissent), leur rythme, leur intensité commandent des actions de plus en plus nombreuses sur l'individu, son affectivité, sa mentalité, son équilibre physique et moral.» (G. Friedmann,*** **La grande aventure,** ***in*** **Sept études sur l'homme et la technique,** ***Denoël-Gonthier, 1977)***

VIII — Pour une technique dominée par l'homme

Un vide a été créé par la civilisation technicienne, dans la mesure où elle a arraché l'homme à un milieu naturel qu'elle détruit pour le précipiter dans un environnement artificiel qu'il maîtrise mal. Elle le dépouille ainsi de la régulation des rythmes naturels sans lui apporter une authentique culture, en le jetant simplement dans l'ennui ou le malaise : on peut parler du **vide existentiel** de l'homme dans la civilisation technicienne.

Néanmoins, il serait par trop facile de condamner radicalement la technique. Notons, tout d'abord, que la toute dernière révolution industrielle, celle de l'**informatique** et du **traitement de l'information,** semble annoncer une profonde mutation. A la longue, le travail ouvrier tel qu'il est conçu aujourd'hui, avec l'organisation dichotomique de la production — énergie intellectuelle d'un côté, énergie manuelle de l'autre — est conduit à profondément changer, puisque l'évolution nous oriente vers des **machines capables de prendre des décisions élémentaires.**

D'une manière générale, la condamnation radicale de la technique paraît impossible. Comment sous-estimer son aspect positif, l'allégement du travail qu'elle apporte, le support qu'elle représente pour le développement scientifique et, enfin, l'élimination, grâce à elle, de certains phénomènes naturels catastrophiques (famines, inondations, etc.)?

Le problème est, en définitive, celui de la maîtrise de l'homme par lui-même, à travers l'éducation.

> ***« L'observation de la civilisation technicienne, malgré tant de misères physiques et morales, d'échecs et de dangers terrifiants, conduit à dire résolument : Oui ! à la technique, mais à la technique dominée par l'homme. » (G. Friedmann,*** **op. cité*****)***

Conclusion

Le procès absolu de la technique paraît absurde : celle-ci peut se révéler, comme la langue d'Ésope, la meilleure et la pire des choses.

SUJETS DE BACCALAURÉAT

— Comment la machine peut-elle être, à la fois, œuvre humaine et source d'aliénation pour l'homme ? *(Caen, B, 84)*

— Faut-il redouter les machines ? *(Strasbourg, C. D., 83)*

— La diffusion croissante des résultats scientifiques et techniques rend-elle l'homme plus rationnel ? *(Antilles-Guyanne, C. D, 82)*

— La science et la technique peuvent-elles aider à résoudre les problèmes politiques ? (Limoges, C.D.E., juin 1985)

— La valeur d'une civilisation est-elle fonction de son développement technique ? (Rouen, B, juin 1985)

— Que peut-on attendre de la technique ? (Toulouse, A, septembre 1985)

— La valeur d'une civilisation se réduit-elle au développement de sa technique ? (D', septembre 1987)

— Peut-on parler d'un art industriel ? (Amérique du Nord, C.D.E., juin 1988)

— La réussite technique est-elle le critère de la vérité scientifique ? (Amérique du Nord, C.D.E., juin 1989)

— Toute technique vise-t-elle à fabriquer des objets ? (Antilles, Guyane, C.D.E., septembre 1989)

— Le développement de la technique obéit-il à une fatalité ? (Regroupement V, A, juin 1990)

L'ART

• Il s'agira, dans cette fiche, de comprendre la **spécificité** de l'Art et du Beau. L'Art est la **création d'une réalité spirituelle authentique** (§ 5), et non point une pâle imitation de la nature. Quant au Beau, il est irréductible à l'agréable ou à l'utile, comme l'a montré Kant (§ 10).

• Distinguez bien l'art, au sens **moderne** du terme, comme création de choses belles, de l'art dans sa signification **originelle,** comme ensemble de procédés permettant d'obtenir certaines fins (§ 1).

• L'Art n'est ni une imitation de la nature comme le voulait Platon (§ 2 et 3), ni un objet du désir (§ 4). Hegel a critiqué, à juste titre, ces fausses visions de l'art, et montré (§ 5) que l'art est création d'une **réalité spirituelle**. Dès lors, le Beau artistique peut se définir comme la manifestation sensible de l'Idée (§ 6). Distinguez bien la **Beauté** de la **Vérité** (§ 7).

• La **création artistique** est moins un délire, comme l'entendait Platon (§ 8) qu'un travail et une action de l'intelligence (§ 9).

• Quant au jugement de goût, il est à la fois désintéressé, universel et nécessaire, comme l'a montré Kant (§ 10).

I — Art : les deux sens du mot

Le mot art signifie deux choses : d'abord — et telle est sa signification originelle — un ensemble de procédés permettant d'obtenir certains résultats et d'atteindre certaines fins. C'est en ce sens que l'on parle des «arts ménagers», des «arts et métiers», de l'art culinaire, etc. L'art s'oppose ici à la science envisagée comme pur savoir, indépendant des applications possibles.

Mais l'art désigne aussi la création de choses belles, d'objets esthétiques. Nous retiendrons ici cette seconde notion de l'art, que nous allons expliciter.

> ***«L'art ou les arts désignent toute production de la beauté par les œuvres d'un être conscient.»*** *(***Dictionnaire philosophique Lalande,*** ***article Art, PUF, 1950)***

II — L'art est-il imitation de la nature?

N'est-il pas évident, pour le bon sens populaire, que l'art consiste à imiter la nature et à la reproduire, à re-créer et à refaire habilement ce qui existe déjà dans le monde extérieur?

Telle était déjà l'opinion de Platon, en particulier dans la *République.* Pour Platon, l'art n'est qu'une copie de copie, car le premier modèle c'est l'Idée[1], modèle de toutes choses, par exemple l'Idée de lit. Quand l'artisan travaille, il prend l'Idée comme loi de fabrication et crée alors le lit sensible et matériel. Mais que va faire l'artiste? Il se borne à reproduire et à copier le lit sensible, réalisé par le menuisier, lit qui, lui-même, est une copie. Ainsi la matière artistique vient au troisième rang dans l'ordre des réalités : d'abord l'Idée, ensuite les choses empiriques, enfin les créations de l'art. Dès lors, l'art n'est qu'un mensonge et une illusion, mensonge au deuxième degré, puisque déjà le sensible nous égare. Le beau artistique est un fantôme et une tromperie!

> ***« Quel but se propose la peinture relativement à chaque objet? Est-ce de représenter ce qui est tel qu'il est, ou ce qui paraît tel qu'il paraît; est-ce l'imitation de l'apparence ou de la réalité? De l'apparence... L'art d'imiter est donc bien éloigné du vrai. »(Platon,*** **La République*****)***

III — Hegel : le principe de l'imitation est irrecevable

Le principe de l'imitation ne nous permet guère de saisir la nature profonde de l'art. Hegel, dans son *Esthétique* (1818-1829) a bien mis en évidence le caractère absurde de ce principe.

Pourquoi, tout d'abord, reproduire la nature une seconde fois? N'est-ce pas une tâche **superflue ?** Ce que nous contemplons déjà dans nos jardins ou nos maisons, il n'est nulle raison de le refaire inutilement. De plus, la reproduction du sensible est non seulement superflue, mais **présomptueuse**. L'art d'imitation ne peut que fort difficilement rivaliser avec la nature et reste ainsi en deçà d'elle. Enfin, l'examen des différents arts montre bien l'absurdité de la thèse imitative :

> ***« Si la*** **peinture,** ***la*** **sculpture** ***représentent des objets qui paraissent ressembler aux objets naturels ou dont le type est essentiellement emprunté à la nature, on accordera par contre qu'on ne peut pas dire que l'*****architecture,** ***qui pourtant fait partie aussi des Beaux-Arts, ni que les créations de la*** **poésie,** ***dans la mesure où elles ne sont pas strictement descriptions, imitent quoi que ce soit de la nature...***
>
> ***L'art doit donc se proposer une autre fin que l'imitation purement formelle de la nature; dans tous les cas, l'imitation ne peut produire que des chefs-d'œuvre de la technique, jamais des œuvres d'art. » (Hegel,*** **Esthétique*****)***

L'art ne représente donc pas, dans son principe, une imitation de la nature; il n'est jamais un reflet du réel.

IV — L'art et le désir

Mais peut-être le désir[2], cette tendance qui pousse l'homme à nier l'objet et à le sacrifier à sa satisfaction personnelle, est-il en mesure de nous faire comprendre le Beau artistique et l'œuvre d'art. Le Beau n'est-il pas ce que je désire et veux posséder?

1. *Cf.* la fiche sur « l'idée ».
2. *Cf.* la fiche sur « le désir ».

Cette vision de l'art est radicalement fausse, nous montre Hegel. Si la représentation d'un nu éveille en moi quelque désir sexuel, c'est que je ne perçois pas le tableau dans sa dimension esthétique. Le Beau artistique ne s'offre jamais à mon désir, il ne concerne que le côté théorique de l'esprit, lequel laisse l'objet subsister dans sa liberté. La relation de l'homme à l'œuvre d'art et au beau n'est pas de l'ordre du désir. Ce point est fondamental.

L'œuvre d'art, loin de se rattacher à mes désirs sensibles, me délivre d'eux et m'entraîne bien loin, dans une satisfaction désintéressée et purement contemplative, comme l'a montré Kant (*Cf.* § 10).

V — L'art est création d'une réalité spirituelle

Toute définition de l'art à partir du sensible ou du désir se révèle insuffisante. L'art est réellement **l'esprit se prenant pour objet, il représente la création d'une réalité nouvelle et spirituelle.** Il dégage la vérité profonde des apparences sensibles et l'exprime. Hegel nous donne l'exemple de la statuaire grecque : l'art hellénique rend la forme humaine plus parfaite, l'anime et la spiritualise. Ce que nous percevons dans l'art hellénique classique, c'est l'esprit tout entier comme constituant le fond de l'ouvrage d'art. André Malraux verra, lui aussi, dans l'art une démiurgie, la création d'une nouvelle réalité spirituelle, une invention de formes :

> ***« L'art naît... de la fascination de l'insaisissable, du refus de copier des spectacles, de la volonté d'arracher les formes au monde que l'homme subit pour les faire entrer dans celui qu'il gouverne... Les grands artistes ne sont pas les transcripteurs du monde, ils en sont les* rivaux. » *(A. Malraux,* Les voix du silence, *NRF, 1959)***

VI — Hegel : le beau est la manifestation sensible de l'Idée

Ainsi, l'Art est l'esprit se prenant pour objet. Nous pouvons, dès lors, voir dans le Beau artistique une expression sensible de l'Idée. Le Beau se définit comme la **manifestation sensible et empirique de l'Idée**[1], élément le plus élevé de la pensée et de l'Être, principe même de toute transcendance. Le Beau, c'est l'unité de la forme sensible et de l'Idée universelle.

VII — Le Beau et le Vrai

C'est donc la représentation sensible de l'Idée qui appartient au Beau artistique. Il y a, par conséquent, une différence essentielle entre le beau et le vrai. Le vrai, c'est l'Idée considérée en elle-même, indépendamment de toute forme sensible. La connaissance tend, en effet, vers l'Idée comme vers son terme ultime. C'est l'Idée en tant que telle qui donne sens au savoir et permet de le totaliser. Au contraire, dans la beauté artistique,

1. *Cf.* la fiche sur « l'idée ».

l'Idée est engagée dans une représentation sensible. Dans un tableau, ce qui compte, ce n'est pas seulement l'Idée qui s'y manifeste, mais la couleur, le pastel, la matière, les données d'ordre sensible et concret. On voit ainsi toute la différence entre le vrai et le beau. Le premier est purement intellectuel, le second est tout pénétré par le concret et le sensible.

> ***« Lorsque le vrai apparaît seulement à la conscience dans la réalité extérieure et que l'idée reste unie et identifiée à son apparence extérieure, alors l'idée n'est pas seulement vraie, mais*** **belle.** ***Le beau se définit donc comme la manifestation sensible de l'idée. » (Hegel,*** **op. cité*****)***

VIII — La création artistique et le problème de l'inspiration

Mais en quoi consiste la création de cette œuvre d'art que nous définissons comme essence spirituelle des choses, comme manifestation sensible de l'Idée? Ici surgit le fameux problème de l'inspiration artistique. Créer, n'est-ce pas d'abord être inspiré par les dieux ou les Muses?

C'est ce que pensait, non sans une apparente contradiction, Platon, pour qui le poète crée grâce à un don divin, un délire, un enthousiasme. L'artiste détient un mystérieux privilège : la suggestion divine le pousse à composer ou peindre, lui qui ne connaît rien à tout ce qu'il fait. Ce n'est point de sang-froid que l'artiste travaille, il est au contraire relié à la chaîne des Muses.

> ***« C'est chose légère que le poète, ailée, sacrée; il n'est pas en état de créer avant d'être inspiré par un dieu, hors de lui, et de n'avoir plus sa raison; tant qu'il garde cette faculté, tout être humain est incapable de faire œuvre poétique. » (Platon,*** **Ion*****)***

IX — Edgar Poe et Nietzsche : la critique de l'inspiration

Cette théorie de l'inspiration n'est guère satisfaisante et éclaire mal la création artistique. Comme l'a remarqué Edgar Poe, elle représente plutôt une coquetterie de l'artiste — ou du philosophe — qu'une expérience réelle. Le poète ou l'écrivain préfèrent dissimuler leurs laborieux efforts. Les enfantements pénibles de la pensée, le travail incertain et mille fois répété, les manuscrits raturés seraient peu agréables au public.

Nietzsche ne parle pas autrement : la croyance au « miracle » poétique prend naissance dans le goût de l'homme pour ce qui est fini et parfait.

> ***« Tout ce qui est fini, parfait, excite l'étonnement, tout ce qui est en train de se faire est déprécié. Or personne ne peut voir dans l'œuvre de l'artiste comment elle*** **s'est faite;** ***c'est son avantage, car partout où l'on peut assister à la formation, on est un peu refroidi. » (Nietzsche,*** **Humain, trop humain*****)***

Comment donc opposer la création artistique en général à l'action de l'**intelligence** et du **travail?** La création artistique représente un labeur, non point le fruit de l'inspiration divine et du pur enthousiasme.

X — Contemplation esthétique et jugement de goût : la théorie kantienne

Il reste à examiner le problème de la contemplation esthétique et, plus exactement, celui du jugement de goût. C'est dans la *Critique du jugement* (1790) que Kant a décrit ce jugement de goût, en des analyses classiques et fondamentales.

1 — Kant compare d'abord l'**agréable,** qui nous procure un plaisir sensible, et le **beau,** où ne se produit aucune satisfaction correspondant au désir sensible. Le beau proprement dit nous entraîne bien loin du désir. Il est lié à une satisfaction **désintéressée** (*cf.* également plus haut : art et désir). Je ne désire pas ce qui est beau. Si un nu du Titien provoque du désir, c'est qu'il n'y a pas expérience esthétique véritable. D'où la première formulation du jugement de goût :

> ***« Le goût est la faculté de juger un objet ou un mode de représentation par la satisfaction ou le déplaisir* d'une façon toute désintéressée. *On appelle* beau *l'objet de cette satisfaction. » (Kant,* Critique du jugement*)***

2 — Kant analyse ensuite l'universalité esthétique, qui est une universalité sans concept. Quand je juge un objet beau, j'attribue à **chacun** le sentiment que j'éprouve devant l'objet. Cette universalité est de droit et non de fait.

D'autre part, cette universalité n'est pas logique : je rapporte l'objet à mon sentiment de plaisir sans user de concept. D'où le deuxième caractère du jugement de beauté :

> ***« Est* beau *ce qui plaît universellement sans concept. » (Kant,* op. cité*)***

On voit que Kant sépare radicalement le **Beau** du **Concept,** alors qu'au contraire, pour Hegel, le Beau est une expression sensible de l'Idée. L'analyse de Hegel, qui rattache le Beau à l'Idée, nous paraît, sous certains aspects, mieux rendre compte de la richesse de cette notion.

3 — Dans le jugement de goût, enfin, se produit une convenance de l'objet à notre imagination et notre entendement : l'objet est **harmonieux**. Mais cette harmonie ne renvoie pas à une fin extérieure à l'art, à une fin déterminée. Il y a bien une finalité (car toutes les parties d'un objet d'art concourent à réaliser un ensemble harmonieux) mais cette finalité est sans fin, car le beau est à lui-même sa fin. Kant peut dire, ajoutant une troisième dimension à son analyse :

> ***« La* beauté *est la forme de la* finalité *d'un objet en tant qu'elle y est perçue sans la représentation d'une fin. » (Kant,* op. cit.*)***

4 — Enfin, la **nécessité** du jugement de goût découle de son universalité. Cette nécessité est subjective.

> ***« Est beau ce qui est reconnu sans concept comme l'objet d'une satisfaction nécessaire. » (Kant,* op. cité*)***

Conclusion

Kant et Hegel ont eu le mérite de souligner l'aspect **désintéressé** de l'expérience esthétique : elle nous délivre du monde et nous libère. L'œuvre d'art ne vise à satisfaire que des intérêts spirituels. Elle doit exclure tout désir, toute norme d'utilité et tout intérêt pratique et moral.

SUJETS DE BACCALAURÉAT

— Est-il possible, dans le domaine des arts, d'avoir tort ou raison lorsqu'on dit : « C'est beau » ? (Dijon, B, 1977)

— La laideur peut-elle faire l'objet d'une représentation esthétique? (Poitiers, A, 83)

— L'œuvre d'art nous met-elle en présence d'une vérité impossible à atteindre par d'autres voies? (Lille, B, 83)

— L'art est-il le règne de l'apparence? (Paris,C. D. E, 84)

— L'art peut-il ne pas être sacré? (Bordeaux, A, 82)

— Qu'est-ce qui distingue la création artistique et l'invention technique ? (Aix-en-Provence, B, juin 1985)

— Une œuvre d'art est-elle un objet sacré ? (Amiens, A, juin 1985)

— En quoi l'art peut-il être considéré comme une chose sérieuse ? (Caen, A, juin 1985)

— Peut-on expliquer une œuvre d'art ? (Aix-Marseille, C.D.E., juin 1986)

— Pourquoi applique-t-on le terme de « création » à l'activité artistique ? (Lille, B, juin 1986)

— En quel sens peut-on parler de beauté morale ? (Sujet national, B, septembre 1987)

— En quel sens l'artiste a-t-il besoin de modèles ? (Athènes, C.D.E., 1987)

— Une œuvre d'art nous invite-t-elle à nous évader du monde ou à mieux le regarder ? (Bordeaux, B, juin 1988)

— Est-il vrai qu'on ne peut pas discuter des goûts ? (Lille, A, juin 1988)

— Comment peut-on juger une œuvre d'art ? (Amiens, C.D.E., juin 1989)

— Peut-on nous reprocher une faute de goût ? (Bordeaux, A, juin 1989)

— Le beau n'est-il que l'objet d'une perception ? (Antilles, A, juin 1989)

— Peut-on affirmer que, par son œuvre, l'artiste crée un autre monde ? (D', septembre 1989)

— Peut-on convaincre quelqu'un de la beauté d'une œuvre d'art ? (Sujet national, B, septembre 1989)

— L'art nous montre-t-il les choses telles qu'elles sont ? (Espagne, C.D.E., juin 1990)

— Une humanité sans art est-elle concevable ? (Espagne, A, juin 1990)

— L'art peut-il se passer de la passion ? (Sujet national, D', juin 1990)

LA RELIGION

• Il s'agit ici de **décrire** le **phénomène religieux,** présent dans toute société humaine, ainsi que les croyances qui s'y rattachent (§ 1 à 5). Faut-il, par ailleurs, accorder créance à la **critique de l'illusion religieuse,** telle qu'elle est développée chez Feuerbach, Marx et Freud (§ 6, 7 et 8) ? A chacun de décider, en son âme et conscience.

• La **religion** ne se confond pas avec la **magie,** ensemble de rites et de procédés occultes (§ 1). C'est un système solidaire de croyances et de pratiques relatives à des choses sacrées (§ 2). La distinction **du profane et du sacré** (§ 3) commande, par conséquent, l'être du phénomène religieux.

• Bergson, en des analyses célèbres, dans *Les deux sources de la morale et de la religion,* a souligné la dualité d'aspects de la réalité religieuse : la **religion statique** (§ 4), essentiellement sociale, à finalité adaptative et pratique, se différencie de la **religion dynamique,** d'essence purement mystique (§ 5).

• La **critique de l'illusion religieuse,** développée dès l'Antiquité, a connu un tournant décisif avec Feuerbach (§ 6), ensuite avec Marx, qui a souligné que la religion crée véritablement un monde inversé («la religion est l'opium du peuple!» § 7), et, enfin, avec Freud, pour qui l'illusion religieuse devrait être dépassée (§ 8).

I — Religion et magie

La religion ne se confond pas avec la magie, cet ensemble de rites et de savoir-faire, cet art d'agir sur la nature par des procédés occultes et d'y produire ainsi des effets extraordinaires : le magicien force le consentement de la nature et tente d'enchaîner les forces surnaturelles et le monde invisible des esprits. La religion, plus désintéressée, se borne à implorer la faveur des dieux sans jamais les contraindre.

Mais la religion et la magie diffèrent aussi par leur objet. Le monde invisible sur lequel doivent agir les rites magiques n'a rien à voir avec la dignité éminente du «Dieu-Personne», qu'implore le croyant avec humilité et respect.

> ***«Le magicien n'a pas affaire à une personne; c'est au contraire à la personnalité du dieu que la religion emprunte sa plus grande efficacité.» (Bergson,*** **Les deux sources de la morale et de la religion*)***

II — Définition de la religion

L'étymologie du mot religion donne bien à voir cette notion de respect qui y est contenue. Si la plupart des Anciens tirent en effet religio de *religare* et y voient l'idée d'un **lien** qui nous unit à la divinité, certains rattachent religio à *religere,* qui signifie vouer un culte et **respecter.** On trouve ainsi dans l'idée de religion le thème d'une obligation envers les dieux.

La religion peut être envisagée sous un double aspect : d'une part, comme institution sociale et objective, et, d'autre part, comme système individuel de croyances.

Une des meilleures définitions de la religion est celle de Durkheim :

> ***« Une religion est un système solidaire de croyances et de pratiques relatives à des choses sacrées, c'est-à-dire séparées, interdites, croyances et pratiques qui unissent en une même communauté morale, appelée Église, tous ceux qui y adhèrent. » (Durkheim,* Les formes élémentaires de la vie religieuse*)***

III — Le profane et le sacré

La religion, nous dit Durkheim, est un système de croyances et de pratiques relatives à des choses sacrées. Effectivement, toute religion est administration du sacré, toute conception religieuse du monde implique la distinction du **sacré** et du **profane.** Qu'est-ce à dire exactement ?

Profane vient du latin *pro-fanum* (devant le temple). Le profane, c'est donc, étymologiquement, ce qui est à l'extérieur du lieu consacré, par opposition au sacré, qui appartient à un ordre de choses séparé, réservé et inviolable. Comme le note Durkheim, sacré et profane sont deux termes corrélatifs qui n'ont de sens que l'un par rapport à l'autre et forment un cadre essentiel de la pensée. Ce qui ne signifie pas que la notion de sacré soit très claire : en fait, le sacré est une qualité que les choses ne possèdent pas par elles-mêmes, mais qu'une grâce mystérieuse vient leur ajouter. C'est donc la propriété stable ou éphémère de certaines choses (les instruments du culte), de certains êtres (le roi, le prêtre), de certains espaces (le temple, l'église, le monastère...).

Qualité produite par une grâce, le sacré est, pour le croyant, source de toute efficacité. C'est une force avec laquelle l'homme doit compter, une énergie incompréhensible et dangereuse qui vivifie l'expérience religieuse.

> ***« Le domaine du profane se présente comme celui de l'*usage commun*, celui des gestes qui ne nécessitent aucune précaution et qui se tiennent dans la marge souvent étroite laissée à l'homme pour exercer sans contrainte son activité. Le monde du sacré, au contraire, apparaît comme celui du dangereux et défendu : l'individu ne peut s'en approcher sans mettre en branle des forces dont il n'est pas le maître et devant lesquelles sa faiblesse se sent désarmée. » (R. Caillois,* L'homme et le sacré, *Gallimard, 1961)***

IV — Les deux formes de la religion

1 — La religion statique

Mais une analyse plus fine de la religion renvoie non seulement aux catégories du sacré et du profane, mais à une forme **statique** et à une forme **dynamique** de l'expérience religieuse. Ainsi Bergson a-t-il mis en évidence cette dualité d'aspects du phénomène religieux, dans *Les deux sources de la morale et de la religion.*

La religion statique permet d'assurer la **conservation sociale** : les tabous et interdits religieux sont avantageux à la société et à l'espèce. Ainsi en est-il des interdits réglementant les relations sexuelles, manifestement utiles pour assurer la bonne cohésion des groupes.

Assurance contre la désorganisation, la religion statique permet aussi de **se prémunir contre l'angoisse de la mort.** En effet, les animaux ne savent pas qu'ils doivent mourir. Mais l'homme, lui, sait qu'il est destiné à disparaître. Que de tristesse et de désespoir dans cette idée de la mort! D'où l'image, que va nous fournir la religion, d'une continuation de la vie après la mort. On fait d'ailleurs fréquemment coïncider l'apparition du phénomène religieux dans la préhistoire avec les premières tombes retrouvées par les archéologues.

C'est, en troisième lieu, une assurance contre l'**imprévisibilité** que nous fournit la religion. En effet, l'application de l'intelligence à la vie introduit le sentiment du risque. Si l'animal est sûr de lui-même, si rien ne s'interpose chez lui entre le but et l'acte, l'intelligence connaît une marge d'imprévu, puisqu'elle combine des moyens en vue d'une fin parfois lointaine. Avec les rites religieux, l'imprévisibilité tend à s'amenuiser et à perdre du terrain.

Ainsi se dévoile la fonction générale de la religion statique :

> ***« C'est une réaction défensive de la nature contre ce qu'il pourrait y avoir de déprimant pour l'individu, et de dissolvant pour la société, dans l'exercice de l'intelligence. » (Bergson,*** **op. cité*****)***

V — Les deux formes de la religion

2 — La religion dynamique et le mysticisme

Si la religion statique a une fonction essentiellement sociale, la religion dynamique, celle des mystiques, transporte l'âme sur un tout autre plan, celui de l'amour. Aussi la religion dynamique se propage-t-elle par attirance amoureuse.

Ainsi se forme le cortège des mystiques : adeptes des mystères d'Isis et d'Osiris, disciples de Dionysos, initiés de l'orphisme, disciples de Pythagore, contemplatifs de l'Inde, etc. Mais le mysticisme complet, prise de contact totale et coïncidence absolue avec la divinité semble être l'apport de la mystique chrétienne, continuatrice des prophètes d'Israël. Ces explorateurs d'une terre inconnue ne nous apportent-ils pas l'espérance fondée? À la religion statique conçue comme principe de cohésion sociale s'oppose la religion dynamique dont l'amour est le principe. Dieu apparaît à l'âme mystique comme une Présence et une Illumination.

> ***« Ébranlée dans ses profondeurs par le courant qui l'entraînera, l'âme cesse de tourner sur elle-même, échappant un instant à la loi qui veut que l'espèce et l'individu se conditionnent l'un l'autre, circulairement. Elle s'arrête, comme si elle écoutait une voix qui l'appelle. Puis elle se laisse porter, droit en avant. Elle ne perçoit pas directement la force qui la meut, mais elle en sent l'indéfinissable présence, ou la devine à travers une vision symbolique. Vient alors une immensité de joie, extase où elle s'absorbe, ravissement qu'elle subit : Dieu est là, et elle est en lui. » (Bergson,*** **op. cité*****)***

C'est par cette voie que sont nées toutes les grandes religions qui apparaissent ainsi aux hommes comme des vérités révélées.

VI — La critique de la religion

1 — Feuerbach

Ce qui semble simple et évident à l'âme religieuse ne paraît au critique que le produit d'une longue construction psychologique et sociale. Esquissons cette mise en question et cette interprétation du phénomène religieux, sans décider le moins du monde de sa valeur objective.

Déjà, dans l'Antiquité grecque et latine, les philosophes matérialistes, Épicure et Lucrèce, virent dans la peur l'origine de l'idée de Dieu. La peur a créé les dieux, notait Lucrèce à la suite de son maître Épicure.

A l'époque moderne, c'est *L'essence du christianisme* (1843) de Ludwig Feuerbach, qui a marqué un tournant décisif. Feuerbach y pose le problème religieux en termes d'interprétation et de sens. Quel est le **sens** du phénomène religieux ?

Si nous décryptons la religion, ce que nous trouvons en elle, c'est l'homme. Dieu est la personnification de l'espèce humaine. La religion n'est rien d'autre que la relation de l'homme à lui-même. Tous les attributs de Dieu peuvent, en effet, être rapportés à l'expérience humaine : personnalité, existence, conscience, volonté, amour de soi, bonté.

Mais cette essence humaine est ici **aliénée,** prêtée à un autre et objectivée en lui. Tel est le mécanisme fondamental de la **projection** religieuse. L'homme objective et extériorise son essence et se constitue lui-même en objet. Il en résulte que la projection religieuse est aliénation : pour enrichir Dieu, l'homme doit se faire **pauvre.** L'humanité de Dieu révèle **l'inhumanité de l'espèce humaine.**

> ***« Puisque le positif, l'essentiel dans l'intuition ou la détermination de l'être divin n'est que l'humain, l'intuition de l'homme en tant qu'il est objet de la conscience, ne peut être que*** **négative, misanthrope.** ***Pour enrichir Dieu, l'homme doit s'appauvrir; pour que Dieu soit tout, l'homme doit n'être rien... L'homme — tel est le mystère de la religion — objective son essence, puis à nouveau fait de lui-même*** **l'objet** ***de cet être objectivé, métamorphosé en un sujet, une personne. » (Feuerbach,*** **L'essence du christianisme*****)***

VII — La critique de la religion

2 — Marx

L'**essence du christianisme** va être, pour Marx, une illumination. Aussi la critique marxienne de la religion procède-t-elle directement de Feuerbach. Cependant, Marx souligne les lacunes de la critique trop abstraite de son maître : il s'efforce de mieux rattacher le phénomène religieux à la réalité historique concrète.

Dieu tout-puissant résume les impuissances naturelles et sociales de l'homme. La nature et le monde historique se dressent, étrangers et inexplicables, en face des hommes qu'ils dominent. La religion représente à la fois l'impuissance des hommes, leur aliénation, mais aussi une actualisation fantastique leur permettant d'établir une compensation idéale. Dans les représentations habituelles de Dieu et du paradis, ne lit-on pas en filigrane le destin des hommes asservis, leurs rêves et leurs projections dans un au-delà imaginaire ? Dieu est la réalisation fantastique de l'être humain parce que celui-ci ne possède pas de vraie réalité. Ainsi la religion apparaît-elle comme le monde à l'envers. Dans la religion, l'homme trouve le reflet de lui-même, mais inversé, avec ses rêves, ses espérances, ses illusions. Le paradis est la conscience inversée de notre monde.

> ***« La religion est la théorie générale de ce monde, sa somme encyclopédique, sa logique sous forme populaire, son point d'honneur spiritualiste, son enthousiasme, sa sanction morale... Elle est la*** **réalisation fantastique** ***de l'être humain, parce que l'être humain ne possède pas de vraie réalité. La détresse religieuse est, pour une part, l'*****expression** ***de la détresse réelle, et pour une autre, la*** **protestation** ***contre la détresse réelle. La religion est le soupir de la créature opprimée, l'âme d'un monde sans cœur, comme elle est l'esprit de conditions sociales d'où l'esprit est exclu. Elle est l'opium du peuple... La religion n'est que le soleil illusoire qui gravite autour de l'homme tant que l'homme ne gravite pas autour de lui-même. » (Marx,*** **Critique de la philosophie du droit de Hegel*****)***

VIII — La critique de la religion

3 — Freud

Illusion ! Voilà le grand mot lâché par Marx : la religion est un **soleil illusoire.** Freud reprendra ce thème de la religion comme illusion. Mais le ressort de cette illusion se trouve aux yeux de Freud dans la détresse infantile qui éveille le besoin d'être protégé. L'homme angoissé se cramponne à un père tout-puissant. En somme, Dieu n'est qu'une illusion[1] dérivée de désirs humains. De même que Marx voyait dans l'impuissance historique la source des religions et de l'idée de Dieu, de même Freud aperçoit dans la faiblesse psychologique l'origine de la religion. **Cette illusion religieuse ne doit-elle pas être dépassée ?**

> ***« Je suis en contradiction avec vous lorsque, poursuivant vos déductions, vous dites que l'homme ne saurait absolument pas se passer de la consolation que lui apporte l'illusion religieuse... Le stade***

1. *Cf.* la fiche sur « l'illusion. »

de l'infantilisme n'est-il pas destiné à être dépassé ? L'homme ne peut éternellement demeurer un enfant, il lui faut s'aventurer dans l'univers hostile. » (Freud, Texte d'épreuve au baccalauréat, Rennes, 83)

Conclusion

Il n'est évidemment pas question de prendre ici position. Notons seulement que l'univers du croyant et de l'incrédule représentent deux visions du monde antithétiques et irréductibles.

SUJETS DE BACCALAURÉAT

— La religion est-elle fondée sur la peur de la mort ? (Dijon, C.D., 77)

— La religion est-elle une illusion ? (Nancy-Metz, C.D., 78)

— Dieu est-il mort ? (Limoges, B, 78)

— Une religion peut-elle avoir la même fonction que la philosophie ? (Amérique Centrale, C.D., 82)

— Les religions peuvent-elles être objet de science ? (Poitiers, C.D.E., 84)

— Est-il déraisonnable de croire en Dieu ? (Montpellier, B, 84)

— Une religion sans croyance est-elle possible ? (Grenoble, B, 83)

— La croyance religieuse implique-t-elle nécessairement une démission de la raison ? (Bordeaux, A, juin 1985)

— La démarche de la raison exclut-elle tout recours à la foi ? (Guyane, A, juin 1985)

— Des relations existent-elles entre l'art et la religion ? (Nice, B, septembre 1985)

— Que penser de cette définition : « L'homme est un être qui s'invente des dieux » ? (Pondichéry, A, 1988)

— La raison entre-t-elle nécessairement en conflit avec la croyance religieuse ? (Lille, B, 1988)

— La croyance religieuse peut-elle s'affranchir de toute logique ? (Antilles, C.D.E., juin 1989)

— Y aura-t-il toujours des religions ? (Polynésie française, A, juin 1990)

— La religion n'a-t-elle qu'une fonction de cohésion sociale ? (Amérique du Nord, B, juin 1990)

— La science peut-elle se substituer à la religion ? (Amérique du Sud, B, juin 1990)

— Le désir du vrai n'est-il que l'expression d'un sentiment religieux ? (Antilles, Guyane, A, juin 1990)

LA SOCIÉTÉ

• L'étude de la société et de l'État sont indissociables (quelle forme d'**État** est en effet souhaitable pour la **société ?**). Nous étudions ici le problème (théorique) de la nature sociale de l'homme et réservons à l'analyse de l'État (p. 160) le thème des grandes doctrines politiques concernant le gouvernement de l'État.

• De même, lisez la fiche consacrée à « Nature et culture » qui traite en fait le même problème : la consubstantialité de l'homme et de la société.

• La société se définit comme le milieu humain dans lequel est intégré tout homme. Ce milieu est structuré par des institutions (§ 5) et il permet les échanges réguliers entre les hommes. On peut ainsi affirmer que l'homme est un être **social** ou **politique** (§ 1) et que l'individu isolé n'existe pas, selon la théorie justement développée par Marx et Engels (§ 2).

• Le lien indissoluble avec le milieu n'est d'ailleurs pas le privilège de l'espèce humaine : la société est immanente à la vie, et **toutes** les espèces sont sociales (§ 3).

• Néanmoins, ne confondez pas la société humaine et le groupe animal. Ils se distinguent à plusieurs titres :

a - le groupe animal est **statique** alors que la société humaine est **dynamique** (§ 4) ;
b - le groupe animal est en effet gouverné par l'**instinct** alors que les sociétés humaines sont régies par des **« institutions »,** c'est-à-dire des habitudes sociales ou des lois. Or les institutions sont mobiles.

• En définitive, la société est entièrement productrice de nos existences (§ 6).

I — L'homme est un animal politique (Aristote)

Parler de société, c'est évoquer le milieu humain dans lequel est intégré tout homme. Qu'est-ce qu'**une** société (par opposition à **la** société en général) ? Un ensemble d'individus entre lesquels existent des rapports organisés et des échanges de services. Ce groupe forme une réalité spécifique, **irréductible aux individus qui le composent**. Les faits sociaux se présentent en effet comme des manières d'agir, de penser et sentir, existant en dehors des consciences individuelles et ne pouvant se ramener à elles. Aussi la réalité sociale est-elle *sui generis :* sa nature et ses lois ne sont pas réductibles à celles de la psychologie individuelle. Elle forme l'objet de la **sociologie,** terme créé au XIXe siècle par Auguste Comte.

Mais déjà Aristote (385-322 av.JC) avait mis en évidence la nature sociale de l'homme, cet animal politique (*polis,* en grec, signifie cité). L'homme n'est vraiment lui-même qu'au sein de la cité et de la société où il peut développer ses facultés morales.

> ***« Celui qui, par son naturel, et non par l'effet du hasard, existerait sans aucune patrie, serait un individu détestable, très au-dessus ou très au-dessous de l'homme... Celui qui serait tel par sa nature ne respirerait que la guerre, n'étant retenu par aucun frein, et, comme un oiseau de proie, serait toujours prêt à fondre sur les autres.***
>
> ***Aussi l'homme est-il un animal civique, plus social que les abeilles et autres animaux qui vivent ensemble. » (Aristote,*** **Politique*****)***

II — L'individu isolé n'est qu'une abstraction

Cette vision de l'homme comme animal social ou politique est fondamentale. L'être humain est, en effet, toujours inclus dans une organisation déterminée et l'individu en tant que tel est une abstraction. De ce point de vue, l'idée développée par Marx et Engels à partir de 1845 est pertinente : c'est la société qui produit l'homme en sa qualité d'homme.

En 1857, Marx reprendra textuellement l'expression d'Aristote : l'homme est un animal politique. Il ne peut s'individualiser que dans la société, qui le crée et l'engendre.

> ***« L'homme est, au sens le plus littéral du terme, un*** ζῶον πολιτικόν[1], ***il est non seulement un animal social, mais un animal qui ne peut s'individualiser que dans la société. L'idée d'une production réalisée par un individu isolé, vivant en dehors de la société... n'est pas moins absurde que l'idée d'un développement du langage sans qu'il y ait des individus vivant et parlant*** **ensemble.** ***» (Marx,*** **Introduction générale à la critique de l'économie politique*****)***

III — La société est une réalité primitive

Mais il ne faut pas se méprendre sur la nature profonde de la société. Si l'essence de l'homme est sociale, si l'individu isolé n'est qu'une abstraction, ce lien indissoluble avec le milieu n'est pas le privilège de l'espèce humaine : toutes les espèces sont sociales. La société est une réalité primaire, et l'ordre de la culture est immanent à toute la sphère animale. Aristote ne s'y trompait d'ailleurs pas, puisqu'il affirmait simplement que l'homme est **plus** social que les autres animaux.

Partout où existe la matière vivante organisée, il y a, en effet, société. Cette dernière n'a pas commencé avec notre espèce et rien ne laisse supposer qu'elle disparaîtra avec nous. Les animaux seuls et isolés ne peuvent se développer normalement. Leur formation réelle exige l'environnement social. Si l'individu isolé n'est qu'une abstraction, comme le vou-

1. Animal politique.

lait Marx, cet énoncé est tout aussi valable en ce qui concerne l'animal. Impossible de déceler, à quelque niveau que ce soit[1], un état de nature réellement distinct de l'état de société.

> *« La société apparaît comme une réalité positive et* **primaire** *analogue à la matière ou à la vie. Elle a sa propre économie née de l'économie de la nature et articulée avec celle-ci... La sociabilité est une option fondamentale diffusée partout parmi les êtres vivants. » (S. Moscovici,* **La société contre-nature,** *UGE, 1972)*

IV — Spécificité de la société humaine : dynamisme et liberté

S'il n'y a pas, d'un côté, l'animal et la nature et, de l'autre, l'homme et la société, il semble cependant qu'il y ait une différence profonde entre la société animale et le groupe humain : la société animale est **statique,** elle ignore tout devenir et les lois qui l'organisent semblent immuables. Tout au contraire, le changement social, le mouvement et la liberté caractérisent le groupe humain. L'animal a vite et définitivement terminé sa formation. A l'inverse, la société humaine évolue, elle est toujours lancée dans un processus d'invention et de création. Elle est effervescente, c'est un **dynamisme collectif** et un **mouvement,** malgré des moments de retombée, d'apparente inertie du devenir social.

V — Différence des sociétés humaines et animales : instincts et institutions

Si la société animale est statique, c'est qu'en elle, l'**instinct** (immuable) domine. Même si les sociétés animales connaissent une certaine organisation, elles restent gouvernées par les **instincts,** ensemble de réactions héréditaires, subordonnées à un but dont l'être qui agit n'a généralement pas conscience (ainsi la nidification). Au contraire, les sociétés humaines présentent le phénomène des **institutions,** habitudes sociales et lois formulées à travers un langage. Or les institutions sont mobiles, alors que l'instinct est statique.

> *« La grande différence entre les sociétés animales et les sociétés humaines est que, dans les premières, l'individu est gouverné exclusivement* **du dedans,** *par les instincts... tandis que les sociétés humaines présentent un phénomène nouveau, d'une nature spéciale, qui consiste en ce que certaines manières d'agir sont imposées ou du moins proposées* **du dehors** *à l'individu et se surajoutent à sa nature propre; tel est le caractère des « institutions », au sens large du mot. » (E. Durkeim, article Société,* **Dictionnaire philosophique Lalande,** *PUF, 1950)*

VI — La société, instance suprême

La société, comprise comme ensemble d'institutions et d'habitudes, représente donc le milieu créateur de toute notre vie, qu'elle tire

1. *Cf.* la fiche sur « Nature et culture ».

du néant. Les sociologues ont longuement développé ce thème. Ainsi Pierre Bourdieu note-t-il que la société a le pouvoir d'arracher les existences humaines, absurdes et inessentielles (parce que vouées à la mort), à la facticité et à l'insignifiance totale. Notre être-dans-le-monde possède en effet un caractère absolument contingent et l'homme est un existant absurde, sans raison d'être[1]. Mais la société peut le «sauver», lui conférer un être, une essentialité et une réalité. C'est elle seule qui dispense, à des degrés évidemment différents, les justifications et les raisons d'exister, en insérant les hommes dans une stratification et un ordre très puissants, qui, apparemment, donnent sens à leur existence initialement gratuite et absurde.

> ***«C'est (la société) qui, en produisant les affaires ou les positions que l'on dit «importantes», produit les actes et les agents que l'on juge «importants», pour eux-mêmes et pour les autres, personnages objectivement et subjectivement assurés de leur valeur et ainsi arrachés à l'indifférence et à l'insignifiance... Misère de l'homme sans mission ni consécration sociale.» (P. Bourdieu,* Leçon sur la leçon, *Ed. de Minuit, 1982)***

Conclusion

La société, définie comme le milieu humain dans lequel est intégré un individu, est entièrement productrice de nos existences. Sous un certain angle, l'exclusion sociale est la forme concrète de l'enfer et de la damnation, puisqu'elle consiste à être séparé de la seule instance créatrice de l'homme.

SUJETS DE BACCALAURÉAT

— ***Peut-on s'exclure de la société? (Polynésie française, A, 84)***

— ***En quel sens peut-on dire que l'homme est un «animal politique»? (Toulouse, C. D, 83)***

— ***Faut-il dire que la société dénature l'homme ou qu'elle l'humanise? (Nantes, A, 83)***

— *Une société sans conflits est-elle possible ? Est-elle souhaitable ? (Nice, A, septembre 1985)*

— *Une société sans droit est-elle concevable ? (Rouen, A, juin 1986)*

— *La vie en société n'a-t-elle pour fondement que la complémentarité des besoins ? (Lille, A, septembre 1985)*

— *Faut-il être seul pour être soi-même ? (D', septembre 1987)*

— *L'intérêt est-il l'unique lien social ? (Nancy-Metz, A, juin 1989)*

1. *Cf.* la fiche sur «l'irrationnel» et celle sur «le sens».

L'ÉTAT

• Le problème essentiel ici étudié est celui de l'**État,** ensemble des organes juridiques et administratifs d'une société. Il s'agit de saisir sa naissance, mais aussi sa fonction réelle.

• L'**État** ne se confond ni avec la **Nation** (§ 1), ni avec le **Pouvoir** (§ 2). Il se forme quand le pouvoir individualisé du **chef** cesse d'apparaître satisfaisant (§ 3 : naissance de l'État).

• Hobbes (§ 4) et Hegel (§ 5) ont souligné la fonction positive de l'État, instrument nécessaire pour dépasser la violence naturelle ou l'arbitraire. L'analyse de Marx dans ce domaine est, en revanche, beaucoup plus critique : l'État a bien une fonction de gestion du social, mais il est toujours l'expression de la classe dominante (§ 6) et, en tant que tel, appelé à disparaître lorsque s'éteindront les antagonismes de classes.

• C'est l'ambiguïté de l'État qu'il faut souligner dans ce débat (§ 7).

• L'étude de l'État conduit directement à la question : quel type d'État est souhaitable ? C'est l'objet des **doctrines politiques,** c'est-à-dire des thèses qui concernent le gouvernement de l'État (§ 8, 9 et 10).

• Lisez, à la suite de cette fiche, celle consacrée au « Pouvoir ».

I — L'État et la Nation

L'**État** ne se confond pas avec la **Nation :** il apparaît, en effet, comme une structure **juridique,** puisqu'il se définit comme un Pouvoir doté d'organes politiques et administratifs ainsi que d'un appareil répressif, comme une autorité souveraine détenue par la Société et s'exerçant sur l'ensemble d'un peuple et d'un territoire déterminé. Au contraire, la Nation représente une communauté naturelle ou historique, mais non point juridique.

Néanmoins, ces deux structures sont liées, car la Nation est le milieu où s'engendre l'État. C'est un principe spirituel et un être collectif, qui appelle et requiert le pouvoir étatique pour mieux se former et s'unifier.

> ***« Dans tous les pays anciens, c'est la nation qui a fait l'État; il s'est lentement formé dans les esprits et les institutions unifiés par le sentiment national... l'existence d'un territoire et d'une nation sont des données qui facilitent cette opération intellectuelle qu'est l'institutionnalisation du Pouvoir. » (G. Burdeau,*** **L'État,** ***Le Seuil, 1970)***

II — L'État et le Pouvoir

Mais il est également nécessaire de distinguer l'**État** et le **Pouvoir**[1]. L'État est, en effet, une forme et un aspect du pouvoir, lequel déborde largement la sphère de la puissance étatique pour s'étendre à toute l'existence humaine : on parle du pouvoir du médecin, du professeur, etc., ou des multiples pouvoirs de la vie quotidienne.

Gardons-nous, par conséquent, d'assimiler Etat et Pouvoir.

III — Naissance de l'État : analyse des sociologues et des historiens

Que tout pouvoir ne soit pas d'État, c'est bien ce que nous montrent les travaux des sociologues et des anthropologues. L'autorité, primitivement **diffuse** et **anonyme** dans le corps social (elle correspond alors à la force de pression des coutumes et superstitions, que le chef de famille ou le prêtre rendent sensible et actualisent), cette autorité, donc, est déléguée, à un second stade, à un **chef.** L'individualisation de la fonction prime alors. Mais les qualités personnelles du chef peuvent apparaître, à un certain moment, impuissantes à justifier l'autorité qu'il exerce. Le pouvoir individualisé du chef est d'ailleurs trop instable et donne lieu à trop de rivalités et de luttes. Alors naît l'institution étatique conçue comme séparée de la personne du chef.

> ***« Se fait jour l'idée d'une dissociation possible de l'autorité et de l'individu qui l'exerce. Mais, comme le pouvoir, cessant d'être incorporé dans la personne du chef, ne peut subsister à l'état d'ectoplasme, il lui faut un titulaire. Ce support, ce sera l'institution étatique envisagée comme signe exclusif de la puissance publique. Dans l'État, le Pouvoir est institutionnalisé, en ce sens qu'il est transféré de la personne des gouvernants qui n'en ont plus que l'exercice, à l'État qui en devient désormais le seul propriétaire. » (G. Burdeau,*** **op. cit.*)***

Ainsi se forme, au XVIe siècle, en France et en Europe, le concept d'État.

IV — Fonction de l'État

a - Hobbes

Quelle est la fonction de l'État ? Il permet d'échapper à l'instabilité et aux luttes. Il est un puissant facteur d'ordre, de régulation et de stabilité dans la dynamique sociale et politique.

C'est ce qu'a remarquablement analysé Hobbes (1588-1679), dans son célèbre *Léviathan.* L'État représente, aux yeux de Hobbes, un instrument destiné à mettre fin à la violence naturelle et à la barbarie. Il est un moyen d'instituer une organisation de vie collective garantissant la sécurité des individus. L'homme est, en effet, un loup pour l'homme : *« homo homini lupus » !* Le conflit des appétits conduit, avant la fondation de la

1. *Cf.* la fiche sur « le Pouvoir ».

machine étatique, les individus à l'anarchie, car la haine et l'agressivité l'emportent alors, jusqu'au jour où les hommes s'associent pour mettre fin aux luttes et être à l'abri les uns des autres. Ainsi naît l'État qui, tout en assurant la sécurité des sujets, n'en est pas moins un être redoutable, un géant, un monstre pareil au Léviathan du *Livre de Job*.

> ***« La nature, cet art par lequel Dieu a produit le monde et le gouverne, est imitée par l'*art *de l'homme, en ceci comme en beaucoup d'autres choses qu'un tel art peut produire un animal artificiel... Car c'est l'art qui crée ce grand* Léviathan[1] *qu'on appelle* République *ou* État *(*civitas *en latin), lequel n'est qu'un homme artificiel, quoique d'une stature et d'une force plus grandes que celles de l'homme naturel, pour la défense et la protection duquel il a été conçu. » (T. Hobbes,* Léviathan, *Sirey, 1983)***

V — Fonction de l'État

b - Hegel

Outil pour maîtriser la barbarie naturelle, l'État est aussi un moyen pour dépasser l'arbitraire, comme l'a fortement montré Hegel. L'individu tend, en effet, naturellement, à maintenir son individualité subjective. Mais ce principe de la subjectivité est dangereux car il conduit bien souvent au caprice. L'État, au contraire, est lié à l'observation des lois : il parle universellement aux sujets et, contre l'arbitraire, incarne la raison.

> ***« L'essence de l'État (hégélien) est la loi, non point la loi du plus fort, la loi du bon plaisir, la loi de la « générosité naturelle », mais la loi de la raison dans laquelle tout être raisonnable peut reconnaître sa propre volonté raisonnable... L'État est raisonnable parce qu'il parle universellement, pour tous et pour chacun, dans ses lois, et que tous et chacun trouvent reconnu par ses lois ce qui forme le sens, la valeur, l'honneur de leur existence. » (E. Weil,* Hegel et l'État, *Vrin, 1980)***

Ceci ne signifie nullement que n'importe quel État soit l'État parfait. Bien au contraire, l'État empirique peut être imparfait, et tout n'est pas toujours pour le mieux dans le meilleur des mondes.

VI — Fonction de l'État

c - Marx

Quand Marx et Engels étudient l'origine et la fonction de l'État, leur regard est beaucoup plus critique que ne l'était celui de leur maître Hegel. Marx a, en effet, subi l'influence du romantisme politique qui préférait la Nation ou le Peuple à l'État pour unifier la société. Aussi Marx développe-t-il une certaine méfiance vis-à-vis de l'État, lorsqu'il analyse sa fonction réelle.

Marx et Engels conçoivent la machine étatique essentiellement comme un « appareil » répressif, une force d'exécution et d'intervention

1. L'État est, pour Hobbes, totalitaire par nature, monstrueux : c'est le Léviathan, le monstre du *Livre de Job*.

produite par la société à un moment historique bien précis : quand les contradictions de classes semblent insurmontables, alors s'impose un instrument qui gère le social et, en même temps, estompe, apparemment, les contradictions.

Le pouvoir étatique n'a donc pas de réalité autonome et spécifique : c'est une « **superstructure** » qui exprime et dissimule en même temps les intérêts des classes dirigeantes. L'État est né avec la division de la société en groupes antagonistes. Il continue à manifester cette opposition économique et sociale.

Cette perspective est éminemment **réaliste** : l'État est l'enjeu de la classe au pouvoir, il en est l'instrument, il se borne à légaliser des conflits de classes et un ordre économique et social qui sont antérieurs à lui. Ainsi l'État « bourgeois », produit par la Révolution française, ne fait qu'entériner une réalité déjà existante.

> ***« L'État n'est donc pas un pouvoir imposé du dehors à la société; il n'est pas davantage « la réalité de l'idée[1] morale », « l'image et la réalité de la raison »[2], comme le prétend Hegel. Il est bien plutôt un produit de la société à un stade déterminé de son développement; il est l'aveu que cette société s'empêtre dans une insoluble contradiction avec elle-même, s'étant scindée en oppositions inconciliables qu'elle est impuissante à conjurer. Le besoin s'impose d'un pouvoir qui, placé en apparence au-dessus de la société, doit estomper le conflit. » (F. Engels,*** **Origine de la famille, de la propriété privée et de l'État*****)***

Selon Marx et Engels, l'État s'éteindra progressivement dans la société sans classes.

VII — Ambiguïté de l'État

En fait, la nature de l'État est profondément ambiguë. Instrument d'émancipation et de liberté, puisqu'il garantit la sécurité des individus, l'État peut devenir, en certains cas, une machinerie de pouvoir profondément destructrice et aliénante. Nietzsche a bien mis en lumière ce double aspect de l'État : il est fondamentalement une institution au service de la vie, et protège alors les individus. Mais il est devenu aussi, de nos jours, « le plus froid de tous les monstres froids », un pouvoir omniprésent de tromperie et d'étouffement. Ainsi l'institution étatique présente un double visage qui ne peut que déconcerter, par ses contradictions, l'historien ou le philosophe.

> ***« L'État, c'est le plus froid de tous les monstres froids. Il ment froidement et voici le mensonge qui s'échappe de sa bouche : « Moi, l'État, je suis le Peuple ».***
>
> ***C'est un mensonge ! Ce sont des créateurs qui ont formé les peuples et qui ont suspendu au-dessus des peuples une foi et un amour : ainsi ont-ils servi la vie.***

1 et 2. *Cf.* la fiche sur « l'idée » et celle sur « l'histoire ».

Mais ce sont des destructeurs, ceux qui tendent des pièges au grand nombre et qui appellent cela un État : ils suspendent au-dessus d'eux un glaive et cent appétits.» (Nietzsche, **Ainsi parlait Zarathoustra***)*

VIII — Les grandes doctrines politiques

a - L'anarchisme ou théorie libertaire

Le problème de l'État conduit directement à la réflexion sur les grandes théories politiques. Pour la commodité de l'exposé, nous nous bornerons à l'analyse de trois types de doctrines : l'anarchisme, le totalitarisme et la démocratie.

Abolir l'État, tel est le vœu des théoriciens anarchistes, comme Proudhon (1809-1864) ou Bakounine (1814-1876). L'un et l'autre furent en conflit avec Marx. Ils envisagent, en effet, le rejet pur et simple de l'État et une reconstruction de la société de manière extra-étatique, alors que Marx parle de dépérissement progressif de l'État.

L'organisation étatique recèle des pièges infinis, notait Proudhon. Elle met en péril la liberté humaine. Les concepts d'État et de liberté sont rigoureusement contradictoires. Ainsi, Proudhon s'est-il efforcé de décrire un destin social étranger à l'organisation étatique.

«Être gouverné, c'est être gardé à vue, inspecté, espionné, dirigé, légiféré, réglementé, parqué, endoctriné par des êtres qui n'ont ni le titre, ni la science, ni la vertu.» (Proudhon, **L'idée générale de la révolution au XIXe siècle***)*

«Anarchie, absence de maître, de souverain, telle est la forme de gouvernement dont nous nous approchons tous les jours, et que l'habitude invétérée de prendre l'homme pour règle et sa volonté pour loi nous fait regarder comme le comble du désordre et l'expression du chaos.» (Proudhon, **Qu'est-ce que la propriété ?***)*

Si le procès anarchiste de l'État a un sens profondément **éthique,** parce qu'il affirme avant tout la valeur de l'individu et qu'il s'oppose aux poussées de l'État vers l'omnipotence, notons cependant que les conditions d'une société sans État ne sont, de nos jours, nulle part réalisables.

IX — Les grandes doctrines politiques

b - Le totalitarisme

La doctrine totalitaire exalte la toute-puissance de l'État et pose que sa souveraineté ne doit pas être discutée. Définissons le totalitarisme comme un régime dans lequel la puissance étatique tend à confisquer et à diriger toutes les activités de la société. Ainsi peut-on donner comme exemples le fascisme italien ou les doctrines dites «marxistes» (en réalité, elles sont très infidèles à Marx).

La conception totalitaire détruit la liberté par l'oppression. Elle représente le mal absolu.

c - La démocratie

La démocratie (*demos :* peuple, *cratein :* commander) est un régime où la volonté populaire est absolument souveraine. En démocratie, ce sont les citoyens, égaux en droit, qui gouvernent.

Dans le *Contrat social* (1762), Rouseau (1712-1778) a bien mis en relief la nature du pacte démocratique. Il examine, dans cet ouvrage, les conditions d'un État légitime, d'un État de droit : le pacte social légitime doit exprimer la volonté générale, prenant pour objet les questions concernant le bien commun. Comment dégager ce bien? Il convient que le corps politique procède lui-même à sa découverte. D'où l'idéal rousseauiste de la démocratie directe (notons que la démocratie est généralement représentative et non directe).

> ***« Je dis donc que la souveraineté, n'étant que l'exercice de la volonté générale, ne peut jamais s'aliéner, et que le souverain, qui n'est qu'un être collectif, ne peut être représenté que par lui-même. » (J.-J. Rousseau,* Du contrat social*)***

La démocratie fait confiance aux forces de l'homme auquel elle ne témoigne aucun mépris. Elle semble s'inspirer de la fameuse proposition de Descartes : « la puissance de bien juger est... naturellement égale en tous les hommes. »

Conclusion. Morale et politique

Morale et politique semblent **s'opposer** en tous points, car la première appartient à la sphère de l'idéal et la seconde à celle de l'action concrète.

Néanmoins, ces deux dimensions doivent être réunifiées. Ainsi, pour Hegel, la politique consiste à **réaliser les conditions dans lesquelles une vie morale est possible** pour tout homme de bonne volonté. Comme Aristote et Rousseau, il a tenté la synthèse de la morale et de la politique.

SUJETS DE BACCALAURÉAT

— Faut-il accorder le moins possible à l'État ? (Polynésie française, B, 1987)

— Est-il dans la nature de l'État de limiter son pouvoir ? (Dijon, B, 1988)

— Le gouvernement des meilleurs, cette expression a-t-elle un sens ? (Maroc, A, juin 1989)

— Peut-on se passer d'une Constitution ? (Polynésie française, C.D.E., juin 1989)

— Une communauté politique n'est-elle qu'une communauté d'intérêts ? (Sujet national, C.D.E., juin 1989)

— Peut-on critiquer la démocratie ? (Amiens, Lille, Rouen, B, juin 1990)

— Le pouvoir de l'État est-il facteur de liberté ou d'oppression ? (Amiens, Lille, Rouen, C.D.E., juin 1990)

— L'État a-t-il besoin de la mémoire des citoyens ? (Antilles, Guyane, B, juin 1990)

LE POUVOIR

• Le thème essentiel est le suivant : le pouvoir ne constitue pas seulement un objet politique (comme, par exemple, le pouvoir de l'État). Il déborde largement cette sphère pour s'étendre à toute l'existence humaine. Il faut parler des pouvoirs multiformes épars dans toute la vie quotidienne, comme l'ont montré Michel Foucault et Roland Barthes (§ 4 tout particulièrement).

• Le pouvoir est une **énigme** car la force elle-même ne peut l'expliquer (La Boétie, § 1).

• Les formes diverses du pouvoir politique (dominations traditionnelle, charismatique et légale) ont été étudiées par le penseur allemand Max Weber (§ 2).

• Roland Barthes (§ 3) et surtout Michel Foucault (§ 4) ont mis en évidence le fonctionnement des pouvoirs multiples comme stratégies.

• Quelles sont les racines fondamentales du pouvoir? Hegel (§ 5) et les **travaux psychanalytiques** (§ 6) jettent une lumière sur un phénomène énigmatique qui ne saurait s'expliquer sans une obscure relation au désir et au monde des fantasmes (Conclusion).

I — L'énigme du pouvoir

Qu'est-ce que le pouvoir? Bien que ce terme soit susceptible de recevoir une pluralité de sens (il y a le Pouvoir centralisé, mais aussi les multiples pouvoirs de la vie quotidienne), nous le définirons, selon la signification très générale du terme, comme une autorité sur autrui et une faculté de commander : une certaine capacité de contraindre et d'exiger sous peine de sanctions. En bref, le pouvoir suppose toujours une inter-relation entre un dominant et un dominé ainsi que la capacité, pour le dominant, d'obtenir du dominé un comportement et des actes qui n'eussent pas été accomplis spontanément, une «soumission» n'allant nullement de soi.

Or, il y a dans cette soumission même quelque chose d'énigmatique et d'étrange qui a souvent retenu l'attention des penseurs. Ainsi Étienne de La Boétie, l'ami de Montaigne, notait-il que la force n'explique pas grand chose : comment un peuple peut-il tout endurer, non point d'ennemis formidables, mais d'un seul, d'une puissance quasi nulle?

> ***«Je désirerais seulement qu'on me fît comprendre comment il se peut que tant d'hommes, tant de villes, tant de nations supportent quelquefois tout d'un tyran seul, qui n'a de puissance que celle qu'on lui donne, qui n'a de pouvoir de leur nuire qu'autant qu'ils veulent bien l'endurer, et qui ne pourrait leur faire aucun mal s'ils n'aimaient mieux tout souffrir de lui que de le contredire.» (É. de La Boétie,*** **Discours de la servitude volontaire*)***

II — Le pouvoir politique et ses formes

Avant de tenter d'élucider le mystère du pouvoir, il faut le décrire en ses formes diverses : or le pouvoir, traditionnellement, est d'abord un objet politique, qui concerne la domination globale, telle qu'elle s'exerce dans la cité *(polis)*. Le penseur allemand Max Weber nous a fourni une classification célèbre des formes du pouvoir politique dans les diverses sociétés.

Les types de domination sont au nombre de trois : la domination est traditionnelle, charismatique ou légale ; **traditionnelle** quand le ressort du pouvoir est la croyance au caractère sacré des institutions fondées sur la coutume (ainsi le pouvoir de la monarchie absolue) ; **charismatique** (du grec *charisma,* grâce, faveur), quand la domination s'impose par la grâce personnelle d'un personnage historique (ainsi, nous pouvons dire que le général de Gaulle fut un individu charismatique) ; **légale,** enfin, quand l'autorité semble justifiée par des règles établies rationnellement (par exemple, la réglementation de la circulation). Bien entendu, dans une société donnée, ces trois formes du pouvoir politique peuvent coexister.

III — Mais le pouvoir n'est pas seulement politique

Mais le pouvoir n'est pas seulement un objet politique. Il déborde infiniment cette sphère. Des formes multiples de domination nous enserrent de toutes parts. Si les penseurs se sont longtemps référés au Pouvoir avec une majuscule (celui de l'appareil d'État[1] et des institutions politiques, codifié de façon rigide), de nos jours, ils portent leur attention sur les multiples pouvoirs de la vie quotidienne, ceux que nous rencontrons partout où nous ne les attendions pas. C'est qu'en vérité le pouvoir est pluriel et se glisse dans toute la vie sociale, dans l'enseignement, l'exercice de la médecine, les relations au sein de la famille. Comme le remarquait Roland Barthes, dans tous les domaines, des chefs minuscules surgissent, des groupes d'oppression se forment, des voix « autorisées » se font entendre et des appareils se constituent. Comme si le pouvoir était en quelque sorte coextensif à la vie humaine :

> ***« Nous devinons alors que le pouvoir est présent dans les mécanismes les plus fins de l'échange social : non seulement dans l'État, les clans, les groupes, mais encore dans les modes, les opinions courantes, les spectacles, les jeux, les sports, les informations, les relations familiales et privées, et jusque dans les poussées libératrices qui essayent de le contester. » (R. Barthes,*** **Leçon,** ***Édition du Seuil, 1978)***

IV — Le pouvoir comme stratégie : Michel Foucault

Ce pouvoir pluriel et multiforme qui déborde largement la sphère politique et renaît perpétuellement, Michel Foucault a bien montré qu'il représente essentiellement une stratégie et un jeu mouvant. Le pouvoir

1. *Cf.* la fiche sur « l'État ».

n'est pas seulement la propriété d'une classe (ainsi les marxistes parlent-ils du pouvoir de la classe bourgeoise, de la puissance capitaliste, etc.), mais il est aussi, de façon essentielle, un ensemble de rouages et de foyers, un réseau d'actes minuscules, fragmentés, divers, épars, aux lignes de force mobiles et changeantes. Ainsi, dans l'*Histoire de la folie,* Michel Foucault a étudié les pouvoirs de la raison tels qu'ils se sont, au cours des siècles, constitués contre la folie et la déraison, en les isolant et en les étiquetant. Dans le reste de son œuvre, il s'est attaché aux multiples pouvoirs, de la médecine, des sciences humaines, etc. Dans tous ces cas, le pouvoir déborde infiniment la puissance de l'État, du gouvernement et des institutions. Installé en nous, il nous tient de part en part, nous fait et nous fabrique. Ce n'est pas une institution, pas davantage une structure ou une puissance dont seraient dotés certains : c'est le nom qu'on prête à une **situation stratégique complexe dans une société donnée.**

> ***« Par pouvoir, je ne veux pas dire « le Pouvoir » comme ensemble d'institutions et d'appareils qui garantissent la sujétion des citoyens dans un État donné. Par pouvoir, il me semble qu'il faut comprendre d'abord la multiplicité des rapports de force qui sont immanents au domaine où ils s'exercent, et sont constitutifs de leur organisation. » (M. Foucault,*** **Histoire de la sexualité, *1.* La volonté de savoir,** ***NRF, 1976)***

V — Les racines du pouvoir : le maître et l'esclave

Mais quelles sont les racines du pouvoir et comment la domination peut-elle s'installer en nous ? Jusqu'ici, nous n'avons fait que décrire les formes complexes et le jeu du pouvoir. Il reste à en saisir l'ultime ressort. Mais la difficulté du problème est telle que nous nous bornerons à envisager deux réponses possibles à la question, ces deux solutions n'étant d'ailleurs pas exclusives l'une de l'autre : la réponse hégélienne et la réponse psychanalytique.

La fameuse dialectique hégélienne du maître et de l'esclave[1] peut ici nous apporter un premier principe d'explication : deux consciences s'affrontent dans l'existence en une lutte à mort. Or, l'un des individus ne peut renoncer à la vie naturelle et à l'existence biologique. Ne sachant se mesurer au risque de mort, il reconnaît la puissance et le pouvoir de l'autre conscience, celle qui est capable d'aller jusqu'au bout d'elle-même et de tout **risquer,** de mettre sa vie en jeu. En somme, la soumission et la relation dominant-dominé constitutive du pouvoir s'expliqueraient par l'impossibilité de renoncer à la vie : le dominé apparaît comme celui qui est en proie à la peur, alors que le dominant, le maître, se fait reconnaître comme tel à travers le risque de mort. Ainsi, Hegel nous parle-t-il de :

> ***« Deux figures opposées de la conscience : l'une est la conscience indépendante pour laquelle l'être-pour-soi est essence, l'autre est la conscience dépendante qui a pour essence la vie ou l'être pour un autre ; l'une est le maître, l'autre l'esclave. » (Hegel,*** **La phénoménologie de l'Esprit,** ***Aubier)***

1. Consulter la fiche sur « le désir » et la fiche consacrée à « autrui ».

VI — Les racines du pouvoir : l'apport psychanalytique

L'esclave est donc celui qui a peur de la mort : cela est vrai, et nous ne pouvons éliminer l'explication hégélienne, forte et juste. Mais il semble qu'il faille aussi comprendre le pouvoir en termes de désir, comme si la figure d'un maître tout-puissant alimentait nos imaginations et nos cœurs, comme si le fantasme du maître était notre propre et profonde création, parce que nous avons été enfants avant que d'être hommes. En effet, dans l'enfance, nous avons été assujettis à la loi du Père, qui apporte ses normes et ses valeurs. Dans cet assujettissement, l'enfant expérimente un dressage de toute sa personnalité. Dès lors, la figure du Maître le fascinera jusqu'à l'âge adulte et durant toute son existence. En somme, l'adulte se soumettant au Pouvoir réitère le mot d'ordre de son enfance : «soumets-toi à la loi et je te donnerai mon affection et mon amour». La figure du Maître et du dominant, c'est avant tout celle du Père et de l'éducateur.

Il faut, dès lors, comprendre le pouvoir en termes de **désir.** Le sujet adapté à une puissance autoritaire est docile parce que sa sexualité (au sens large et freudien du terme) a été domptée durant son enfance et parce qu'il désire fondamentalement l'oppression. Telle est la théorie de Wilhelm Reich dans *Psychologie de masse du fascisme :* non, les peuples n'ont pas été trompés; ils ont **voulu** leur oppression et l'ont entretenue.

En somme, le pouvoir se fait désirer et il produit du plaisir : plaisir du dominant, mais aussi du dominé. Dans ces jeux du pouvoir, c'est la figure immémoriale du Père et de la Loi qui nous hante.

Conclusion

L'étude du pouvoir relève de la sphère politique, de la sociologie, mais aussi de la psychanalyse et de la psychologie. La domination et la soumission ne sauraient se comprendre sans une obscure relation au désir et aux fantasmes.

SUJETS DE BACCALAURÉAT

— Dégagez l'intérêt philosophique de ce texte :

« Rien ne paraît plus surprenant, à ceux qui contemplent les choses humaines d'un œil philosophique, que de voir la facilité avec laquelle le grand nombre est gouverné par le petit, et l'humble soumission avec laquelle les hommes sacrifient leurs sentiments et leurs penchants à ceux de leurs chefs. Quelle est la cause de cette merveille? Ce n'est pas la Force; les sujets sont toujours plus forts. Ce ne peut donc être que l'opinion. C'est sur l'opinion que tout gouvernement est fondé, le plus despotique et le plus militaire aussi bien que le plus populaire et le plus libre. Un sultan d'Égypte, un empereur de Rome peuvent forcer les actions de leurs peuples innocents, mais ce n'est qu'après s'être affermi dans l'opinion de leurs gardes : ils peuvent mener leurs sujets comme des bêtes brutes; mais il faut qu'ils traitent comme des hommes, l'un ses mameluks, l'autre sa cohorte prétorienne. (Hume) » [*Amiens, C.D., 1983*]

— Celui qui exerce un pouvoir s'en trouve-t-il changé? (Lille, A, juin 1985).

— Peut-on concevoir un pouvoir juste ? (Djibouti, A, juin 1986)

— Suffit-il de savoir pour pouvoir ? (Bordeaux, B, juin 1989)

LA VIOLENCE

• Distinguez bien la **force** de la **violence,** dont le sens philosophique est généralement profondément opposé.

• Le problème essentiel soulevé dans ce chapitre est celui des **sources de la violence.** Elle relève, en fait, d'une multiplicité de fondements, fort bien dégagés par Hegel (§ 2), Freud (§ 3) et Sartre (§ 4).

• Il existe une **bonne** et une **mauvaise** violence : la violence est profondément ambiguë (§ 5 et 6).

• La guerre n'échappe nullement à cette ambiguïté inhérente à toute violence : elle est parfois simultanément négative et constructive (§ 7).

I — Force et violence

Le mot «force», dans son usage courant, a mauvaise réputation : la force est bien souvent conçue comme contrainte, voire comme brutalité. Mais elle est aussi, en son sens philosophique fondamental, énergie et maîtrise de soi (songeons, par exemple, à la fermeté stoïcienne). C'est pourquoi, envisagée comme principe de puissance et d'action, comme déploiement de la volonté souveraine, la **force** doit être distinguée de la **violence,** cette puissance déchaînée, non maîtrisée par la raison et le discours, cette impatience dans le rapport à autrui, qui choisit le moyen le plus court pour forcer l'adhésion.

La violence diffère profondément de la force : c'est une puissance corrompue, à base de colère, par laquelle j'exerce une contrainte sur autrui, de telle sorte qu'il exécute et réalise ce qui est cependant contraire à sa volonté et à ses fins.

Ainsi la violence se situe-t-elle à l'opposé de la force, cette maîtrise du vouloir, puisqu'elle refuse de convaincre par persuasion pour contraindre l'interlocuteur.

II — Les causes de la violence

a - La lutte à mort des consciences

Quelles sont les sources de la violence? Loin de privilégier un facteur unique, nous trouvons des fondements multiples — essentiellement trois : métaphysique, psychologique et historique — qui s'additionnent et convergent.

La violence se comprend, tout d'abord, sur le plan philosophique, à partir du mouvement des consciences de soi[1] opposées. Comme le note Hegel, chaque conscience poursuit et veut la mort de l'autre. C'est cette lutte à mort en vue de la reconnaissance qui forme un des noyaux des relations humaines. Sans ce conflit de pur prestige, sans cette inter-relation de violence en vue de dominer l'autre, la conscience humaine ne pourrait s'engendrer. La violence crée, par conséquent, le moi, mais aussi le processus historique.

Hegel enracine ainsi la violence au plus profond de l'homme et de l'univers. Non seulement elle traduit la négativité inscrite en tout être humain, ce «travail du négatif» par lequel nous détruisons et, en même temps, construisons, mais elle exprime le jeu des contraires, le conflit des opposés, la dialectique[2] de l'univers mobile, changeant, en perpétuel devenir.

> ***«... l'homme ne peut se réaliser et se révéler pleinement, c'est-à-dire se* satisfaire *définitivement, que par la réalisation d'une Reconnaissance universelle. Or si, d'autre part, il y a une* pluralité *de ces désirs de Reconnaissance universelle, il est évident que l'action qui naît de ces Désirs ne peut être — du moins de prime abord — rien d'autre que* Lutte *pour la vie et la mort. Une lutte, puisque chacun voudra soumettre l'autre,* tous *les autres, par une action négatrice, destructive.» (A. Kojève,* Introduction à la lecture de Hegel, *NRF, 1947)***

III — Les causes de la violence

b - L'agressivité selon Freud

La psychologie et la psychanalyse confirment, dans l'ensemble, l'analyse de Hegel. Freud, aux environs des années 20, a réfléchi sur la violence enfouie dans le cœur de l'homme, soulignant l'existence d'instincts de mort dirigés vers soi-même ou vers autrui : il est possible, a-t-il montré, de mettre en évidence une agressivité naturelle à l'homme, consubstantielle à lui-même. Ainsi, *Malaise dans la civilisation* (1929) étudie soigneusement ces pulsions d'agression et de mort.

C'est un noyau de haine que Freud discerne au cœur même de l'homme. «Tu aimeras ton prochain comme toi-même», proclame le christianisme, qui s'est emparé de la maxime de la société civilisée. Étrange formule ! Elle semble, en vérité, bien étrangère à l'esprit de notre monde, qui charrie davantage la haine que l'amour. *Homo homini lupus !* Nous pouvons déceler sans difficulté, en nous-mêmes et en autrui, une tendance à l'agression, facteur principal de perturbation dans les rapports intersubjectifs et dans les sociétés humaines globables.

> ***«L'homme n'est point cet être débonnaire, au cœur assoiffé d'amour, dont on dit qu'il se défend quand on l'attaque, mais un être, au contraire, qui doit porter au compte de ses données instinctives une bonne somme d'agressivité. Pour lui, par conséquent, le pro-***

1. *Cf.* en particulier la fiche sur «le désir» et celle sur «autrui».
2. *Cf.* la fiche sur «l'idée».

chain n'est pas seulement un auxiliaire et un objet sexuel possibles, mais aussi un objet de tentation. L'homme est, en effet, tenté de satisfaire son besoin d'agression aux dépens de son prochain, d'exploiter son travail sans dédommagements, de l'utiliser sexuellement sans son consentement, de s'approprier ses biens, de l'humilier, de lui infliger des souffrances, de le martyriser et de le tuer. **Homo homini lupus :** *qui aurait le courage, en face de tous les enseignements de la vie et de l'histoire, de s'inscrire en faux contre cet adage ? » (Freud,* **Malaise dans la civilisation***)*

Cette agressivité ne se confond certes pas avec la violence, mais elle semble bien la matrice originelle de la violence, le terrain prédisposant à toute contrainte morale ou physique.

IV — Les causes de la violence

c - La rareté (Sartre)

La violence ne relève pas seulement de causes naturelles, mais bien aussi de facteurs historiques, qui peuvent exacerber une agressivité en quelque sorte consubstantielle à la psyché humaine. Ainsi, dans la *Critique de la raison dialectique,* Sartre a-t-il analysé la violence dans la perspective de l'histoire.

Tous les besoins de l'homme ne peuvent, en effet, être satisfaits. Les matières premières, nécessaires à la reproduction de la vie, sont sur notre globe en quantité limitée et insuffisante. Cette **rareté** et cette **pénurie** constituent une donnée de base de notre existence historique. Or, même quand cette rareté tend à disparaître ou à s'effacer de notre champ historique, elle continue à hanter profondément le cœur de l'homme, angoissé par le manque millénaire toujours possible. Cette angoisse, profondément intériorisée en nous-mêmes, est la source fondamentale de la violence. L'Autre est, en puissance tout au moins, celui qui peut me voler mes biens disponibles. Cette hantise gît au plus profond de nous, même chez le riche qui jamais ne souffrira de la pénurie.

> *« Dans la pure réciprocité, l'Autre que moi,* **c'est aussi le même.** *Dans la réciprocité* **modifiée par la rareté,** *le même nous apparaît comme le contre-homme en tant que* **ce même homme** *apparaît comme radicalement Autre (c'est-à-dire porteur pour nous d'une menace de mort). » (Sartre,* **Critique de la raison dialectique,** *Gallimard, 1960)*

V — Ambiguïté de la violence

Ainsi, la violence semble profondément enracinée en nous, sous l'effet d'une multiplicité de facteurs. C'est une donnée de fait de notre existence. Mais quelle est sa **valeur ?** Il semble bien qu'il ne faille pas nécessairement la condamner, sous peine de préférer les idées abstraites aux réalités. En vérité, la violence est ambiguë. Ce qui paraît condamnable sans retour, inconditionnellement, c'est la violence nue, gratuite, celle qui donne naissance au monde de la terreur, de la raison du plus fort, à l'écart de toute valeur profonde : ce mouvement démesuré, illimité, bafoue la rationalité et la justice. Mais toute violence ne se ramène pas à la loi du plus fort. Ce qui est hors humanité, c'est la violence réduite à elle-même, ce désespoir de l'humain :

> ***« Réduite à elle-même, la violence est absurdité pure, désespoir de l'humain. Le légionnaire romain tue Archimède; le milicien nazi massacre le savant juif, l'artiste non conformiste... La faiblesse de la violence nue est si évidente qu'elle doute de soi : chaque régime de force cherche, par tous les moyens, au besoin en se mystifiant lui-même, à s'autoriser en se référant à une instance qui le dépasse[1]. » (G. Gusdorf,* La vertu de force, *PUF, 1956)***

VI — La violence « constructive »

Si cette violence-ci est pure négativité, d'autres formes de violence se manifestent, plus positives et plus constructives. Ainsi, la violence que décrit Hegel est édificatrice : elle est à l'origine de la conscience et de l'histoire humaine. Mais on pourrait également parler, dans la perspective marxiste de la lutte de classes, d'une violence révolutionnaire, accoucheuse de toute nouvelle société. La violence représente alors l'effort brutal et l'effet de contrainte inévitable de toute classe sociale désireuse de s'émanciper, de se dégager d'un pouvoir révolu en détruisant des formes politiques figées et mortes.

VII — La guerre

La guerre, emploi quasi illimité de la force entre deux sociétés dont l'une impose finalement sa loi, est, elle aussi, porteuse de l'ambiguïté de la violence.

Les destructions, les souffrances sans mesure qu'elle entraîne, représentent l'aspect évident de cette négativité.

Mais les guerres sont également porteuses de création. Des nations sont nées de la guerre : la nécessité de se faire reconnaître par d'autres nations s'est, en effet, imposée à des groupes historiques tout entiers. Tel est le cas des États-Unis d'Amérique ou de l'Allemagne de Bismarck, par exemple.

La guerre peut également être rendue nécessaire par la défense de certaines valeurs liées à la personne humaine[2] ou à la société. Elle peut alors être considérée, sous cet angle, sinon comme « juste », du moins comme justifiable.

Solution de désespoir, la guerre reste perçue comme le mal absolu et cependant inhérent aux sociétés humaines, ainsi qu'en témoigne la guerre permanente que l'on constate de nos jours sur tout le globe.

---

1. *Cf.* la fiche sur « le droit » (§ 3).
2. *Cf.* la fiche sur « la personne ».

Conclusion. La violence, moyen parfois nécessaire

L'étude de la violence conduit essentiellement à distinguer la violence comme négativité et la violence constructive et fondatrice, véhiculant des valeurs, édifiant des institutions nouvelles. Il ne faut pas confondre la violence pure et **« la violence en tant que moyen, parfois nécessaire, d'une politique rationnelle. »** (R. Aron, *Histoire et dialectique de la violence,* NRF, 1973)

SUJETS DE BACCALAURÉAT

— Y a-t-il des guerres justes ? (Lyon, B, 83)

— Le discours peut-il abolir la violence ? (Amiens, A, 84)

— La guerre est-elle absurde ? (Nice, B, 82)

— La violence a-t-elle un rôle dans l'histoire ? (Bordeaux, C.D., 82)

— La liberté peut-elle s'affirmer sans violence ? (Nantes, B, juin 1985)

— La violence peut-elle avoir raison ? (Toulouse, A, juin 1985)

— L'ordre politique exclut-il la violence ? (Toulouse, B, juin 1986)

— Est-il juste de combattre la violence par la violence ? (Aix, Marseille, B, septembre 1985)

— Peut-on faire la paix ? (Nancy, A, 1988)

— Une violence légale est-elle une violence ? (Paris, B, juin 1989)

— Violence et vérité sont-elles nécessairement incompatibles ? (Regroupement III, A, juin 1990)

— Existe-t-il des violences légitimes ? (Bordeaux, Caen, etc., B, juin 1990)

— La raison peut-elle vouloir la violence ? (Antilles, Guyane, A, juin 1990)

LE DROIT

• Pensez, tout d'abord, au sens **originel** de l'**adjectif** droit : est droit ce qui ne comporte aucune déviation, ce qui n'est ni tordu, ni courbe. Au sens **figuré,** être droit c'est être juste et honnête.

• Le substantif droit évoque, par opposition à ce qui s'impose de **fait,** au réel, ce qui est légitime et doit être. Le droit désigne, par conséquent, la faculté humaine d'**exiger ce qui nous est dû.**

• Distinguez bien le **droit** au sens **moral** du terme — comme exigence légitime de la conscience morale — et le **droit positif** ou **juridique,** ensemble de règles établies dans une société, qu'il s'agisse de lois écrites ou de coutumes passées en force de lois. Ne confondez pas l'aspect **moral** et l'aspect **juridique** de la notion!

• Les théoriciens ont souvent opposé au **droit positif** le **droit naturel,** ensemble de règles considérées comme justes parce que résultant de la **nature** des hommes.

• Le problème essentiel est celui du fondement du droit. Ici s'affrontent les théories du droit du plus fort (§ 1 et 2), du droit naturel (§ 4 et 5) et du droit social (§ 6).

• Lisez, à la suite de cette fiche, celles consacrées à «la Justice» et au «Devoir».

I — Le droit du plus fort : Calliclès

Quel est le fondement du droit positif et quelle en est la source? Les théoriciens du droit du plus fort identifient le pouvoir physique et le pouvoir moral : la violence règne à l'état de nature et c'est elle qui légitime tout droit.

L'ancêtre lointain de cette théorie est un personnage imaginaire que Platon nous présente dans le *Gorgias,* un sophiste impétueux et violent, nommé Calliclès. Désireux d'aller jusqu'au bout de ses désirs et de ses passions, il s'écrie, face à Socrate et contre lui (Socrate est, dans les Dialogues de Platon, celui qui incarne la **vraie justice**) : la force est la loi suprême! Au plus fort d'avoir la plus forte part, car le droit est identique à la force :

> ***«En bonne justice, celui qui vaut plus doit l'emporter sur celui qui vaut moins, le capable sur l'incapable... La marque du juste, c'est la domination du puissant sur le faible et sa supériorité admise. De quel droit, en effet, Xerxès vint-il porter la guerre dans la Grèce, ou son père chez les Scythes? Et combien de cas semblables ne pourrait-on citer? Or tous ces gens-là agissent, à mon avis, selon la vraie nature du droit.» (Platon,* Gorgias*)***

Ainsi Calliclès ramène-t-il le droit à la force.

II — Le droit du plus fort : Hobbes

Telle est aussi la conception de Hobbes, dont la vision se veut éminement réaliste[1]. C'est, en effet, selon Hobbes, l'égoïsme qui représente la substance même de la nature humaine. Aussi, dans l'état de nature, les hommes sont-ils en guerre perpétuelle les uns contre les autres, assurés qu'ils sont que tout leur est permis : c'est la guerre de tous contre tous *(bellum omnium contra omnes).* Chacun, usant de son pouvoir propre, est pour tous les autres une source de danger.

Dès lors, comment faire cesser cet état de conflit permanent? La seule solution consiste à s'unir autour du plus fort, à abdiquer ses libertés pour les remettre entre les mains d'un pouvoir suprême qui va garantir la paix et assurer le droit : Hobbes postule ainsi, que la force fonde toujours le droit positif. Le souverain, qui possède la puissance absolue, fait régner l'ordre de la loi.

Ainsi Hobbes confond-il le droit avec la force.

III — Rousseau : la force ne peut engendrer le droit

Mais toute notre conscience s'insurge contre cette identité du droit et de la force! Rousseau, critiquant le droit du plus fort, a signalé avec éclat que la force triomphante invoque toujours le droit et la valeur, qu'elle se réfère à ce qui doit être, et non point à ce qui est. Les exemples historiques ne manquent point, qui nous montrent la puissance brutale se justifiant et se légitimant, tentant de dissimuler sa violence pure et nue sous le manteau de la morale, invoquant les droits fondamentaux de l'homme là où nous ne distinguons que lutte, violence et contrainte.

Ainsi, le plus fort parle-t-il toujours de son droit!

> ***« Le plus fort n'est jamais assez fort pour être toujours le maître, s'il ne transforme sa force en droit et l'obéissance en devoir. De là le droit du plus fort; droit pris ironiquement en apparence, et réellement établi en principe. Mais ne nous expliquera-t-on jamais ce mot? La force est une puissance physique, je ne vois point quelle moralité peut résulter de ses effets. Céder à la force est un acte de nécessité, non de volonté; c'est tout au plus un acte de prudence. En quel sens pourra-ce être un devoir? » (J.-J. Rousseau,*** **Du contrat social*****)***

IV — Le droit naturel

Si force ne fonde point droit, n'existerait-il pas un droit naturel, inhérent à la nature de l'homme, et qui serait le vrai et véritable fondement du droit positif, des règles établies dans la société? En somme, le **droit naturel,** ensemble de principes moraux immanents à toute conscience humaine, serait le modèle des **lois positives,** qui ne feraient que le refléter dans la sphère concrète de chaque société.

---

1. *Cf.* la fiche sur «l'État».

Telle est la thèse de juristes comme Grotius (1583-1645) et Montesquieu (1689-1755), mais aussi de philosophes comme Spinoza, Rousseau, Kant ou Fichte. Les *Déclarations des droits de l'homme* (1789 et 1948) s'appuient sur cette reconnaissance de droits inhérents à la personne et fondant le droit des codes. **La dignité de la personne serait au fondement du droit positif.** Ainsi, la Déclaration universelle des droits de l'homme part de ce préambule :

> ***« La reconnaissance de la dignité inhérente à tous les membres de la famille humaine et de leurs droits égaux et inaliénables constitue le fondement de la liberté, de la justice et de la paix dans le monde... Il est essentiel que les droits de l'homme soient protégés par un régime de droit pour que l'homme ne soit pas contraint, en suprême recours, à la révolte contre la tyrannie et l'oppression » (*****Déclaration universelle des droits de l'homme,** ***Assemblée de l'ONU, 1948).***

V — Défauts et vérité de la thèse du droit naturel

Existe-t-il réellement un droit naturel? Cette notion de droit naturel n'est nullement évidente. Elle est liée, en effet, à l'idée d'une nature humaine immuable, d'une raison elle aussi immuable faisant partie de l'essence de l'homme. Or, ces thèmes ont subi, depuis plus de quarante ans, une critique qui est apparue à certains décisive. Ainsi Sartre, par exemple, a pu soumettre au soupçon la conception d'une nature humaine et d'une essence stable de l'homme[1].

Bien plus, la théorie du droit naturel se réfère à un prétendu droit de l'individu isolé, dans l'état de nature. Or, droit et justice sont des termes qui n'ont de sens qu'à l'intérieur d'une communauté.

Si la théorie du droit naturel peut être soumise à la critique, néanmoins elle s'est imposée dans les faits et ses prétentions ne peuvent être ignorées. Les droits de l'homme et du citoyen ne peuvent nullement être niés : dans nos sociétés parvenues à l'âge de l'universalité, ils existent véritablement.

VI — Le droit social

La critique d'un droit naturel fondé sur l'individu conduit à considérer les règles selon lesquelles fonctionne une société, règles qui peuvent avoir divers fondements, en particulier économique, religieux, etc.

Certains théoriciens considèrent que ces règles sociales fondent le droit. C'est ainsi que Marx décrit le droit comme lié à la séparation de la société en classes dominantes et dominées : le droit exprimerait fondamentalement les clivages et les antagonismes sociaux.

Dans la perspective de Marx, ce sont les réalités sociales qui fondent le droit proprement dit, ce qui ne nous semble que partiellement exact.

---

1. *Cf.* la fiche sur « l'existence » et celle sur « la liberté ».

VII — Nécessité du droit naturel

Malgré les critiques qui peuvent lui être adressées, la théorie du droit naturel n'est nullement caduque. En effet, si nous rejetons totalement le concept de droit naturel, nous ne possédons plus de **critères** pour **juger** des décisions **juridiques positives** des différentes nations. Il en est, en définitive, du droit comme de la justice[1] : tous deux présupposent des valeurs *a priori* indépendantes des réalités concrètes. Si nous faisons abstraction de ces normes *a priori,* toute la sphère de la justice et du droit s'évanouit : il y a, dans l'affirmation même du droit, une prétention à ce qui **doit** être. L'homme est cet être qui forge l'idéal et la loi morale universelle, comme l'a montré Kant par exemple.

> ***« Le besoin du droit naturel est aussi manifeste aujourd'hui qu'il l'a été durant des siècles et même des millénaires. Rejeter le droit naturel revient à dire que tout droit est positif, autrement dit que le droit est déterminé exclusivement par les législateurs et les tribunaux des différents pays. » (Léo Strauss,*** **Droit naturel et histoire,** ***Plon, 1954)***

Conclusion. Droit et devoir

Ainsi, il y a une vérité qui ne peut être éliminée dans la thèse classique du droit naturel. Dans nos sociétés, comment ne pas se référer à la dignité fondamentale de l'homme ?

Envisager ainsi le **droit,** c'est poser qu'il est corrélatif de la **personne** envisagée sous l'angle du **devoir.** Ces deux notions de droit et de devoir sont étroitement liées. Le droit suppose le devoir. Si je peux revendiquer des droits, c'est parce que je suis un être responsable, auteur de la loi morale universelle[2].

1. *Cf.* la fiche sur « la justice ». 2. *Cf.* la fiche sur « le devoir ».

SUJETS DE BACCALAURÉAT

— La raison du meilleur n'est-elle pas toujours la plus forte ? (Lille, A, 1977)

— Le droit se fonde-t-il sur la réciprocité ? (Paris, B, juin 1985)

— Affirmer des droits de l'homme universel, est-ce méconnaître la diversité des cultures ? (Montpellier, B, septembre 1985)

— La nature a-t-elle des droits ? (Grenoble, B, juin 1986)

— Peut-on se prémunir contre l'arbitraire ? (Athènes, A, septembre 1987)

— Peut-on concevoir les droits de l'homme indépendamment des droits du citoyen ? (Paris, B, juin 1988)

— Faut-il que le droit suive les mœurs ? (Papeete, B, juin 1988)

— La révolte peut-elle être un droit ? (Paris, A, juin 1989)

— L'homme a-t-il le droit d'utiliser sur l'homme tous les pouvoirs que le progrès des sciences et des techniques lui donne ? (Sujet national, B, septembre 1988)

— Quel sens donner au mot « droit » dans l'expression : « J'ai le droit de... » ? (Besançon, Dijon, etc., A, juin 1990)

— Quand on se borne à exercer son droit, est-on, pour autant, en règle avec sa conscience ? (Regroupement I, C.D.E., juin 1990)

LA JUSTICE

• Le thème fondamental est le suivant : l'idée de justice, qui représente celle de l'**égalité virtuelle** des êtres humains, n'a pu se dégager que progressivement, essentiellement grâce au christianisme. La justice, d'abord conçue comme principe d'ordre (Platon, § 2) en est donc venue historiquement à signifier l'**égalité absolue des personnes** (§ 4, 5, 6, 7).

• La justice, c'est fondamentalement l'égalité (§ 1).

• La cité athénienne à laquelle Platon se réfère est celle où la justice ne représente qu'un effet de **contrainte** et un **pis-aller** (§ 3). Néanmoins, la pure justice idéale garde son privilège et l'ordre parfait de la justice organisera la Cité dont rêve Platon dans *la République* (§ 2).

• L'idée de l'**égalité des personnes** est chrétienne (§ 4). La justice en est donc venue à signifier l'**égalité virtuelle** (§ 5).

• Kant (§ 6) a centré sa philosophie morale sur celle de l'éminente dignité de la personne humaine, contribuant ainsi à faire progresser une notion de justice que Proudhon a développée (§ 7) dans son œuvre. La justice proudhonienne est idéale.

• Marx a édifié, au contraire, une théorie matérialiste de la justice (§ 8), qui nous paraît difficilement soutenable (conclusion).

• Lisez, à la suite de cette fiche, celles consacrées au « Droit », à « l'État » et à « la Violence ». Le problème de la justice mène directement à celui de la violence.

I — La justice, norme idéale et principe du droit

La justice, c'est la norme idéale qui définit le droit[1] ou son principe même. Mais qu'exprime-t-elle exactement ? Essentiellement une certaine **égalité,** comme nous allons le voir. Ainsi, quand Aristote et ses successeurs distinguent trois formes de justice, la justice **commutative,** celle qui préside aux échanges, la justice **distributive** (celle qui consiste dans la répartition des honneurs au sein de la cité) et la justice **répressive** (celle qui envisage les sanctions), c'est toujours une certaine égalité qu'ils donnent à voir. **C'est cette idée d'égalité, d'abord confuse, qui s'est progressivement explicitée et clarifiée depuis l'Antiquité jusqu'à nos jours.**

« La justice, c'est l'égalité. Je n'entends point par là une chimère, qui sera peut-être quelque jour ; j'entends ce rapport que n'importe quel échange juste établit aussitôt entre le fort et le faible, entre le savant et l'ignorant, et qui consiste en ceci que, par un échange plus

1. *Cf.* la fiche sur « le droit » (§ 7).

profond et entièrement généreux, le fort et savant veut supposer dans l'autre une force et une science égales à la sienne. Ce sentiment est l'âme des marchés... Le gain égal dans les échanges est ici la règle suprême.» (Alain,* Éléments de philosophie, *Gallimard, 1959)

II — Platon : la justice est un principe d'ordre et d'harmonie

Cette idée d'égalité ne se dégage pas clairement dans l'Antiquité classique, comme le montre bien la réflexion platonicienne. Il faudra, en effet, l'avènement du christianisme pour parvenir à la notion d'une égalité des personnes. Chez Platon, la justice, c'est d'abord l'**ordre.** La cité juste dont rêve Platon et dont il nous trace le portrait dans *la République,* est régie par le principe d'un **ordre harmonieux :** chaque classe sociale y exécute sa fonction propre, et c'est cette organisation harmonieuse qui caractérise la justice. Tout en bas œuvrent les artisans; les guerriers veillent à la sécurité de la communauté (ils représentent la sphère sociale intermédiaire); enfin, tout en haut, les philosophes gouvernent, car ils possèdent la sagesse.

Cette harmonie de la cité reflète l'Idée[1] même de justice, c'est-à-dire l'ordre supérieur des essences[2], le monde platonicien des **réalités idéales.**

III — L'anneau de Gygès

S'il veut ordonner la communauté et faire triompher l'idée même de justice, Platon n'oublie jamais que, dans la cité concrète des hommes, celle qu'il a vécue à Athènes, la justice représente bien souvent un effet de contrainte pur et simple. Ainsi Glaucon, le contradicteur de Socrate dans *la République,* affirme-t-il que la justice est un pur effet de la contrainte. Si le juste et l'injuste recevaient en même temps cet **anneau de Gygès** rendant **invisible** celui qui le porte, ni l'un ni l'autre ne résisteraient au désir d'aller jusqu'au bout de leur pouvoir et de leur puissance. Dans la plupart des cas, on ne pratique la justice que par incapacité de commettre l'injustice. Nul n'est juste par choix, mais bien **par contrainte.**

Si, dans notre monde, la justice n'est qu'un pis-aller, il faut, pense Platon, se tourner vers la lumière de l'Idée même de justice. Cette essence de la justice garde un privilège absolu et doit orienter la cité juste de *la République,* cité harmonieuse et ordonnée.

IV — Vers l'idée de l'égalité des personnes

Ainsi, chez Platon, l'idée de justice est celle de l'harmonie, non point encore celle d'une égalité idéale. Aristote à sa suite, introduit déjà une certaine notion de l'égalité. Mais c'est surtout avec le christianisme que tout change : en effet, si les conditions sociales varient, les âmes immortelles sont absolument égales devant Dieu. Le christianisme a donc

---

1. *Cf.* la fiche sur «l'idée».
2. *Cf.* la fiche sur «l'existence».

opéré une **révolution morale** considérable, en mettant en évidence l'égalité en droit des personnes humaines, pour lesquelles le Christ s'est sacrifié et dont il a obtenu le salut possible. Dès lors, l'âme d'un roi est **virtuellement égale** à celle de son serviteur situé tout en bas de la hiérarchie sociale.

Ainsi naît l'idée de l'égalité des personnes, centre même de la justice à notre époque. Mais il faut approfondir cette idée et bien en saisir la signification.

V — La justice comme égalité virtuelle

Mais, nous rétorquera-t-on, cette idée de la justice comme égalité des personnes est rigoureusement absurde et contraire à l'expérience, car les individus diffèrent profondément tant par leurs aptitudes et leurs dons que par les conditions historiques et sociales qui sont leurs.

Cette critique nous permet de dissiper une équivoque. Le moraliste ou le philosophe qui mettent au centre de leurs analyses l'idée de justice n'affirment nullement une égalité de fait, mais bien une **égalité de droit :** tous les hommes sont égaux en droit, tous ont droit au même traitement dans la cité, à l'éducation, à l'instruction, au savoir, même si les intelligences ou les dons sont inégalement partagés et répartis. Cette égalité civique, qui se réfère sans le dire à l'égalité chrétienne des âmes et des personnes, a précisément pour but de pallier les inégalités qui règnent *de facto* dans la société.

La justice représente, par conséquent, l'idée d'une certaine égalité, au moins virtuelle. Le démocrate[1] est celui qui tend à organiser une politique en fonction de cette égalité virtuelle et de droit, se référant aux personnes.

VI — Kant

Kant, dans cette perspective, nous aide à construire correctement la notion de justice. La **justice** est d'abord, chez Kant, le respect de la **personne.** Elle se fonde sur l'éminente dignité de la personne humaine. En mettant au centre de sa réflexion morale l'idée de la personne raisonnable, c'est-à-dire d'un sujet de droit, Kant nous a permis de mieux définir la notion de justice. Elle est le respect de la dignité humaine, en toute circonstance. Être juste, n'est-ce pas, fondamentalement, traiter l'humanité comme une fin, et chaque **personne** comme une **valeur absolue ?**

> ***« Agis de telle sorte que tu traites l'humanité, aussi bien dans ta personne que dans la personne de tout autre, toujours en même temps comme une fin, et jamais simplement comme un moyen. » (Kant,*** **Fondements de la métaphysique des mœurs*****)***

1. *Cf.* la fiche sur « l'État » (§ 10).

Ainsi, dans les *Fondements de la métaphysique des mœurs,* en distinguant les **choses** et les **personnes,** Kant élabore-t-il le fondement et le soubassement d'une théorie de la justice. **Être juste, c'est respecter l'éminente dignité des personnes.**

> ***« La valeur des objets que nous pouvons* acquérir *par notre activité est toujours conditionnelle. Les êtres dont l'existence dépend, non de notre volonté, mais de la nature, n'ont aussi, si ce sont des êtres dépourvus de raison, qu'une valeur relative de moyens. C'est pour cela qu'on les appelle des* choses*; au contraire, les êtres raisonnables sont appelés* personnes, *parce que leur nature même en fait des fins en soi, c'est-à-dire quelque chose qui ne peut pas être employé simplement comme moyen. » (Kant,* op. cit.*)***

VII — Proudhon, définition moderne de la justice : la justice, c'est l'égalité

En quoi consiste la justice? Proudhon nous en propose une définition complémentaire. L'homme perçoit la dignité de la personne en lui comme en son semblable. La justice résulte de cette saisie de l'éminente dignité de tous les hommes, indépendamment des qualités individuelles de chacun. Chaque homme possède une égale dignité. La justice n'est rien d'autre que la saisie d'un rapport d'égalité résultant de l'identité de la raison chez tous les hommes.

> ***« La* justice... *est le respect, spontanément éprouvé et réciproquement garanti, de la dignité humaine, en quelque personne et dans quelque circonstance qu'elle se trouve compromise, et à quelque risque que nous expose sa défense.***
>
> ***De l'identité de la raison chez tous les hommes, et du sentiment de respect qui les porte à maintenir à tout prix leur dignité mutuelle, résulte l'égalité devant la* justice. *» (Proudhon,* De la justice dans la révolution et dans l'Église, 1858*)***

VIII — La critique matérialiste de Marx

Proudhon conçoit la justice comme une idée, un modèle, un paradigme et un idéal devant régler nos droits et nos devoirs : sa théorie est **idéaliste.** La justice, grande loi de l'univers moral, n'est point véritablement inventée, mais demeure, impérissable, Essence souveraine.

Tout au contraire, Marx a vu en la justice un produit des rapports de classes, une superstructure résultant d'une certaine répartition des intérêts économiques et des relations de production. Ainsi les marxistes parlent-ils d'une justice de classe, d'une idéologie de classe. Quelle est la signification ultime de la justice? Elle exprime l'ensemble des idées et des croyances de la classe sociale qui possède le pouvoir économique et politique, du groupe dominant.

Ce sont donc, en définitive, les antagonismes entre les classes sociales, groupes d'hommes se distinguant par la place qu'ils tiennent dans un système de production, qui rendent compte des valeurs de Justice et de Droit. Marx peut s'adresser ainsi à ses contradicteurs possibles :

> ***« Vos idées elles-mêmes sont des créations des rapports de production et de propriété bourgeois, de même que votre droit n'est que la volonté de votre classe érigée en loi, volonté dont le contenu est donné dans les conditions d'existence matérielles de votre classe. »*** **(Karl Marx, Morceaux choisis)**

Conclusion. Justice et violence

a - Comment voir dans la justice une simple notion économique ou politique ? Quand Marx souligne l'exploitation de l'homme par l'homme, n'invoque-t-il pas précisément une règle morale de justice et de dignité qui transcende infiniment les rapports sociaux particuliers ?

b - Si la justice est un idéal, elle ne doit cependant pas rester une pure idée séparée complètement des hommes. Il faut donc sauvegarder à tout prix la justice et faire œuvre de **résistance à l'injustice établie.** Ici se pose le problème de la **violence.** Nous renvoyons à la fiche sur « la violence » (§ 6).

SUJETS DE BACCALAURÉAT

— Être juste, est-ce traiter tout le monde de la même façon ? (Rouen, C.D.E., 84)

— Le besoin de justice n'exprime-t-il que la jalousie des déshérités ? (Nice, B, 84)

— L'égalité ne s'obtient-elle qu'aux dépens de la liberté ? (Guyane, C.D.E., juin 1985)

— A quel type d'égalité renvoie l'exigence de justice ? (Lille, C.D.E., juin 1986)

— Ne sommes-nous justes que par intérêt ? (Pondichéry, B, juin 1986)

— « L'injustice faite à un seul est une menace faite à tous. » Cette assertion de Montesquieu vous semble-t-elle fondée ? (La Réunion, B, septembre 1987)

— L'inégalité des hommes rend-elle impossible l'égalité des citoyens ? (Montpellier, A, juin 1989)

— La recherche de la justice doit-elle se contenter de satisfaire le sentiment du juste et de l'injuste ? (Bordeaux, A, juin 1989)

— En quel sens peut-on parler d'une rémunération juste ou injuste ? (Bordeaux, B, juin 1989)

— Faut-il préférer une injustice à un désordre ? (Amérique du Sud, B, juin 1990)

— Suffit-il, pour être juste, d'obéir aux lois et aux coutumes de son pays ? (Bordeaux, Caen, C.D.E., juin 1990)

— Puis-je à la fois affirmer que toutes les valeurs sont équivalentes, et vouloir combattre l'injustice ? (Besançon, Dijon, C.D.E., juin 1990)

LE DEVOIR

• Si le thème du devoir ne suscite en lui-même que peu de sujets de baccalauréat, cependant le candidat ne peut faire l'économie d'une réflexion sur l'obligation kantienne, nerf de la théorie morale qui fait, elle, l'objet de nombreux sujets d'examen. Le thème central de cette fiche est le suivant : le devoir est obéissance à une loi morale universelle que nous construisons nous-mêmes. **Devoir** et **autonomie de la volonté** sont indissociables (Kant).

• Distinguez bien **obligation** morale (libre) et **nécessité** (à laquelle je ne puis me soustraire) [§ 1].

• Kant a souligné, en une analyse classique et fondamentale, le caractère *a priori* du devoir (§ 2) et sa dimension **catégorique,** et non point hypothétique (§ 3). Trois formules du devoir sont énoncées par Kant, correspondant à l'**universalisation** de la maxime (§ 4), au **respect** de la **personne** (§ 5) et à l'**autonomie** de la volonté (§ 6).

• Nietzsche a vivement réagi contre l'universalisation kantienne, qui répudie le concret et l'unique du champ de la morale (§ 7).

• Bergson critique, lui aussi, un impératif catégorique universel qui se ramène, selon lui, à une consigne militaire (§ 8).

• Mais Nietzsche et Bergson n'ont fait que **caricaturer** la théorie kantienne (conclusion).

I — Obligation et nécessité

Le «**tu dois**» représente une des expériences fondamentales de la conscience morale. Nous nous sentons — parfois — tenus de faire notre devoir. Qu'y a-t-il donc dans ce mot de devoir? Nous le définirons provisoirement comme l'obligation morale considérée en elle-même. Cette obligation est distincte de la stricte nécessité, car ce qui est obligatoire peut être fait ou ne pas l'être, alors que je ne puis en aucun cas me soustraire à ce qui est nécessaire. L'obligation morale et le devoir sont libres; au contraire, devant un théorème de mathématique, ma volonté s'incline nécessairement.

Quelle est l'origine de l'obligation et du devoir? Avec Kant, le philosophe par excellence de l'impératif et du devoir, nous allons tenter de répondre à cette question.

> ***«DEVOIR! Nom sublime et grand, toi qui ne renfermes rien en toi d'agréable, rien qui implique insinuation, mais qui réclames la soumission... quelle origine est digne de toi, et où trouve-t-on la racine de ta noble tige?» (Kant,*** **Critique de la raison pratique*****)***

II — Le concept de devoir est *a priori*

Dans les *Fondements de la métaphysique des mœurs* (1785), Kant établit que le devoir, loin de nous être apporté par l'expérience, est un **idéal de la raison pure** et une valeur *a priori.* En effet, l'expérience en tant que telle ne nous fournit jamais de normes universelles et nécessaires. Or, le devoir commande absolument. Cette exigence ne découle pas de l'empirie. Si nous voulions fonder la moralité sur les faits, elle serait rapidement ruinée. Le devoir, loin d'être une réalité, représente une **norme de la raison,** valable pour tous les êtres raisonnables.

Peut-être même, remarque Kant, n'y eut-il jamais dans le monde un seul exemple d'acte moral réalisé par pur devoir. Le spectacle de l'expérience humaine nous fait découvrir universellement le rôle et la place de l'amour-propre, derrière nos actes les plus désintéressés et les plus vertueux en apparence.

> ***« Il suffit d'être un observateur de sang-froid, qui ne prend pas immédiatement pour le bien même le vif désir de voir le bien réalisé, pour qu'à certains moments on doute que quelque véritable vertu se rencontre réellement dans le monde. Et alors il n'y a rien pour nous préserver de la chute complète de nos idées du devoir, pour conserver dans l'âme un respect bien fondé de la loi qui le prescrit, si ce n'est la claire conviction que, lors même qu'il n'y aurait jamais eu d'actions qui fussent dérivées de ces sources pures, il ne s'agit néanmoins ici en aucune façon de savoir si ceci ou cela a lieu, mais que la raison commande par elle-même, et indépendamment de tous les faits donnés, ce qui doit avoir lieu. » (Kant,*** **Fondements de la métaphysique des mœurs*****)***

III — L'impératif catégorique et l'impératif hypothétique

Le pur devoir *a priori* commande catégoriquement. Il faut, en effet, distinguer l'impératif catégorique — qui seul est proprement moral — de l'impératif hypothétique, qui nous représente une action comme nécessaire pour parvenir à une certaine fin. Tels sont les impératifs de l'habileté ou de la prudence. Alors que l'impératif hypothétique nous dit « faites ceci, si vous voulez obtenir cela » (*si vis pacem, para bellum,* par exemple), l'impératif moral n'exprime nullement la nécessité pratique d'une action comme moyen d'obtenir autre chose, mais il commande inconditionnellement : « Faites ceci ». Il rattache sans conditions la volonté à la loi. La règle du devoir est catégorique : **fais le devoir sans conditions.** Il n'y a que l'impératif catégorique qui soit la loi de la **moralité.**

> ***« ... Tous les impératifs commandent ou*** **hypothétiquement** ***ou*** **catégoriquement.** ***Les impératifs hypothétiques représentent la nécessité pratique d'une action possible, considérée comme moyen d'arriver à quelque autre chose que l'on veut (ou du moins qu'il est possible qu'on veuille). L'impératif catégorique serait celui qui représenterait une action comme nécessaire pour elle-même, et sans rapport à un autre but, comme nécessaire objectivement. » (Kant,*** **op. cit.*****)***

IV — Universaliser la maxime de notre action (première formule)

En quoi consiste l'impératif catégorique? Kant nous le présente sous trois formes, que nous allons énoncer successivement. Mais cette triple formulation ne représente rien de concret. En fait, il s'agit uniquement d'obéir à la loi morale universelle, de respecter la pure forme de la raison.

La première formule du devoir obéit à l'exigence d'**universalisation.** Au moment de l'action, il faut toujours se demander : et si tous en faisaient autant? Il n'est pas d'autre critère possible de la morale et du devoir. Ainsi, nous dit Kant, le suicide dans une situation difficile est-il impossible, car je ne puis universaliser sans contradictions la maxime de mon action. Une nature dont ce serait la loi de détruire la vie serait en contradiction avec elle-même. Voici donc cette première formule :

> ***« Agis comme si la maxime de ton action devait être érigée par ta volonté en* loi universelle de la nature. » *(Kant, op. cit.)***

V — Le respect de la personne (seconde formule)

Ce que Kant examine dans la seconde maxime, c'est la **personne.** En effet, la morale est fondée sur le respect de la raison. Or celui-ci entraîne le respect de l'homme conçu comme être raisonnable. Par conséquent, l'être humain possède seul une valeur absolue, il représente une fin en lui-même. Les autres êtres vivants ont une valeur conditionnelle, mais l'homme a une valeur inconditionnelle : c'est une **personne,** une **fin en soi.** Voici donc la seconde formule de l'impératif :

> ***« Agis de telle sorte que tu traites l'humanité aussi bien dans ta personne que dans la personne de tout autre toujours en même temps comme une fin et jamais* simplement comme un moyen. » *(Kant,* op. cit.*)***

VI — L'autonomie (troisième formule)

La troisième formule de l'impératif catégorique souligne l'autonomie de la volonté. Si l'être raisonnable est une fin en soi, il en résulte qu'il ne peut être soumis à la loi morale, mais qu'il doit au contraire en être l'auteur. En somme, l'être humain ne peut recevoir la loi morale de manière purement externe. Il se l'impose à lui-même. C'est le principe de l'autonomie de la volonté. La volonté est **autonome :** elle obéit à une loi morale qu'elle fonde.

Avec l'autonomie de la volonté, nous saisissons l'origine du devoir : c'est la personnalité de l'être raisonnable, auteur de la loi morale.

A cette étape de sa morale, Kant peut donc affirmer :

> ***« De là résulte maintenant le troisième principe pratique de la volonté, comme condition suprême de son accord avec la raison pratique universelle, à savoir l'*idée de la volonté de tout être raisonnable conçue comme volonté instituant une législation universelle. » *(Kant,* op. cit.*)***

VII — Nietzsche, critique de Kant

La théorie kantienne de l'obligation paraît définir le noyau de la théorie morale. En mettant l'accent sur la personne, en soulignant l'autonomie de la volonté, Kant a fondé la conception moderne des valeurs et montré que l'homme est toujours une fin en lui-même. Si ce respect n'est pas vraiment réalisé au niveau de la vie courante et de l'expérience concrète, néanmoins, il représente l'idéal de toute moralité.

Ne pourrait-on toutefois reprocher à Kant d'avoir méconnu l'aspect **unique** de l'intention morale? Telle est la critique de Nietzsche, qui a vivement réagi contre la notion d'un impératif catégorique, valable en tous lieux et en tous temps. A la limite, affirme Nietzsche, il n'y a dans une telle conception qu'égoïsme et abstraction. Elle évacue la personne **concrète** du champ de l'action.

> ***« Et maintenant, mon ami, ne venez pas me parler de l'impératif catégorique !... C'est un mot qui me chatouille l'oreille... C'est égoïsme... que de considérer* son *jugement comme une loi générale ; et c'est un égoïsme aveugle, petit, mesquin, parce qu'il révèle que vous ne vous êtes pas encore découvert vous-même, que vous ne vous êtes pas encore forgé un idéal qui vous soit personnel, et très strictement personnel... Qui juge encore : « dans tel cas, tout le monde devrait agir ainsi », n'a pas encore fait trois pas dans la connaissance de soi-même; sans quoi il n'ignorerait pas qu'il n'y a pas, qu'il ne saurait y avoir d'acte semblable, que tout acte qui a été fait le fut d'une façon unique et non reproductible. » (Nietzsche,* le Gai Savoir*)***

VIII — Bergson : l'impératif est une consigne militaire

Bergson est tout aussi sévère que Nietzsche et la critique de ces deux philosophes d'inspiration si différente converge ici.

Le devoir, généralement d'essence sociale, ne correspond guère à une exigence de la raison. Il faut en effet se représenter l'habitude comme pesant étroitement sur la volonté. Le devoir, dans ces conditions, s'accomplit presque toujours automatiquement. Représentons-nous chaque obligation traînant derrière elle la masse des autres. Nous avons alors le tout du devoir pour une conscience morale élémentaire.

Mais que s'éveille la réflexion suffisamment pour que l'obligation puisse se formuler, et nous aurons alors le modèle même de l'impératif catégorique. Il est de nature somnambulique et se ramène à la consigne militaire :

> ***« Pensons... à une fourmi que traverserait une lueur de réflexion et qui jugerait alors qu'elle a bien tort de travailler sans relâche pour les autres. Ses velléités de paresse ne dureraient d'ailleurs que quelques instants, le temps que brillerait l'éclair d'intelligence. Au dernier de ces instants, alors que l'instinct, reprenant le dessus, la ramènerait de vive force à sa tâche, l'intelligence que va résorber l'instinct dirait en guise d'adieu : il faut parce qu'il faut. »(Bergson,* Les deux sources de la morale et de la religion*)***

Conclusion

La double critique de Nietzsche et de Bergson, sans être psychologiquement fausse, semble caricaturale. Si Kant n'a évidemment pas envisagé le devoir et la personne dans ce qu'ils ont de plus concret et de plus individuel, néanmoins il a montré dans la liberté la source de l'obligation, il a fondé ainsi la théorie moderne des valeurs.

SUJET DE BACCALAURÉAT

— ***Dégagez l'intérêt philosophique du texte suivant :***

« Être bienfaisant quand on le peut est un devoir, et, de plus, il y a certaines âmes si portées à la sympathie que, même sans un autre motif de vanité ou d'intérêt, elles éprouvent une satisfaction intime à répandre la joie autour d'elles, et qu'elles peuvent jouir du contentement d'autrui en tant qu'il est leur œuvre. Mais je prétends que dans ce cas une telle action, si conforme au devoir, si aimable qu'elle soit, n'a cependant pas de valeur morale véritable, qu'elle va de pair avec d'autres inclinations, avec l'ambition par exemple qui, lorsqu'elle tombe heureusement sur ce qui est réellement en accord avec l'intérêt public et le devoir, sur ce qui, par conséquent, est honorable, mérite louange et encouragement, mais non respect; car il manque à la maxime la valeur morale, c'est-à-dire que ces actions soient faites, non par inclination, mais par devoir. Supposez donc que l'âme de ce philanthrope soit assombrie par un de ces chagrins personnels qui étouffent toute sympathie pour le sort d'autrui, qu'il ait toujours encore le pouvoir de faire du bien à d'autres malheureux, mais qu'il ne soit pas touché par l'infortune des autres, étant trop absorbé par la sienne propre, et que, dans ces conditions, tandis qu'aucune inclination ne l'y pousse plus, il s'arrache néanmoins à cette insensibilité mortelle et qu'il agisse, sans que ce soit sous l'influence d'une inclination, uniquement par devoir, alors seulement son action a une véritable valeur morale. » (Kant, **Fondements de la métaphysique des mœurs*****)*** **[*Besançon, B, 83*]**

— ***Comment déterminer la gravité d'une faute ? (Montpellier, C.D.E., juin 1985)***

— ***Vivre selon des principes : est-ce une obligation morale ou une condition du bonheur ? (Italie, A, juin 1988)***

— ***Y a-t-il plusieurs morales ? (Maroc, C.D.E., juin 1989)***

— ***Désobéir peut-il être un devoir ? (Amiens, Lille, Rouen, A, juin 1990)***

LA VOLONTÉ

• Distinguez bien la **volonté,** décision réfléchie, poursuite délibérée de certaines fins à travers des moyens et des stratégies complexes, du **désir,** tension vers un but qui n'intègre ni l'obstacle ni la médiation (§ 1).

• Ne confondez pas non plus la **volonté** — active — et le **souhait** — passif — (§ 2).

• Le **schéma classique de l'acte volontaire,** comportant délibération, décision et exécution est absolument truqué, a montré Sartre (§ 4) : quand je délibère, les jeux sont déjà faits !

• En définitive, on peut penser avec Sartre que la volonté suppose le fondement d'une liberté originelle (§ 5).

• Enfin, la volonté requiert une élucidation **morale :** c'est l'objet de la réflexion de Kant (§ 6 et 7).

I — Volonté et désir

Il faut séparer nettement volonté et désir[1]. Si tout désir, comme toute volonté, procède d'un manque (je désire ou veux seulement ce qui me fait défaut, ce que je ressens comme une privation), néanmoins, ils diffèrent profondément. Le désir est simplement la tension vers un but ressenti comme pôle possible de satisfaction. Or, la volonté n'est nullement le désir : elle représente cette forme de l'activité personnelle qui comporte la représentation de l'acte à produire et des **moyens nécessaires à sa réalisation.** Le désir va **droit** à l'objet, alors que la volonté suppose une synthèse nouvelle intégrant l'obstacle et la médiation, sans attendre passivement la manne. En somme, la volonté élabore des **stratégies,** alors que le désir en reste au niveau de l'immédiateté :

> ***« Les désirs précèdent la volonté, mais ne l'expliquent pas. Si le désir se réalise de lui-même, presque immédiatement ou du moins sans obstacle, il n'y a pas volonté. Pour qu'il y ait volonté, il faut que l'action immédiate soit empêchée, qu'il y ait un retard de l'acte : pas de volonté sans obstacle à surmonter. » (J. Lacroix,* Le sens du dialogue, *Éditions de la Baconnière, Neuchâtel, 1962)***

1. *Cf.* la fiche sur « le désir ».

II — Volonté et souhait

Mais vouloir n'est pas plus souhaiter qu'il n'est désirer. Le souhait, proche de l'aspiration ou de l'envie, est passif et indécis, il n'est suivi d'aucune action réelle vers le but. Tout au contraire, la volonté progresse **activement** vers le but, fût-ce à travers un chemin rude, amer, et même rebutant. En somme, la volonté active, à la différence du souhait passif, accepte de passer par l'itinéraire ingrat, désagréable et pénible.

III — Le schéma classique de l'acte volontaire

Les désirs et les souhaits précèdent donc la volonté, mais ne l'expliquent nullement. La volonté apparaît comme une décision réfléchie, une poursuite délibérée de certaines fins à travers une médiation et un itinéraire complexes.

Mais comment comprendre plus clairement la nature de l'acte volontaire? La réflexion philosophique classique nous en a fourni un **schéma** célèbre. Elle a distingué plusieurs moments bien définis dans l'acte de la volonté. Le vouloir se décomposerait en une **conception** de la fin à réaliser, une **délibération** pesant les motifs et les mobiles profonds, une **décision** et une **exécution.** En somme, la volonté ne serait rien d'autre que la décision (active) qui succéderait à une délibération sur des motifs et des mobiles. Qu'est-ce qu'un motif? La raison d'un acte, l'ensemble des considérations rationnelles qui le justifient. Quant au mobile, c'est une cause beaucoup plus subjective, affective et irrationnelle.

IV — Sartre : la délibération volontaire est toujours truquée

Sartre a souligné le caractère artificiel du schéma classique de l'acte volontaire : cette conception académique est plus **abstraite** que réelle.

Car le mobile n'a précisément de sens et de valeur pour nous que dans la mesure où nous le **reprenons.** La délibération volontaire (avec examen des motifs et des mobiles) représente un ensemble bien artificiel : ni les motifs, ni les mobiles ne sont déterminants à proprement parler. Avant même de délibérer, j'ai déjà choisi, en toute liberté. Quand je délibère, les jeux sont faits! Par conséquent, il n'y a **jamais** de délibération réelle. Mon libre projet fondamental décide de mon choix avant toute réflexion. Selon Sartre, la liberté humaine est un jaillissement permanent qui donne sens à toutes les réalités psychiques. Le libre choix, antérieur à la réflexion, crée une décision avant toute délibération. La volonté est bien réfléchie par opposition à la spontanéité non volontaire, mais ce qui est réfléchi, c'est la **manière** d'atteindre la **fin poursuivie.** La réflexion ne joue pas vraiment au niveau d'une décision qui est toujours déjà prise.

> ***« De cela résulte que la délibération volontaire est toujours truquée... En fait, motifs et mobiles n'ont que le poids de mon projet... Quand je délibère, les jeux sont faits... Quand la volonté intervient, la décision est prise, et elle n'a d'autre valeur que celle d'une annonciation. » (Sartre,* l'Être et le Néant, *N. R. F., 1957)***

V — La liberté fonde la volonté

Les analyses de Sartre et sa critique du schéma classique semblent parfaitement fondées. Aussi, peut-on, dans cette perspective, considérer la liberté[1] comme le fondement de la volonté. Le choix libre du pour-soi donne vie aux motifs et aux mobiles, qui tirent de lui leur énergie, leur puissance et leur vérité. La volonté suppose à son fondement une liberté originelle qui la porte et la supporte. Ainsi Sartre a-t-il renversé le schéma classique de la volonté. Refusant de privilégier la délibération, il a déplacé l'attention vers la **liberté,** source vivante de l'acte volontaire.

> ***« Loin que la volonté soit la manifestation unique ou du moins privilégiée de la liberté, elle suppose, au contraire, comme tout événement du pour-soi, le fondement d'une liberté originelle pour pouvoir se constituer comme volonté. » (Sartre,* op. cit.*)***

Si la philosophie classique a privilégié la volonté en y voyant une expérience fondamentale de la liberté, Sartre renvoie la volonté **elle aussi** au foyer qui anime toute la vie psychique : la **liberté.**

VI — La volonté morale : la bonne volonté

Mais la volonté n'a été étudiée jusqu'ici que dans la sphère psychologique et métaphysique. Or, elle requiert tout autant une élucidation **sur le plan de l'éthique.** Elle ne prend tout son sens que reliée au **devoir**[2] et à la **loi morale** que nous choisissons librement. Qu'est-ce que la volonté? C'est la position libre de la loi, l'obéissance à une loi dont je suis en même temps l'auteur et le créateur.

La volonté est, sur le plan moral, cette bonne volonté analysée par Kant. Qu'est-ce que la bonne volonté? Une volonté qui fait son devoir, une volonté qui agit **par** devoir, non pas simplement comme le devoir le demande. Par exemple, le marchand servant de façon loyale ses clients n'agit pas par devoir, s'il réalise son action en fonction de ses intérêts. Tout au contraire, il fait preuve de bonne volonté s'il agit par pur respect pour la moralité, sans aucune influence de la sensibilité. En quoi consiste la volonté morale, la bonne volonté? A faire son devoir, par devoir! Seule cette bonne volonté a une valeur absolue :

> ***« De tout ce qu'il est possible de concevoir en ce monde, ou même hors de ce monde, il n'y a rien qui puisse sans restriction être regardé comme bon absolument, excepté une* bonne volonté... *Ce n'est pas par ses productions et ses succès que la bonne volonté est ce qu'elle est; ce n'est pas par sa facilité à atteindre un but proposé, mais c'est seulement par le vouloir; c'est-à-dire qu'elle est bonne en soi, et que, considérée en elle-même, elle doit incontestablement être estimée de beaucoup supérieure à tout ce qui pourrait être fait par elle en faveur de quelque inclination. » (Kant,* Fondements de la métaphysique des mœurs*)***

1. *Cf.* la fiche sur « la liberté ».
2. *Cf.* la fiche sur « le devoir ».

VII — L'autonomie de la volonté

La volonté morale, agissant par pur respect pour la loi, est une **volonté libre**[1], a montré Kant. En effet, la volonté morale obéit à la loi qu'elle se donne elle-même. Elle est autonome. C'est le principe kantien fondamental de l'autonomie de la volonté. La loi émane du sujet lui-même, et c'est pour cette raison que nous pouvons parler d'autonomie (d'obéissance à notre propre loi), et non d'hétéronomie, d'obéissance à une loi qui nous serait étrangère.

« L'autonomie de la volonté est cette propriété que possède la volonté d'être à elle-même sa loi (indépendamment de la nature des objets du vouloir). Le principe de l'autonomie est donc de choisir toujours de telle manière que les maximes de notre choix constituent des lois universelles, dans notre vouloir. » (Kant,* op. cit.*)

Conclusion

La volonté — sous son aspect psychologique, mais aussi moral — nous conduit au concept de liberté, clef de voûte de toute réflexion.

SUJET DE BACCALAURÉAT

— A partir de l'étude ordonnée de ce texte, vous en dégagerez l'intérêt philosophique.

« Que la principale perfection de l'homme est d'avoir un libre arbitre, et que c'est ce qui le rend digne de louange ou de blâme.

... La volonté étant, de sa nature, très étendue, ce nous est un avantage très grand de pouvoir agir par son moyen, c'est-à-dire librement, en sorte que nous soyons tellement les maîtres de nos actions, que nous sommes dignes de louange lorsque nous les conduisons bien : car, tout ainsi qu'on ne donne point aux machines qu'on voit se mouvoir en plusieurs façons diverses aussi justement qu'on saurait désirer, des louanges qui se rapportent véritablement à elles, parce que ces machines ne représentent aucune action qu'elles ne doivent faire par le moyen de leur ressort, et qu'on en donne à l'ouvrier qui les a faites, parce qu'il a eu le pouvoir et la volonté de les composer avec tant d'artifice, de même on doit nous attribuer quelque chose de plus, de ce que nous choisissons ce qui est vrai, lorsque nous le distinguons d'avec le faux, par une détermination de notre volonté, que si nous y étions déterminés et contraints par un principe étranger. » (Descartes) [*Amiens, B, 83*]

— Notre volonté ne peut-elle jamais s'identifier à nos désirs ? (Aix-en-Provence, A, septembre 1984)

— Peut-on vouloir l'impossible ? (Pondichéry, A, juin 1986)

— Décide-t-on de devenir quelqu'un ? (Dakar, B, septembre 1988)

1. *Cf.* la fiche sur « le devoir » (§ 6).

LA PERSONNE

• Distinguez bien la **personne,** c'est-à-dire le sujet moral responsable, de la **personnalité,** fonction psychique par laquelle nous avons conscience d'être un **moi** unique et permanent. La première désigne une réalité morale; la seconde, une synthèse psychologique (§ 1).

• Pensez également à la notion de **personnage,** c'est-à-dire au comportement social que l'on adopte dans la vie. La personne (morale) se distingue du personnage (§ 2).

• La personne comme sujet moral responsable n'est pas une donnée, mais le produit de toute une évolution historique (§ 3).

• C'est dans la philosophie de Kant que culmine la notion de personne morale (§ 4 et 5). Le respect de la personne est le centre de la philosophie de Kant.

• Le personnalisme (§ 6) est une doctrine morale et sociale contemporaine faisant de la personne la valeur suprême.

I — Personne et personnalité

La personne désigne le sujet moral responsable, l'esprit créateur des valeurs et des normes. Aussi ne faut-il pas la confondre avec la personnalité, qui représente une réalité psychologique, à savoir cette fonction psychique par laquelle un individu se considère comme un moi. Si la première appartient à l'ordre des valeurs, la seconde est une synthèse psychologique. Aussi la personne est-elle universelle, puisqu'elle se définit comme le sujet de l'obligation et du devoir, alors que la personnalité est individuelle et singulière. L'une se déploie dans le registre éthique et métaphysique, l'autre appartient à la sphère de la psychologie.

II — Personne et personnage

La **personne** doit aussi être rapprochée et distinguée du **personnage,** du rôle que nous jouons dans la vie. Rapprochée, car personne vient du latin *persona,* qui signifiait masque de théâtre. L'étymologie nous signale donc l'importance et, parfois aussi, la primauté du personnage. Effectivement, que sommes-nous d'abord, sinon des personnages, des rôles, des masques?

Néanmoins, ni la personne, ni la personnalité ne doivent être confondues avec le personnage. Mes personnages sont divers, multiples, changeants. Ils peuvent se déployer dans une infinité de registres. Autant de personnages, autant de comédies sociales! Tout au contraire, la personne et la personnalité sont des principes d'unité.

III — La personne est le fruit d'un parcours historique

La notion de personne comme sujet moral et responsable n'est pas une donnée existant dans toutes les sociétés, mais le fruit d'un parcours historique, comme l'a montré l'anthropologue Marcel Mauss. Chez les Latins, apparaît la notion juridique de personne : la personne susceptible d'être sujet du Droit[1]. Avec le christianisme, la personne métaphysique commence à se dégager. Mais c'est avec la philosophie de Kant, au XVIIIe siècle, que la notion de personne éthique prend une forme précise.

IV — Le sujet moral chez Kant

C'est en particulier dans la philosophie morale de Kant que culmine la notion de personne : pour lui il s'agit toujours, en toute circonstance, de traiter l'homme comme une fin[2], comme un sujet de droits, et jamais comme un moyen. Tel est l'enseignement des *Fondements de la métaphysique des mœurs* (1785).

Kant établit qu'il existe quelque chose dont l'existence a une valeur absolue : ce sont les êtres raisonnables ou personnes. Les personnes sont des fins en soi, à la différence des êtres vivants dépourvus de raison. Ainsi faut-il distinguer les **choses** et les **personnes.** D'où la seconde formulation de l'impératif catégorique : «agis de telle sorte que tu traites l'humanité, aussi bien dans ta personne que dans la personne de tout autre, toujours comme une fin et jamais simplement comme un moyen».

Cette réflexion kantienne sur la personne est décisive. Kant nous montre que l'être humain possède une dignité, une valeur absolue et sans comparaison, et non point simplement une valeur relative, comme les autres objets du monde. Ainsi donne-t-il sens au devoir et à toute la sphère de la morale.

> ***«Les êtres raisonnables sont appelés* personnes, *parce que leur nature même en fait des fins en soi, c'est-à-dire quelque chose qui ne peut pas être employé simplement comme moyen, quelque chose qui, par conséquent, met une limite à la faculté de chacun d'agir à son gré (et est un objet de respect). Les êtres raisonnables ne sont donc pas des fins simplement subjectives, dont l'existence, effet de notre activité, n'a de valeur que* pour nous; *ce sont des* fins objectives, *c'est-à-dire des choses dont l'existence est une fin en soi-même, et même une fin telle qu'on ne peut la remplacer par aucune autre à laquelle celle-ci servirait simplement de moyen.»* (*Kant,* Fondements de la métaphysique des mœurs)**

Sans la **personne,** cette **valeur absolue,** il serait impossible de trouver un principe pratique suprême. Kant a eu l'immense mérite d'affirmer la valeur en soi du sujet raisonnable, de subordonner la moralité à la personne.

1. *Cf.* la fiche sur «le droit».
2. *Cf.* la fiche sur «le devoir» et celle sur «la justice».

V — Le respect de la personne

La personne appelle le **respect,** nous dit fort explicitement Kant, dans les *Fondements de la métaphysique des mœurs.* Il ne parlera pas autrement trois ans plus tard, dans la *Critique de la raison pratique* (1788), mettant en évidence le lien entre la personne morale et le respect, qui est le seul sentiment éthique, l'unique sentiment rationnel.

Ce que je respecte au sens profond du terme, c'est la loi morale universelle qui s'incarne dans la personne. Le respect s'adresse à la personne — non point aux choses —, à l'agent de la moralité, au sujet de l'éthique. Ainsi Kant nous dit-il que, devant un homme de condition modeste, en qui je perçois un caractère droit, **mon esprit s'incline,** car cet homme me présente la loi morale. Au contraire, dit Kant, devant un grand seigneur, je m'incline, mais mon esprit ne s'incline pas.

Ici culmine l'éthique : si la lutte des consciences[1] de soi opposées est la dure loi de l'existence, **l'éthique apparaît avec le respect de la personne humaine.**

> ***«Le* respect *s'applique toujours uniquement aux personnes, jamais aux choses. Les choses peuvent exciter en nous de l'* inclination *ou même de l'* amour, *si ce sont des animaux (par exemple des chevaux, des chiens, etc.) ou aussi de la crainte, comme la mer, un volcan, une bête féroce, mais jamais de* respect... *Le* respect *est un* tribut *que nous ne pouvons refuser au mérite.» (Kant,* Critique de la raison pratique*)***

VI — Qu'est-ce que le personnalisme ?

Aussi Kant nous apparaît-il, d'une certaine manière, comme le père du **personnalisme,** bien qu'Emmanuel Mounier, le fondateur de la doctrine dite **personnaliste,** ne se réfère pas exclusivement à lui.

Qu'est-ce que le personnalisme ? C'est une doctrine morale, mais aussi sociale, faisant de la personne la valeur suprême, voyant en cette personne une fin absolue.

Conclusion

Avec la notion de personne morale, Kant a fondé la morale : l'éthique n'est rien d'autre que le respect de la personne, le refus de la lutte à mort des consciences de soi opposées.

SUJETS DE BACCALAURÉAT

— Que faut-il respecter ? (Bordeaux, A, 1984)

— Doit-on respecter les choses comme on doit respecter autrui ? (Nancy, Metz, B, juin 1985)

— Liberté, égalité, fraternité : y a-t-il un lien nécessaire entre ces trois exigences ? (Montpellier, A, juin 1988)

— Respecter l'autre, est-ce respecter en lui la personne humaine ? (Regroupement I, B, juin 1990)

---

1. *Cf.* la fiche sur «autrui» et celle sur «le désir».

LE BONHEUR

• Saisissez bien le passage de l'**eudémonisme** (§ 3, 4, 5) — c'est-à-dire d'une philosophie pour qui le but de la vie humaine est le bonheur —, qui caractérise la réflexion de l'Antiquité classique, à une **vision moderne,** parfois chrétienne, beaucoup plus **pessimiste,** considérant notre monde comme celui du malheur (§ 6).

• **Plaisir, joie** et **bonheur** se distinguent profondément, ce dernier se définissant comme un état de satisfaction complète et de plénitude (§ 1). Le bonheur est également un **accord** entre les valeurs de l'homme et celles du monde (§ 2).

• Dans l'**eudémonisme antique,** le bonheur est le bien suprême (§ 3). Aristote décrit le bonheur comme **contemplation** et **loisir** (§ 3), Épicure le saisit comme un équilibre de l'âme et un calme spirituel, lié aux **désirs naturels et nécessaires** (§ 4). Enfin, les **Stoïciens** acceptent l'ordre divin, matrice de la liberté spirituelle (§ 5).

• Le christianisme nous a apporté une vision très pessimiste des choses (§ 6). La doctrine de Kant se situe dans cette perspective, et le bonheur y est seulement un objet d'espérance (§ 7).

• Quel pessimisme dans la pensée moderne, de Schopenhauer à Freud ! (Conclusion).

I — Plaisir - Joie - Bonheur - Béatitude

Le bonheur (étymologiquement : bonne chance), état de satisfaction complète et de plénitude, est distinct du **plaisir,** bien-être agréable essentiellement d'ordre sensible. Si le premier correspond à un complet repos et se donne comme l'éternité même, le second appartient à l'ordre du temps : c'est un mouvement et un dynamisme que l'imagination et la mémoire amplifient et prolongent.

Mais le bonheur se distingue aussi de la **joie.** Alors que le plaisir est fragmentaire, la joie est un état affectif global et total. Elle représente bien, comme l'a vu Spinoza, un **passage** d'une perfection moindre à une perfection supérieure, un état où la puissance d'agir de mon corps est augmentée, où domine en moi un sentiment de puissance et de force. Or le bonheur n'est précisément pas un passage : la joie est **dynamique** alors que le bonheur est **statique,** tout comme la **béatitude,** cette félicité et ce bonheur parfait.

> ***« Le bonheur... n'implique ni mouvement ni passage ni progrès, mais une absolue stabilité et un complet repos. C'est une totale suffisance en soi-même. Il est donné entièrement tout d'un coup, et l'on ne conçoit pas qu'il vienne à manquer. » (J. Lacroix,*** **Le sens du dialogue,** ***Éditions de la Baconnière, Neuchatel, avril 1962)***

II — Le bonheur est un accord

Or, ce plein repos qu'est le bonheur suppose un accord et une harmonie : une unité entre les valeurs de l'homme et l'ordre du monde et des choses. Pour qu'il y ait bonheur, ne faut-il pas, en effet, que s'opère une rencontre entre les choix et les valeurs de l'être humain, d'une part, et l'ordre universel, d'autre part ? Le bonheur est cette harmonie et cet accord entre les deux ordres, unité que nous allons trouver dans les philosophies classiques du bonheur :

> ***« Pour un homme donné, le bonheur, entendu dans son sens le plus classique, est la jouissance de l'accord qui s'établit entre l'ordre de ses valeurs et l'universel qui le transcende et l'englobe, que l'on peut appeler symboliquement l'ordre du monde. » (R. Polin,*** **Le bonheur considéré comme l'un des beaux arts,** ***PUF, 1965)***

III — L'eudémonisme antique : Aristote et le bonheur de la vie contemplative

Le bonheur est-il le bien suprême ? L'eudémonisme (du grec *eudaimon :* heureux) antique va répondre affirmativement à cette question. L'eudémonisme est la doctrine morale affirmant que le but de l'action humaine est le bonheur. Chez tous les philosophes anciens, le bonheur, fin de l'action, apparaît comme un accord entre l'homme et les choses. Les eudémonistes divergent seulement sur les **moyens** de parvenir au bonheur et à la complète satisfaction.

Aristote voit nettement dans le bonheur la fin de la vie. Dans l'*Éthique de Nicomaque,* il pose la question : quel est le souverain bien de notre activité ? C'est le bonheur. Or, ce dernier consiste dans l'activité la plus parfaite de l'homme, c'est-à-dire dans la vie contemplative.

> ***« Cette activité (contemplative) est par elle-même la plus élevée de ce qui est en nous ; l'esprit occupe la première place ; et, parmi ce qui relève de la connaissance, les questions qu'embrasse l'esprit sont les plus hautes. Ajoutons aussi que son action est la plus continue ; il nous est possible de nous livrer à la contemplation d'une façon plus suivie qu'à une forme de l'action pratique... Ce qui est propre à l'homme, c'est donc la vie de l'esprit, puisque l'esprit constitue essentiellement l'homme. Une telle vie est également parfaitement heureuse. » (Aristote,*** **Éthique de Nicomaque*****)***

Le sage qui contemple l'Éternel dans une vie de loisir incarne véritablement l'homme heureux : il représente l'idéal de la réflexion grecque, idéal dont notre civilisation est bien éloignée.

IV — L'eudémonisme antique : Épicure et la sérénité de l'âme

Épicure (341-270 av. J.-C.) est également eudémoniste, mais diffère profondément d'Aristote sur la façon d'atteindre le bonheur.

En apparence, Épicure est surtout **hédoniste,** car sa doctrine éthique fait du plaisir le Souverain Bien. Le plaisir est le bien primitif et naturel, il représente la fin de la vie. Néanmoins, tous les plaisirs ne sont pas souhaitables et le **vrai bonheur** consiste dans la paix de l'âme que rien ne vient troubler (ce qu'Épicure appelle l'**ataraxie** : l'absence de trouble et l'indifférence de l'esprit). L'âme du Sage, parfaitement sereine et libre en toutes circonstances, est à même de répudier certains plaisirs. Ainsi distingue-t-elle trois sortes de désirs[1] : ceux qui ne sont ni naturels ni nécessaires (comme la recherche des honneurs), ceux qui sont naturels sans être nécessaires (une nourriture fine par exemple), enfin les désirs naturels et nécessaires (comme manger à sa faim), seuls dignes d'être retenus par l'éthique.

Ainsi, le sage épicurien vise le **bonheur** comme **équilibre de l'âme** et **calme de l'esprit.**

> ***« Lors donc que nous disons que le plaisir est la fin, nous ne parlons point des plaisirs des prodigues et des plaisirs de sensualité, comme le croient ceux qui nous ignorent, ou s'opposent à nous, ou nous entendent mal, mais nous parlons de l'absence de douleur physique et de l'ataraxie de l'âme. » (Épicure,*** **Lettre à Ménécée*)***

V — L'eudémonisme antique : les Stoïciens et la liberté

Le stoïcisme (doctrine philosophique développée du IIIe siècle av. J.-C. jusqu'au IIe siècle après J.-C. chez les Romains) est également un eudémonisme, une morale qui vise le bonheur. En quoi consiste le bonheur, chez Sénèque, Épictète et Marc-Aurèle, les plus connus des Stoïciens ? Avant tout à rester libre et maître de ses opinions, de ses pensées, quelles que soient les circonstances. L'essentiel n'est-il pas de conserver sa liberté, sur le trône comme dans les chaînes ? Le sage stoïcien trouve en toutes situations l'ataraxie, la paix de l'âme, l'indifférence de l'esprit. Comme on le voit, épicurisme et stoïcisme ont d'importants points communs, en particulier cette conception du bonheur envisagé comme liberté spirituelle.

Néanmoins, le bonheur stoïcien diffère du bonheur épicurien : le sage épicurien réalise un accord et une harmonie avec un monde matériel et formé d'atomes, alors que le sage stoïcien, maître de soi, accepte l'ordre divin, l'étincelle divine présente dans tout ce qui existe (les stoïciens étaient panthéistes : ils identifiaient Dieu à la nature).

> ***« Tu espères que tu seras heureux dès que tu auras obtenu ce que tu désires. Tu te trompes. Tu ne seras pas plus tôt en possession, que tu auras mêmes inquiétudes, mêmes chagrins, mêmes dégoûts, mêmes craintes, mêmes désirs. Le bonheur ne consiste point à acquérir et à jouir, mais à ne pas désirer. Car il consiste à être libre. » (Épictète)***

VI — La révolution chrétienne

Ces analyses de l'eudémonisme antique, pour admirables qu'elles soient, ne semblent pas adaptées à la vérité de notre univers. En effet, le christianisme nous a apporté sa vision **pessimiste** des choses. Le chrétien, s'il espère que l'au-delà et la Cité de Dieu lui apporteront un bonheur éternel, considère le monde temporel comme celui du malheur et de l'épreuve. Salut et espérance remplacent l'eudémonisme antique,

1. *Cf.* la fiche sur « le désir ».

l'accord profond de l'homme et du monde, de l'existant et des choses, de la liberté et de l'ordre divin. À la belle unité grecque, a succédé le monde déchiré et souffrant du christianisme.

> ***« Le chrétien est une conscience malheureuse, comme dit l'analyse fameuse de Hegel, puisqu'il est conscience déchirée de son opposition au monde. Le déchirement qui s'opère entre son moi temporel, empirique, et son moi transcendantal... fait son malheur : il est isolé dans un monde qu'il tient pour hostile. » (R. Polin,* op. cit.*)***

VII — La doctrine kantienne

La doctrine kantienne est à cet égard particulièrement significative. La morale de Kant se déploie dans la perspective de l'impératif et de la loi, non point à travers le thème du bonheur, comme dans l'eudémonisme antique. Ce qui est premier, c'est la morale universelle comme principe de l'éthique. Aucun bonheur temporel ne sera attendu dans ce monde de la pratique de la vertu envisagée comme obéissance à l'impératif catégorique[1].

Néanmoins, des **postulats de la raison pratique** (immortalité de l'âme et existence de Dieu, principalement) peuvent être admis dans la sphère de la morale. Il s'agit ici d'objets de foi. Il est permis d'espérer, si Dieu existe, un bonheur parfait dans un au-delà futur. Ainsi, la morale est de l'ordre de la loi et le bonheur seulement un objet d'espérance.

> ***« La morale n'est donc pas, à proprement parler, la doctrine qui nous enseigne comment nous devons nous* rendre *heureux, mais comment nous devons nous rendre* dignes *du bonheur. C'est seulement lorsque la religion s'y ajoute, qu'entre en nous l'espérance de participer un jour au bonheur, dans la mesure où nous aurons essayé de n'en être pas indignes. » (Kant,* Critique de la raison pratique*)***

Conclusion. Le pessimisme moderne

La pensée du XIXe siècle, mais aussi la réflexion moderne sont bien souvent pessimistes. Au XIXe siècle, Schopenhauer a souligné que l'ordre des choses engendre mal et souffrance. Au XXe siècle, Freud a mis en évidence la pression puissante des possibilités de souffrance *(Malaise dans la civilisation).* Les philosophies de notre époque sont celles du « bonheur compromis ».

SUJETS DE BACCALAURÉAT

— Les méchants peuvent-ils être véritablement heureux ? (Amérique du Nord, A, septembre 1985)

— Faut-il vouloir être heureux ? (Papeete, A, juin 1988)

— Vivre selon des principes : est-ce une obligation morale ou une condition du bonheur ? (Israël, A, septembre 1988)

— Est-il vrai qu'il n'y a pas de bonheur intelligent ? (Amérique du Sud, A, juin 1989)

— Le bonheur est-il un droit ? (Amérique du Sud, A, juin 1990)

---

1. *Cf.* la fiche sur « le devoir ».

LA LIBERTÉ

• Ne confondez pas la liberté au sens quotidien du terme, comme **faculté d'atteindre certaines fins** et la liberté en tant que concept **philosophique,** comme autonomie de choix, comme capacité d'autodétermination (§ 1).

• Le problème de la liberté politique est étudié dans les fiches sur l'État, le Pouvoir, le Droit, la Violence.

• Distinguez bien le **fatalisme** (selon lequel une puissance mystérieuse fixerait inéluctablement le cours des événements) et le **déterminisme** (selon lequel il y a liaison nécessaire des causes et des effets). Le premier est totalement irrationnel ! (§ 2).

• Il existe deux orientations philosophiques principales concernant la liberté : celle qui envisage la liberté comme un **pouvoir de l'intelligence et de la raison** (Descartes, Kant, § 3 et 4) et celle qui la considère comme un « libre-arbitre », comme une faculté de dire oui ou non (Sartre, § 6).

I — Ambiguïté du mot liberté

Si le problème de la liberté constitue généralement une énigme, c'est d'abord parce que ce terme n'échappe ni aux ambiguïtés ni aux équivoques. Aussi faut-il distinguer d'emblée la liberté comme faculté d'obtenir certaines fins, en particulier sur le plan politique et social, et la liberté comme concept technique et philosophique : elle correspond alors à l'**autonomie du choix.** Dans le premier cas, ce qui importe, c'est donc le succès. Dans le second, on envisage essentiellement le choix humain, la capacité d'**autodétermination.**

C'est ce concept philosophique de liberté que nous nous efforcerons ici de cerner, nous demandant en quoi consiste cette capacité d'autodétermination.

> ***« Il faut... préciser, contre le sens commun, que la formule "être libre" ne signifie pas "obtenir ce qu'on a voulu", mais "se déterminer à vouloir (au sens large de choisir) par soi-même". Autrement dit, le succès n'importe aucunement à la liberté. La discussion qui oppose le sens commun aux philosophes vient ici d'un malentendu : le concept empirique et populaire de "liberté", produit de circonstances historiques, politiques et morales, équivaut à "faculté d'obtenir des fins choisies". Le concept technique et philosophique de liberté, le seul que nous considérions ici, signifie seulement : autonomie du choix. » (Sartre, texte donné au Bac, 1984)***

II — Fatalisme et déterminisme

Mais on invoque souvent **fatalisme** et **déterminisme,** pour nier la liberté humaine, au sens philosophique de ce terme.

Tout ce qui peut arriver dans le monde est écrit ou prédit. Quant à nos efforts, ils peuvent seulement, par quelque détour imprévu, réaliser la prédiction. C'est écrit! Tel est le contenu essentiel du **fatalisme,** doctrine qui postule qu'une puissance mystérieuse fixe inéluctablement le cours des événements. Le fatalisme est profondément **irrationnel** : ce n'est qu'une **superstition** qui enchaîne l'homme et le plie à un destin.

Encore ce destin peut-il être considéré de manière plus profonde, plus intérieure : c'est l'idée, par exemple, que la personne va se développer, à travers sa vie, en suivant la **logique d'un caractère** ou le **poids d'une hérédité** : «ne sois pas autre que toi-même, mais deviens ce que tu es», répond à la Pythie grecque le héros romantique.

Quant au déterminisme, il n'est pas l'envers de la liberté, car on ne peut appliquer à la conduite humaine un modèle scientifique conçu pour les phénomènes physiques. Si le comportement humain a ses lois, celles-ci doivent être comprises différemment des lois physiques : elles suivent une **logique du sens** et, par sa liberté, l'homme est précisément capable de choisir ou de modifier la signification qu'il entend privilégier.

III — Liberté et raison : Descartes

La liberté ne consiste-t-elle pas à obéir à l'idée rationnelle, à se laisser conduire par l'évidence? C'est ce que semble nous suggérer Descartes. Et, en effet, Descartes distingue deux degrés de la liberté : au niveau le plus bas, elle est pouvoir de choisir, de dire oui ou non. Mais, devant l'idée claire et distincte, celle de Dieu par exemple, l'expérience de la liberté change de signification. Elle devient une **irrésistible adhésion à l'évidence.** Que puis-je faire d'autre que de m'incliner? Dès lors, la liberté d'indifférence apparaît comme le plus bas degré de la liberté. **La véritable liberté est rationnelle** : elle est liée à la **raison,** à l'**évidence claire et distincte.**

> ***«... Afin que je sois libre, il n'est pas nécessaire que je sois indifférent à choisir l'un ou l'autre des deux contraires; mais plutôt, d'autant plus que je penche vers l'un, soit que je connaisse évidemment que le bien et le vrai s'y rencontrent, soit que Dieu dispose ainsi l'intérieur de ma pensée, d'autant plus librement j'en fais choix et je l'embrasse.» (Descartes,*** **Méditations métaphysiques*****)***

IV — Liberté et raison : Kant

Liberté et raison sont liées, nous montre, dans le même sens, Kant dans les *Fondements de la métaphysique des mœurs* (1785) et dans la *Critique de la raison pratique* (1788). Dans le domaine moral, qu'est-ce en effet qu'une volonté libre? Loin d'être soumise aux inclinations sensibles ou aux désirs, elle obéit au contraire à une loi morale rationnelle et universelle[1] : une volonté s'inclinant devant les désirs sensibles est **pathologique** (au sens kantien du terme : elle ne se dégage pas de l'influence de la sensibilité). Au contraire, une volonté libre obéit à la loi rationnelle qu'elle se donne. C'est le principe de l'**autonomie de la volonté.** La liberté morale n'est donc rien d'autre qu'un pouvoir de la raison. Une volonté libre et une volonté soumise à la loi rationnelle ne font qu'un. Être libre, c'est obéir à la raison.

Qu'est-ce donc que la **liberté du sage?** C'est l'obéissance à la loi morale rationnelle, au **devoir**[2]**.** Quand j'agis de telle sorte que la maxime de ma volonté devienne une loi universelle de la nature, je suis libre. Liberté et raison sont donc inséparables et, dans les *Fondements de la métaphysique des mœurs,* Kant établit que :

> ***«... La liberté est une propriété de la volonté de tous les êtres raisonnables.» (Kant,*** **Fondements de la métaphysique des mœurs*)***

V — Liberté et négativité

Mais la liberté est-elle seulement un pouvoir de la raison, une obéissance à l'idée claire et distincte (Descartes) ou à la loi morale universelle (Kant)? Le mérite de la philosophie moderne est peut-être d'avoir élargi la notion de la liberté, d'être passé d'une liberté seulement rationnelle à un pouvoir de dépassement de l'homme, à sa négativité.

Telle est la vision d'Alexandre Kojève, commentateur de Hegel. Ce n'est pas seulement la liberté du sage qu'il considère, mais le **pouvoir de négation interne de la conscience humaine.** La liberté est cette puissance que détient la conscience : nier tout donné, quel qu'il soit. Si la nature et les choses coïncident avec elles-mêmes, au contraire l'homme «néantise» tout donné. Il ne subit pas la loi des choses, il est libre. La **liberté,** c'est la **négativité,** que déjà Hegel sut mettre en évidence. En toutes circonstances, la conscience peut **mettre à distance** ce qui semble la déterminer. Elle peut nier et pulvériser les données immédiates.

> ***«La liberté... est la*** **négation** ***du donné, tant de celui qu'on est soi-même (en tant qu'animal ou en tant que "tradition incarnée") que de celui qu'on n'est pas (et qui est le*** **Monde** ***naturel et social).» (A. Kojève,*** **Introduction à la lecture de Hegel,** ***NRF, 1947)***

VI — La liberté existentielle : dire «oui» ou «non»

Les analyses de Sartre vont dans le même sens : loin d'être liée seulement aux pouvoirs de la raison, la liberté s'expérimente dans **toutes les situations.** Dans la mesure où l'existence[3] précède l'essence, on peut dire que l'homme est un choix perpétuel puisqu'il est ce qu'il se fait; il est création et liberté infinie qu'il découvre dans l'angoisse. La liberté est le pouvoir de dire «oui» ou «non».

Ainsi, conscience et liberté sont une seule et même chose. Sartre a d'ailleurs longtemps nié l'existence d'un inconscient susceptible de me

---

1. *Cf.* la fiche sur «le désir» et celle sur «le devoir».
2. *Cf.* la fiche sur «le devoir».
3. *Cf.* la fiche sur «l'existence».

dépouiller de mon libre choix. L'homme sartrien est totalement libre, devant les valeurs, devant la vie et devant la mort. Tel est l'Oreste des *Mouches.*

> ***« Tout à coup, la liberté a fondu sur moi et m'a transi... Et il n'y a plus rien eu au ciel, ni Bien, ni Mal, ni personne pour me donner des ordres. » (Sartre,* les Mouches, *in* Théâtre de Sartre, *Gallimard, 1966)***

VII — La liberté comme fardeau : liberté et responsabilité

Cette liberté totale a pour corollaire une responsabilité totale. L'homme est responsable à toute minute. Il est responsable de tout devant tous. Il porte sur ses épaules le poids du monde entier. La liberté est donc un **fardeau.** L'homme, totalement libre, est totalement responsable de tous les hommes, dira Sartre dans *L'existentialisme est un humanisme.* Nous sommes **condamnés à être libres,** déclare Sartre.

> ***« Ainsi, notre responsabilité est beaucoup plus grande que nous ne pourrions le supposer, car elle engage l'humanité entière... Je suis responsable pour moi-même et pour tous, et je crée une certaine image de l'homme que je choisis; en me choisissant, je choisis l'homme. » (Sartre,* L'existentialisme est un humanisme, *Nagel, 1966)***

Conclusion

En réfléchissant sur l'homme comme projet libre, le mouvement existentiel a certainement mis l'accent sur une dimension fondamentale de notre existence : sur notre pouvoir de dire oui ou non, en toutes circonstances.

SUJETS DE BACCALAURÉAT

— L'indifférence est-elle liberté ? (Caen, A, juin 1985)

— La liberté politique se réduit-elle au pouvoir de vivre tranquillement ? (Montpellier, A, juin 1986)

— La tradition fait-elle obstacle à la liberté ? (Paris, C.D.E., juin 1986)

— L'ignorance est-elle un obstacle à la liberté ? (Rouen, B, juin 1986)

— Peut-on forcer quelqu'un à être libre ? (Bordeaux, B, juin 1988)

— Le gouvernement par le peuple signifie-t-il nécessairement la liberté ? (Rouen, B, juin 1988)

— Que penser de cette affirmation : « Plus on connaît, plus on est libre » ? (Sujet national, D', septembre 1988)

— Être libre consiste-t-il à se suffire à soi-même ? (Dijon, B, juin 1989)

— Est-il facile d'être libre ? (Amérique du Nord, C.D.E., juin 1989)

— Obéir, est-ce renoncer à sa liberté ? (Antilles, Guyane, B, juin 1990)

— Puis-je être libre si les autres ne le sont pas ? (Amérique du Nord, C.D.E., juin 1990)

— L'affirmation de ma liberté peut-elle se concilier avec le principe du déterminisme de la nature ? (Sujet national, C.D.E., septembre 1990)

ANTHROPOLOGIE - MÉTAPHYSIQUE PHILOSOPHIE

Seul le dernier des trois thèmes de cette fiche donne lieu à des sujets.

Statistiques des sujets sur les années 1987, 88, 89, 90

Thèmes	**A et B**				**C, D, E**		
	Su	**Te**	**To**		**Su**	**Te**	**To**
ANTHROPOLOGIE, MÉTAPHYSIQUE, PHILOSOPHIE	**5**	**1**	**6**	**X**	**2**	**1**	**3**

ANTHROPOLOGIE-MÉTAPHYSIQUE PHILOSOPHIE

• La science des diverses cultures humaines — l'**anthropologie** (§ 1) — requiert la **réflexion philosophique** proprement dite (§ 3 et 4), qui peut seule, à travers une élucidation des valeurs humaines, lui donner sens et intelligibilité. Le savoir sur l'homme est donc inséparable de la philosophie qui peut seule le fonder. Mais la philosophie elle-même explicite son projet véritable et ultime dans la **métaphysique,** qui dépasse le simple point de vue phénoménal pour atteindre l'Être le plus fondamental, l'**Être en tant qu'Être** dont parlait déjà Aristote (§ 5). Ainsi, partis de la réflexion sur l'homme (l'**anthropologie**), nous passons progressivement à la **philosophie,** puis à la **métaphysique.**

• L'**anthropologie** (qui désigne essentiellement de nos jours l'anthropologie culturelle (§ 1) requiert une réflexion philosophique et une sagesse, comme le montrait Kant (§ 2).

• La **philosophie,** recherche personnelle sur le vrai (§ 3), se distingue en tous points de la science (§ 4).

• La **métaphysique,** science de l'**Être en tant qu'être** (§ 5), a subi l'assaut de la critique kantienne : Kant a, en effet, décrit le mécanisme de l'illusion métaphysique (§ 6).

• Néanmoins, l'homme demeure un **animal métaphysique** (Conclusion).

I — L'anthropologie

Si l'étymologie nous signale que l'anthropologie (du grec *anthropos,* homme et *logos,* discours) est la science de l'homme en général, ce terme, sous l'influence anglo-saxone, désigne essentiellement de nos jours une discipline qui se donne comme objet d'étude les différentes cultures : l'anthropologie culturelle.

Avec Lévi-Strauss, distinguons l'**ethnographie,** l'**ethnologie** et l'**anthropologie culturelle,** trois moments distincts d'un même travail. La première correspond aux stades initiaux de la recherche (observation et description des différentes ethnies[1]). La seconde représente un premier pas vers la synthèse. Enfin, l'anthropologie culturelle réfléchit elle aussi sur les différentes cultures, à un niveau de synthèse supérieur. Ce qu'elle vise, c'est une unité, au-delà de cette diversité.

1. Ethnie : ensemble d'individus unis par une communauté de civilisation.

> *« Partout où nous rencontrons les termes d'anthropologie sociale ou culturelle, ils sont liés à une seconde et dernière étape de la synthèse, prenant pour base les conclusions de l'ethnographie et de l'ethnologie. Dans les pays anglo-saxons, l'anthropologie vise à une connaissance globale de l'homme, embrassant son sujet dans toute son extension historique et géographique... et tendant à des conclusions, positives ou négatives, mais valables pour toutes les sociétés humaines, depuis la grande ville moderne jusqu'à la plus petite tribu mélanésienne. » (C. Lévi-Strauss,* **Anthropologie structurale,** *Plon, 1960)*

II — Anthropologie et philosophie

Peut-on considérer l'anthropologie, sous ses différentes acceptions, comme un savoir « positif » sur l'homme, indépendant de toute sagesse ? Ce point de vue semble assez partagé de nos jours, car notre époque préfère bien souvent une science apparemment autonome à tout travail de réflexion critique et philosophique. Notre temps est, sous cet angle, « positiviste ». C'est oublier la grande leçon kantienne, telle qu'elle se dégage de l'*Anthropologie du point de vue pragmatique* (1798), où le philosophe nous signale, avec lucidité, qu'il n'est point d'anthropologie dissociable d'une sagesse.

Kant conçoit l'anthropologie (conçue comme science de l'homme en général) de trois façons : comme **anthropologie théorique** (c'est-à-dire psychologie empirique, fondée sur l'expérience), comme **anthropologie pragmatique** (connaissance de l'homme tournée vers ce qui peut accroître l'habileté humaine), comme **anthropologie morale** (connaissance de l'homme tournée vers ce qui doit produire la sagesse dans la vie).

Même envisagée sous son angle pragmatique, l'anthropologie est inséparable d'une reconnaissance de l'homme comme être moral (c'est-à-dire comme personne) capable d'accéder à l'éducation et à la culture. Toute anthropologie suppose donc un lien étroit avec la réflexion philosophique. Le savoir sur l'homme requiert toujours une recherche morale ou une sagesse.

> *« Voici au total à quoi parvient l'anthropologie pragmatique en ce qui concerne la destination de l'homme et les caractères de son perfectionnement. L'homme est destiné par sa raison à former une société avec les autres et dans cette société à* **se cultiver,** *à* **se civiliser** *et à* **se moraliser** *par l'art et par les sciences ; aussi fort que soit son penchant animal à s'abandonner passivement aux attraits du confort et du bien-être, qu'il appelle félicité, sa raison le destine au contraire à se rendre digne de l'humanité dans l'actif combat contre les obstacles qu'oppose la grossièreté de sa nature. » (Kant,* **Anthropologie du point de vue pragmatique***)*

III — Qu'est-ce que philosopher ?

Qu'est-ce donc que philosopher ? C'est avant tout **penser par soi-même,** rompre le cercle des évidences établies et la chaîne du quotidien. La philosophie est essentiellement un mouvement de l'esprit qui questionne et s'interroge librement devant le spectacle du monde pour tenter d'en comprendre le sens et, peut-être même, les raisons. Philosopher, c'est aussi tenter d'édifier une **sagesse**, c'est-à-dire de réaliser un certain type moral idéal (songeons au sage stoïcien, maître de lui et détaché des vicissitudes extérieures), et d'essayer de le justifier.

Dans la philosophie, figurent donc deux exigences importantes, l'idée d'une recherche personnelle du vrai et celle d'une quête de la sagesse et des valeurs. On comprend que la philosophie soit ainsi doublement requise par toute anthropologie, d'un point de vue théorique (comme connaissance) et d'un point de vue pratique (comme sagesse).

IV — La philosophie se distingue de la science

La philosophie, longtemps confondue avec la science, s'en distingue aujourd'hui radicalement. En effet, la réflexion philosophique, effort personnel pour tenter de donner un sens au monde à partir de la source originelle du moi, apparaît comme une démarche d'un autre type que la science, connaissance discursive établissant des rapports nécessaires et objectifs entre les phénomènes.

Tout en étant liée aux sciences qu'elle a pour mission de coordonner, de synthétiser et d'organiser, la philosophie ne doit pas être confondue avec elles. D'ailleurs, à la différence des sciences, elle se passe du consensus unanime.

> ***« Dès qu'une connaissance s'impose à chacun pour des raisons apodictiques[1], elle devient aussitôt scientifique, elle cesse d'être philosophie et appartient à un domaine particulier du connaissable. »* *(K. Jaspers,* Introduction à la philosophie, *Plon, 1952)***

V — La métaphysique

La philosophie elle-même ne trouve son sens véritable qu'au sein d'une métaphysique, qui la prolonge et fonde son projet.

Les grandes philosophies se donnent, en effet, généralement pour tâche d'atteindre, au-delà des phénomènes, un arrière-plan plus vrai et plus authentique, celui de l'Être, réalité profonde des choses. La philosophie prend alors le nom de **métaphysique** (au sens primitif, ce fut le nom donné par un commentateur à l'ouvrage d'Aristote placé après le *Traité de physique*).

Qu'est-ce donc que la métaphysique ? Elle est la science de la réalité la plus haute, de l'**Être en tant qu'Être,** de la vérité éternelle et immobile. Or, s'il faut en croire Aristote, la première espèce d'Être, la substance par excellence, c'est Dieu, sommet et terme de la série des existants, Pensée pure. La métaphysique d'Aristote est donc, en définitive, théologie, science de la Substance éternelle et immuable.

1. Logiquement nécessaires.

Dans toute la tradition classique, la métaphysique désigne cette spéculation qui prétend s'élever au-dessus de l'enseignement de l'expérience et atteindre l'Être réel des choses.

> ***« Il y a une science qui étudie l'Être en tant qu'Être et les attributs qui lui appartiennent essentiellement. Elle ne se confond avec aucune des sciences dites particulières. » (Aristote,*** **Métaphysique*****)***

VI — Kant : l'illusion métaphysique

La métaphysique — comprise comme théorie s'élevant au-dessus des faits et de l'expérience — a été profondément atteinte par la critique de Kant, qui considère comme impossible la connaissance de l'âme ou de Dieu.

Je puis, en effet, saisir ce qui s'offre à mon champ perceptif dans le cadre des formes pures de la sensibilité (l'espace et le temps) et dans le cadre des catégories du jugement. Mais je ne puis appréhender l'être en tant qu'être, la réalité véritable. Il n'y a de connaissance que des phénomènes, c'est-à-dire des choses sensibles, non point des noumènes, objets purement intelligibles. La métaphysique, en tant qu'elle veut dépasser la sphère phénoménale, est vouée à l'échec : c'est une illusion[1] ; quand la raison humaine transcende le champ de l'expérience, elle **s'illusionne de chimères.**

> ***« La colombe légère qui, dans son libre vol, fend l'air dont elle sent la résistance, pourrait s'imaginer qu'elle volerait bien mieux encore dans le vide. C'est ainsi que Platon, quittant le monde sensible, se hasarda, sur les ailes des idées, dans les espaces vides de l'entendement pur. Il ne s'apercevait pas que, malgré tous ses efforts il ne faisait aucun chemin parce qu'il n'avait pas de point d'appui. » (Kant,*** **Critique de la raison pure*****)***

Conclusion. L'homme, animal métaphysique

Néanmoins, malgré les critiques de Kant et aussi d'Auguste Comte, la métaphysique demeure comme projet : l'homme est en effet un **animal métaphysique,** destiné à s'interroger sur sa condition dans le monde et sur le sens ultime de la vie.

SUJETS DE BACCALAURÉAT

— Comment une philosophie ancienne peut-elle être actuelle ? (Poitiers, A, juin 1986)

— La philosophie a-t-elle encore sa place dans notre monde ? (Montpellier, C.D.E., 1988)

— A quel type de vérité nous conduit la réflexion philosophique ? (Montpellier, B, 1988)

— La pluralité des philosophes est-elle un argument contre la philosophie ? (Sujet national, A, septembre 1989)

— La philosophie doit-elle aller contre le sens commun ? (Paris, Créteil, Versailles, B, juin 1990)

— La philosophie nous détache-t-elle du monde ? (Amiens, Lille, Rouen, B, juin 1990)

---

1. *Cf.* la fiche sur « l'illusion » § 5.

Impression I.M.E. - 25-Baume-les-Dames - Dépôt légal Novembre 1990 - N° éditeur 9868 - 5e édition - 1er tirage